政略与战略论

李 滨·著

时事出版社
北京

目 录 Contents

绪论 ·· 1

第一章　政略之源 ··· 16
　一、领袖、政党、执政党和政府 ······························· 19
　二、执政理念 ··· 33
　三、执政立场 ··· 40
　四、执政目的 ··· 44
　五、执政保障 ··· 51
　六、政策和策略 ··· 54
　七、国家与政党和领袖的关系 ·································· 65

第二章　国家战略之本 ··· 72
　一、国家战略定位 ··· 73
　二、国家战略目标 ··· 78
　三、国家战略基础 ··· 88
　四、国家战略选择 ··· 92

· 1 ·

第三章　国家安全战略之要 ………………………… 100
　一、国家安全战略定位 …………………………………… 104
　二、国家安全战略抉择 …………………………………… 109

第四章　战争之变 …………………………………… 116
　一、战争目的 ……………………………………………… 116
　二、战争类型 ……………………………………………… 120
　三、战争规律 ……………………………………………… 132
　四、战争结局 ……………………………………………… 138

第五章　军事战略之质 ……………………………… 140
　一、军事战略的定义 ……………………………………… 141
　二、军事战略的目的和任务 ……………………………… 149
　三、军事战略方针 ………………………………………… 151
　四、军事战略手段 ………………………………………… 154
　五、军事战略计划 ………………………………………… 157
　六、军事战略分类 ………………………………………… 160
　七、军事战略本质 ………………………………………… 161

第六章　政略与国家战略 …………………………… 164
　一、政党是有国家的 ……………………………………… 165
　二、执政党的政略代表国家战略 ………………………… 167
　三、执政党的政略是国家战略利益的体现 ……………… 169
　四、政略决定国家战略的取向 …………………………… 173
　五、政略的基础是民意 …………………………………… 176

六、执政党意志与国家意志转换需要正确的政略指导 …… 179
　　七、错误政略指导下的国家战略必将走向失败 ………… 181

第七章　政略与战争　184
　　一、战争的缘起是由政略诉求引发的 …………………… 185
　　二、战争的性质是由政略属性决定的 …………………… 188
　　三、战争只不过是政略的工具 …………………………… 191
　　四、战争的分类是由政略取向决定的 …………………… 192
　　五、政略与战争法 ………………………………………… 196

第八章　政略与军事战略　198
　　一、政略与战略不应分立，是千古不变的原理 ………… 201
　　二、政党与军队的关系从组织形式上决定了政略与
　　　　战略的关系 …………………………………………… 209
　　三、战略必须服从政略的现实需求 ……………………… 213
　　四、政略决定战略，一定程度上也决定战略的成败 …… 220
　　五、战争的胜利是政略与战略的完美结合 ……………… 223
　　六、政略规定了军事战略的运用 ………………………… 230
　　七、战略对政略的反作用 ………………………………… 245
　　八、战略的目的和战争的政治目的各异 ………………… 258
　　九、战略有权"对政治提出自己的要求" ……………… 262

第九章　国家安全战略与军事战略　276
　　一、国家安全战略超越军事战略 ………………………… 276
　　二、经济安全战略和军事战略是国家安全战略的两翼 …… 279

三、军事战略是国家安全战略的核心 …………………… 283

参考文献 ……………………………………………… 288

后记 …………………………………………………… 295

绪　　论

英国著名战略理论家科贝特在《海上战略的若干原则》一书的导言中指出："对一个世界性的海上帝国来说，成功的战争指导不仅经常能够影响国内的议会决策，而且会影响到分布在整个世界上的各个分舰队司令与当地首脑之间的会议结果"，"召开各种会议永远都是必要的，要使会议通向胜利，就必须有一种公用的表达工具和思维平台。只有理论研究才能为我们做好这种准备，对每一位志在为帝国海军担负更高责任的人来说，理论研究的现实意义就在于此"。[①] 中国是社会主义国家，中国不需要为霸权或"帝国海军"承担责任，但思考政略与战略关系这一理论问题的目的却是趋同的，都是基于对国家安全目的的认知、认同。

事实上，政略与战略关系问题困惑笔者多年，知其然，而不知其所以然。为此，笔者检索过国家图书馆、湖北省图书馆等多家权威典藏机构，又检索了其他笔者认为有必要检索、又可以检索的地方。结果是，检索到论述"政略与战略"的著述凤毛麟角，但还是有所收获的，其中有：1939年周恩来所著的《中日战争之政略和战略问题报告大纲》，1939年版的《政略与

---

① [英]朱利安·S.科贝特著，仇昊译：《海上战略的若干原则》，上海人民出版社2012年版，第4页。

战略》，日本东瀛战史研究部著、何成璞编译的《现代政略与战略的关系》三本专著和王奇生的《抗战第一年的政略与战略》一文。这些著述简约而专论，虽无法澄清当前国人对"政略和战略"概念的混淆，也无法让笔者释怀对这对概念的纠结，但也不是没有启迪。好在关于"政略与战略"的论述散碎地见诸于第二次世界大战（以下简称"二战"）后诸多著名的战略理论家的各类军事学专著中，笔者仔细搜寻、比较，从中受教良多，思路渐觉开阔。

2017年春节期间，又蒙老同学、国防大学赵智印教授提点，谈到高民政教授"军事与政治"系列著作论述颇深，以军事政治学的角度见长，笔者遂检索"军事与政治"词条，又有斩获。的确，高民政教授的"军事与政治"系列著作论述自成体系，见解独到。在其《军事政治学导论》《国家兴衰与军政关系纵论——大国崛起中的军事与政治》《军事与政治要论——马克思主义军事政治学经典论述与基本观点》等多部军事政治学著作中将"军事"与"政治"相联系。按他的说法，他是"一个长期在军队政治院校任教的政治学者"，而"军事政治学是运用政治学的理论和方法研究军政现象，以探求军政关系发展规律为目标的一门军事学与政治学之间的交叉学科"，"讨论军事政治学研究的基本问题，评介当今世界军政关系的主要模式，就成为军事政治学导论的重要内容和学术任务"。[①] 然而，"军政关系"（陈明明语）、"民军关系"和"军民关系"（日本学者语），其意思"在广义上是指所有军人与非军人之间的关系"（俞可平语）。[②] 笔者认真拜读，仔细

[①] 高民政等：《军事政治学导论》，时事出版社2010年版，序。
[②] 高民政主编：《国家兴衰与军政关系纵论——大国崛起中的军事与政治》，时事出版社2011年版，第29—31、131页。

斟酌，反复思考，启发颇多，受益匪浅。但是，其研究的视角——政治学，研究的对象——"在广义上是指所有军人与非军人之间的关系"，研究的目标——"以探求军政关系发展规律"，与笔者研究的站位（立场）——战略，研究的对象——政略与战略，研究的目标——"探求政略与战争、军事战略、国家战略之间的关系"，多有区别，而其军政分立的研究方法——对军政关系的剥离、对立与笔者则是不一致的，也是笔者所不取的。也就是说，事实上政略和战略是不允许脱离的，脱离会招致失败。

在古代，战国时期秦国军事家尉缭就曾精辟地阐述道："兵者，以武为植，以文为种。武为表，文为里。能审此二者，知胜败矣。"尉缭把军事比作植物枝干，把政治比作植物种子，军事的发生发展都是因为政治这颗种子。他认为军事是从属于政治的，政治是军事的基础，军事是政治的表现形式，政治是军事的实在内容，从而较深刻地揭示出了政治与军事的主从关系。这种互为表里、融为一体的认知为近现代的东西方战略理论界学者们所认同。

在西方资产阶级萌芽之时，"政略与战略"一直被称作国家"霸术"的两面，以马基雅维利所著的《霸术》最为著名，并被后来的政治家和军事家所推崇，其最经典名句莫过于"为国者宜兼用野兽竞争之术，……效野兽之行，莫若兼效狮与狐。狮勇矣，而不知有陷阱；狐智矣，而不能御狼。是以宜效狐以知其陷阱，宜效狮以使狼畏"。[①] 这是西方国家治理和博弈中的"丛林法则"，却又缺少了中华文化中"各美其美，美人之美，美美与共"的仁者情怀。

---

① 金玉律：《政略与战略》，国家图书馆馆藏，第2页。

| 政略与战略论 |

在近代西方，19世纪的战略家们在政略与战略的关系上尚没有统一的认识，而仁者见仁、智者见智。克劳塞维茨和约米尼都探讨过战略与政略的关系。克劳塞维茨认为战略是政策（政略）的工具，战略与政策（政略）之间不断地互相起作用；约米尼虽把政略与战略加以区分，认为政策（政略）主要同备战有关，战略则是在"一场战争已决定进行"并且有必要选择司令官和战场时才发生作用。所以，19世纪西方的军事家们也很纠结，而趋向于在法理上实现军政分离，以致20世纪的塞缪尔·亨廷顿还认为文武关系内涵主要是军队的上层组织军官团与国家尤其是代表国家的文人政府的政治关系，文武关系最基本的焦点是军官团与国家的关系。① 这一认知为西方政体所实行，是国际关系学科的经典认同。但这样的缺陷带来的问题给国家利益的拓展，特别是战争的结果带来巨大的负面影响。众所周知，西方资产阶级国家采用国家首脑同时是三军总司令的总统制，将政略与战略统一为一体，以解决这一缺陷，但并非是最好的解决途径，因为它没有从政略与战略二者本质的联系中解决思想上的隔阂与困顿。所以最好的解决方案应该是明晰政略与战略的区别，而又使两者有机地统一和融合为一体的思想与机制。

政略和战略的区别是显而易见的，并被军事战略界所认同。薄富尔说过，"那些把间接战略当做一种政策来看待的人，是把两件不同类的事情混为一谈，政策的任务是拟定目标，并决定资源的分配，所以它也应决定是否应用间接的方法以达到某一特殊目标。但是间接战略的运用却并非政策，而是战略，换言之，在任

---

① 高民政主编：《国家兴衰与军政关系纵论——大国崛起中的军事与政治》，时事出版社2011年版，第29—31、131页。

何战略之内,对于力量的使用都必须要有慎重拟定的计划"。① 而直接战略与政策就更容易区分,只是时至今日仍有部分国际关系学者还在混淆两者之间的关系,例如将美国的核战略概念与核政策概念混用,认为美国的核战略就是指核政策。这种情况对从事战略研究的学子影响甚巨,特别是对军队制订作战计划的人员影响甚巨,值得认真思考。

1937年1月,蒋百里指出:"如同克劳寿维兹氏(笔者注:克劳塞维茨)下战争的定义,谓'战争是政略的延长'(笔者注:战争是政治的继续),政客们就用此语说军人应该听政治家的话,且举俾士麦(笔者注:俾斯麦)以为政治家统御军人成功之证。鲁氏(笔者注:鲁登道夫)却说:'政治应包含于军事之中。'其实政治与军事之不应分立,是千古不变的原理,而是否政治家应该指挥军人,抑或军人应该执掌政治,是要看当时政治家与军人本领如何而后定。战争是艺术,真正名将是一种艺术家,他的特性是'独到'是'偏',所以需要一种艺术家的保护者。"② 蒋百里之言可谓鞭辟入里,指出了政略与战略的本质关系,既传承中华民族战略文化的精华,也出自对西方军事理论的深入透彻的分析研究,更有其升华的空间。上文提到,1939年周恩来著有《中日战争之政略和战略问题报告大纲》,毛泽东也曾在抗日战争时期专门撰写过《论政策》一文,这在《毛泽东选集》中可以找到。他论述了抗日战争时期与土地革命战争时期各种政策的区别,其中一项就是"关于军事政策"。他还著有《论持久战》《抗日游击战争的战略问题》等多部军事战略著作。

---

① [法]薄富尔著,钮先钟译:《战略绪论》,内蒙古文化出版社1997年版,第140页。
② 蒋百里:《国防论》,岳麓书社2010年版,第31页。

军事科学院研究员柯春桥在其主编的《世界军事简史》中提到：所谓"政略"，就是国家战略，或叫"大战略"。[①] 这作为一般的理解是可以的，但仔细斟酌可以发现，这里混淆了"政略""国家战略"（"大战略"）主体之间的关系。"政略"的主体是政党；"国家战略"的主体是国家，或是代表国家行使主权的政府。这之间是有本质区别的。当然，作为国家的执政党的政略与国家战略在这时又是统一的、一致的，这就是上文所说的"作为一般的理解是可以的"。但基本概念在理论界定上是有差异的。按照《军事战略论》[②]的考证，最先提出建立战略层次结构的英国军事思想家哈特是现代战略体系的创立者。他认为，战略体系由国家政策、"大战略"和军事战略三个层次构成。国家政策是指战时国家通过规定战略目的与任务，对战争实施总体筹划和指导。"大战略"亦称高级战略，其任务"就在于调节和指导一个国家或几个国家的所有一切资源，以达到战争的政治目的"。"大战略"的目的是由国家政策决定的。军事战略则是分配和运用军事力量，达成政治目的的统率艺术，"只限于研究与战争有关的各种问题"。他说，军事战略是"大战略在较低阶段中的运用"。哈特建立的这个战略体系虽然还是初级的，也不一定十分合理，但是其对世界战略理论的研究起到了重要的奠基和推动作用，也极大地影响着战后各国国家战略体系的构建。在美国，战略总体上被分为国家战略、国家安全战略、国家军事战略和战区

---

① 柯春桥主编：《世界军事简史》，解放军出版社2015年版，绪论，第6页。
② 范震江、马保安主编：《军事战略论》，国防大学出版社2007年版，第24—27页。

战略四个层次。① 其中，国家战略是美国最高层次的战略，也是美国的总体战略，主要筹划和指导在世界范围内综合运用以美国武装力量为主的国家整体力量，维护和拓展美国无所不在的所谓"全球利益"，达成既定的政治目的。美国国家战略由美国政府和国会共同制定，主要内容散见于美国总统、政府与国会签署的相关文件中。位于国家战略之下的是国家安全战略。国家安全战略是美国国家战略的重要组成部分，重点筹划如何建设和运用武装力量维护和拓展美国的安全利益。国家安全战略由美国总统及其领导下的国家安全委员会（以下简称"国安会"）负责制定，每年发布一次专题报告。处于第三层次的是国家军事战略，由美国国防部和参谋长联席会议负责制定，主要指导美国各种武装力量的运用与建设。它的主要内容是：武装力量运用部分包括战争指导、兵力部署、战略指挥、战略情报、联盟作战及战场建设等，武装力量建设部分包括军队规模、体制编制、武器装备研制与军事科技发展等。战区战略位于美国战略体系的第四层次，主要指导美国在世界范围内各大战区武装力量的运用。②

苏联的战略体系与西方有着较大差别。苏联时期出版的《军

---

① 2018年美国发布《国防战略》报告，其定位应在国家安全战略与国家军事战略之间。其实，美国的战略概念中还有"防务战略"等多种，说明四个层次的分法是在不断变化的，也是比较混乱的。

② 在《美国对华情报解密档案·第十二编 中国与朝鲜战争》的导论中提到，美国情报评估的"判断却出现了重大失误，主要反映在美国决策层对政治情报想当然的判断、中情局和远东司令部对战略情报不切实际的评估，以及前线作战部队（第八集团军和第十军）对战术情报的错误认识"，并分政治情报评估失误的原因、战略情报评估失误的原因、战术情报评估失误的原因三个层面展开深入细致的分析研究，以说明美国军事学术界对政略与战略的关系认识是清晰和深刻的，我国的国际关系学者对此认识也是清晰和清楚的。参见沈志华、杨奎松主编：《美国对华情报解密档案（1948—1976）》（柒），东方出版中心2009年版，第18—25页。

事战略》一书指出：同整个苏联军事科学一样，苏联军事战略学的理论基础是马克思列宁主义关于战争和军队的学说。① 当属政略层面的军事理念、理论。现在，一般认为，苏联战略体系包括三个层次，即国家总体政策、军事政策或军事学说、军事战略。国家总体政策基本等同于美国国家战略和英国国家政策。军事政策则是阶级、国家、政党和别的社会政治机构与建立军事组织、准备和使用武力手段来达到政治目的的直接有关的关系和活动，是

---

① 美国战略家赫·S. 迪纳斯坦在其为英译本苏联《军事战略》所写的导言中认为，在苏联军事学术体系中，军事学说是"一般性的战略和政策"。（［苏］瓦·达·索科洛夫斯基主编：《军事战略》，战士出版社1980年版）这一点，《苏联军事百科全书》给"军事学说"下的定义也给出了肯定的印证。所以，西方军事理论学者把苏联军事学说称为"共产党的军事政策"或苏联"党的官方政策"。《苏联军事百科全书》中对其军事学说的要求是主要回答有关战争的五个基本问题：第一，在可能发生的战争中将同什么样的敌人作战？第二，国家和武装力量将参加的战争有什么性质，它们参加战争的目的和任务是什么？第三，为完成既定任务需要什么样的武装力量，军事建设应采取什么方针？第四，如何进行战争准备？第五，采取什么方法进行战争？这五个问题可分为政略和战略两个范畴。确定作战对象、战争的政治性质、参战的目的、军队的任务和国家如何进行战争准备，主要是政略方面的问题；战争的战略特点、军队建设的方针、军队备战和进行战争的方法则主要是战略方面的问题。并且认为，所有这些问题的解决都需要由国家最高政治机关来做出决断。所以，《苏联军事百科全书》认为："军事学说分为政治和军事两个密切联系和相互制约的方面。其中起主导作用的是政治方面。"（《苏联军事百科全书》第3卷"军事学说"条目，莫斯科：军事出版社1977年版。）在苏联的著作中，很多时候认为军事学说包括两个方面，而这两个方面翻译成中文后一般是：政治方面和军事技术方面。政治方面包括国家在战争中的政治目的和任务的问题，决定武装力量建设的主要方向及国家的战争准备。军事技术方面包括进行军事行动、军事建设和对武装力量进行技术装备以及战争中为达到预定政治目的使用武装力量的手段和方法。由此可以看出，军事技术方面包括了战略、战役、战术和技术的运用原则和指导。所以，这里的"军事学说"是一个大概念，即"军事理论体系"的概念。（［苏］波格丹诺夫等编，李静杰、石敬序、施玉宇、李允华译：《美国军事战略》，解放军出版社1985年版，第297页。）

"阶级和国家总政策的组成部分"。它的所谓军事学说,是指"一个国家在某个时期对未来战争的目的和性质、国家和军队的战争准备以及进行战争的方法所持的一整套观点"。2014年由俄罗斯总统普京签署的《俄联邦军事学说》在开篇便指出:"俄联邦军事学说是国家正式采用的准备武装保卫和武装保卫俄罗斯联邦的一整套观点。是在分析俄罗斯联邦面临的军事危险和军事威胁以及盟国利益的基础上形成的保障国家安全的基本军事政策。"在指导武装力量的建设与运用问题上,军事政策的地位与作用略高于军事学说,但基本上仍可以看作处于同一层次,大体相当于美国的国家安全战略和其他一些西方国家的"大战略"等概念。军事战略是"军事学术的最高领域,它研究武装力量进行战争准备的理论与实践,战争和战略性战役的计划和实施,以及各军种的使用和指挥问题",军事政策与军事学说对军事战略起指导作用。苏联解体后,俄罗斯继承了苏联在战略理论方面的遗产,目前看来基本上沿用了这一战略体系。

20世纪80年代后,我国在战略研究方面出现了前所未有的高潮,就目前业已形成的结构体系来说,可以大体上把战略划分为三个层次。第一层次是国家战略。它是根据中国共产党在特定历史时期的基本路线制定的,体现在党和国家制定的一系列总方针、总政策之中。国家战略规定了国家发展的总体目标,还规定了为保卫国家安全和发展、维护国家利益而应采取的战略方针、战略途径和战略步骤。国家战略的主要内容包括国家发展战略和国家安全战略。第二层次是国家军事战略,包括海洋、太空、网络空间军事战略,是国家战略在军事领域的体现。第三层次是战区战略、军种发展战略和重大安全领域军事战略,是国家军事战略的具体展开。战区战略是对各战区军事力量运用进行全局的筹划和指导;军种发展战略是对军种力量建设进行全局的筹划和指导；重大安全领域军事战略包括核、海洋、太空、网络空间等军事战略，是对各重大安全领域军事力量运用与建设进行全局的筹划和指导。① 这种分层方法与西方关于"国家战略""大战略""军事战略"的概念差异较大，但总体上更加明晰，指导性更强。

美国战略家赫·S.迪纳斯坦在苏联《军事战略》英译本编者导言中说："以泛泛的态度把战争当作一种'社会历史现象'去研究，正如一批教材编者所说的，那样做就会使军事科学'溶解'在社会与政治考虑的大海之中，从而丧失了军事的特点。"② 所以，本书从军事战略学的视角认为，尽管战略的概念和内涵随着时代的发展而拓展，但其本质始终是"战之方略"，核心任务是研究战争，以及筹划和指导战争。按照军事科学院2013年版《战略学》的说法，战略需要解决的主要问题包括：研究战争的条件和性质，把握战争的特点和指导原则；判断战略形势，评估战略威胁、战略对手和主要作战对象，研究敌人的作战形式和方法；明确战略空间，划分战略方向，确定战略布局；确立基本作战指导思想、主要作战形式和方法；明确各军种、战区的基本军事任务和运用原则；明确战争保障的指导原则和基本方法；明确战略领导和指挥的原则和方式；明确军事威慑的指导原则和运用方式；明确非战争军事行动的指导原则和运用方式；明确国防和军队建设以及军事斗争准备的目标、重点、路径、指导思想和原则。③ 这作为国家军事学术领域的权威释义，为军界所广为认同、广为遵

---

① 肖天亮主编：《战略学》，国防大学出版社2015年版，第20—21页。
② [苏]瓦·达·索科洛夫斯基主编：《军事战略》，战士出版社1980年版，第796页。
③ 军事科学院军事战略研究部编著：《战略学》，军事科学出版社2013年版，第4页。

循，沿用多年。《战略学》中还认为，中国的战略体系可由国家战略—军事战略—军种战略、战区战略、重大安全领域（核、太空、网络空间）战略三级五类构成。[①] 其认为，战略从属于政治的特性主要体现在三个方面。一是战略的性质是由政治决定的。任何国家的战略都是为统治阶级的政治服务的。这种性质规定了战略的正义性和非正义性，影响到战略的取向。如霸权主义国家的战略通常具有侵略性和扩张性。二是战略的目标是由政治赋予的。政治主导战略，规定战略的目标，明确战略的任务。在任何时候、任何条件下，战略都不能超越国家的政治目标，都不能脱离政治而独立存在。任何战略都不过是为了更好地实现政治目的而已。战略的能动作用在于，根据形势的发展和敌我双方的态势，使用武力或以武力相威慑来达成政治目的。三是战略的制定、实施和调整受政治的支配。政治集团的、民族的、阶级的、国家的政治设计是战略的依据，战略不能偏离政治设计的轨道。究竟采用何种战略，如打与不打、何时以何种方式进行战争、借助同盟力量还是单打独斗、采用威慑还是实战、采取进攻战略还是防御战略、何时停止战争等，都由政治的价值取向最终决定。政治形势的变化，会导致战略的变化。政治的优劣往往决定战略的成败。战略的军事性是指其具有特殊的军事属性，这是由军事力量建设和运用特有的规律，特别是战争特有的规律所决定的。战略具有指导全局的独立完整的系统使命与功能，并且有其自身形成、发展的历史与规律。它不仅从属和服务于政治，而且也积极影响政治，对政治有很强的反作用力。平时战略对政治起着积极的辅助和促进作用，战时战略的成败决定着战争的胜负，而战争的胜负又决

[①] 军事科学院军事战略研究部编著：《战略学》，军事科学出版社2013年版，第7页。

定着国家、民族、政治集团的命运。在一定条件下政治可能会根据战略实践做出局部调整，在全面战争状态下战略甚至可能成为政治的主角。因为，在一定意义上政治要为战略创造有利条件，要能充分动员和综合运用人力物力资源来保证军事行动的实施，要善于在外交、经济和精神上为打赢战争凝聚最大的战略合力。①上述陈述中所用的"战略"概念是指军事战略，其表述"在任何时候、任何条件下，战略都不能超越国家的政治目标，都不能脱离政治而独立存在。任何战略都不过是为了更好地实现政治目的而已"，在现代国家政党体制下是正确的，但是也有其片面性和局限性。因为，政治或政略的主体是政党，只有成为执政党的政党，才能够代表国家并具有这些特性。在国内战争或国内政治斗争中的在野党也有政略，并且代表一定的阶级利益，却不具有国家战略的性质。因此，这种观点只有在政党成为执政党取得国家政权时才适用。另外，其中的"战略"概念有时是混淆的，例如，"政治集团的、民族的、阶级的、国家的政治设计是战略的依据，战略不能偏离政治设计的轨道。究竟采用何种战略，如打与不打、何时以何种方式进行战争、借助同盟力量还是单打独斗、采用威慑还是实战、采取进攻战略还是防御战略、何时停止战争等，都由政治的价值取向最终决定"，这里的"战略"是政略，也就是说，"政治的价值取向最终决定"的是政略。而"政治形势的变化，会导致战略的变化"的论述中间少了一个层次，即"政治形势的变化，会导致政略的变化，进一步导致或决定战略的变化"。

需要指出的是，本书所论述的"政略"的逻辑起点放在政

---

① 军事科学院军事战略研究部编著：《战略学》，军事科学出版社2013年版，第9页。

党的基础之上,以此勾画出从政略到战略(军事战略)的体系架构,并在此架构下探讨从政略到战略不同层级战略之间的相互关系。

本书在二战后西方战略理论家所界定的政略、战略、战役战术、技术的军事学术体系基础上设计出军事学科学术体系架构(如图1所示)。在逻辑上,上一层级决定下一层级的运用,下一层级服从服务于上一层级的指导,这是科学的辩证法,是符合马克思主义辩证唯物史观和方法论的。在社会学意义的经线上是信仰或理念、政略(即政治战略,或曰政策和策略,是由立场、观点和方法形成的各种政策和策略)、国家战略(包括经济、军事、科技等方面国家制定的战略)、社会环境下的各种活动、产业基础(技术基础和经济基础等)理论;在军事学科学术的经线上是信仰或理念、军事政策(政略的部分)、军事战略(即战略)、战役战术、技术基础和武器装备理论。

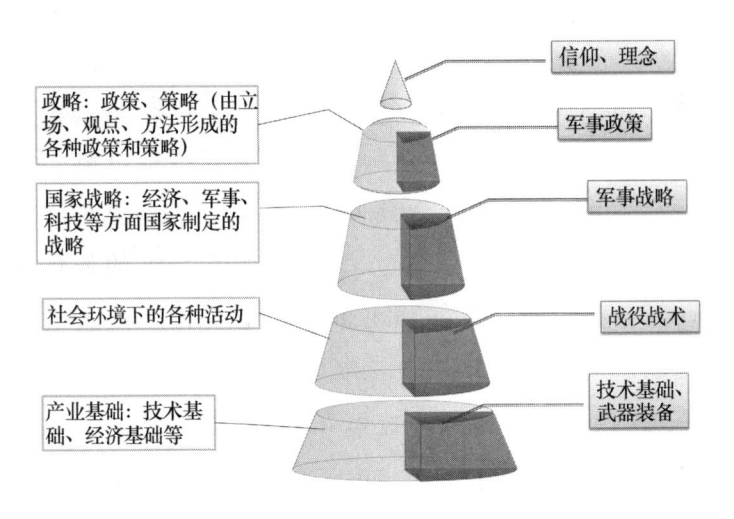

图1 军事学科学术体系架构图

本书的军事学科学术体系架构图将信仰、理念置于顶端,是因为人是精神动物,人类社会是精神世界的家园。孟子有言:"生,亦我所欲也;义,亦我所欲也;二者不可得兼,舍生而取义者也。"裴多菲有诗云:"生命诚可贵,爱情价更高,若为自由故,两者皆可抛。"毛泽东在读《新唐书·徐有功传》时,曾感慨道:岳飞、文天祥、曾静、戴名世、瞿秋白、方志敏、邓演达、杨虎城、闻一多诸辈,以身殉志,不亦伟乎!薄富尔说得更直白:"战略不过是一种达到目的的手段而已。替战略决定目的的是政策,而政策又是受到一种基本哲学思想的支配,那种思想也就是我们所希望能看到它发扬光大的","我深信在战略的领域中,也像在所有的人生问题中一样,理想应该居于指导和支配的地位。这样便把我们引入了哲学的境界"。[①] 信仰、理论作为最高层面的"一种基本哲学思想的支配",是支撑政略的原点所在,但因本书研究范围所限,并不意在这个层面着墨太多,还请谅解。

克劳塞维茨曾说,理论应该培养未来的指挥官的能力,或者更正确地说,应该指导他们自修,而不应该陪着他们上战场。科贝特在《海洋战略的若干原则》一书的开篇也提出了同样的观点。任何希望"授人以鱼"的观念解决不了未来战场的困惑,在未来战场上是注定要失败的。只有"授人以渔",并使未来的指挥官将理论现实地、灵活地运用于未来战场,才能奠定战争胜利的根基。

需要说明的是,笔者虽经数年学习、思考、积淀,驾驭这个命题的能力依然有限,本书中借助了很多政治军事家的名言,希

---

① [法]薄富尔著,钮先钟译:《战略绪论》,内蒙古文化出版社1997年版,第43、167—168页。

| 绪　论 |

望以战争案例点缀其中，集腋成裘，表现出完整的政略与战略关系脉络，以供有志于研究和运用者思考。借用克劳塞维茨的一句名言作为对研究战争规律的学者们的激励："对于任何想从书本中研究战争的人，理论是一种指导，它将照亮他的前途，加速他的脚步，训练他的判断，帮助他避免陷阱。"[①]

---

① ［法］薄富尔著，钮先钟译：《战略绪论》，内蒙古文化出版社1997年版，第165页。

第一章　政略之源

蔡元培先生说："政略学者，俞诚之先生所创设置术语也。古者谓之纵横家者流，近于西洋人之雄辩术。"①而俞诚之认为，"以鬼谷之学集先秦政略学之大成，而其书湮没千数百载……鬼谷为斯学开山，其前于先生者，其学说均与鬼谷书有极深之关系，不能不详为比较，以资引证；其后于先生者，其学说始无不本先生之说而推阐光大其理"。②俞诚之自述："政略的纯理哲学云者，以纯理的研究'政治方略'本身实施之方策，所以区别于一般政治哲学之以治世的主义政策为主要目的者也。由国家学言，则政治学为其正面之一部，而政略学为其他面之一部；由人生哲学言，则政略学为其正面之一部，而政治学为其他面之一部。盖政略学固以权谋、辨智、辞命为其基本出发点，而以施展其政治的手腕，以期实行其计划为目的也。至于以计划之遂行之故，个人因以取得政权，则为其当然附带之结果。或者以其论究取得政权之方略，遂目以为'术'而异于'学'；其实抽象的研究谋略之原理及其法则，固政略的纯理哲学之规模也"，"然则政略学者，工具也，

---

① 俞诚之：《中国政略学史（外一种：鬼谷子新注）》，上海社会科学院出版社2009年版，蔡子民先生序。
② 俞诚之：《中国政略学史（外一种：鬼谷子新注）》，上海社会科学院出版社2009年版，第8页。

政治之利器也，不可以示于人者也；政策者，模型也，政治之内容也，可以公然示人者也。由此言之，政略为阴而政策为阳，政略为手足而政策为骨干，其义至明"。① 又曰："政制者，政策之总名，其外延基于一般的法制者也；政术者，政略之总称，其内包含一般的军事政治之智略者也。"② 这些论述深刻，只是时过境迁，与现实之词义已有较多差异。而仁者见仁，智者见智，失之毫厘，差之千里，现在看来多有歧义。俞诚之归纳鬼谷子政略的哲学三部分——说辞学、权谋学、哲学思想及其方法论，③ 其分析论证中却没有立场、观点，只有方法，难免会陷入"诡辩"的泥潭，应了蔡元培先生的评判。以致成为封建社会、剥削制度的滥觞，与现代社会的政略概念差别很大，与马克思主义政略的先进性更是霄壤之别。

邓小平说过："不能设想，离开政治的大局，不研究政治的大局，不估计革命斗争的实际发展，能成为一个马克思主义的思想家、理论家。"④ 这里的"政治的大局"就是指政略的范畴，就是广义的"战略"概念中所说的"从大局上考虑问题"的大局，也就是说，政治也有全局，也有大略，隐含了马克思主义的立场、观点和方法。而作为一个执政党、一个执政党的领导集体更应该从政治的大局上思考问题，认识大局、把握大局、服从大局，深刻理解政略之奥妙。

---

① 俞诚之：《中国政略学史（外一种：鬼谷子新注）》，上海社会科学院出版社2009年版，第7页。
② 俞诚之：《中国政略学史（外一种：鬼谷子新注）》，上海社会科学院出版社2009年版，第8页。
③ 俞诚之：《中国政略学史（外一种：鬼谷子新注）》，上海社会科学院出版社2009年版，第66—67页。
④ 《邓小平文选（一九七五——一九八二年）》，人民出版社1983年版，第179页。

| 政略与战略论 |

在现今的术语中,"政治战略"一词已不经常被提及,这并不代表其销声匿迹,更不代表与战略(军事战略)混为一谈。耶鲁大学国际关系研究所的尼古拉斯·约翰·斯派克曼在1942年所著的《世界政治中的美国战略》中说,政治战略,即政略,这是由其研究的政治学领域所决定的。1944年他出版了简约版《和平地理学》,这是一本地缘政治学科的著作,该书中也使用了这一概念,[1] 其表述是对英国地缘政治学家麦金德地缘战略理论的进一步拓展,其中对所引用的"政治战略"一词给出了清晰的语境,容易让人们理解、认知和接受。在这些论述中,政略的要素有主体和客体之分,包括作为主体的政党,作为客体的政党的立场、理念、目的、保障条件和政策策略等。本书所定位的"政略"一词认为,它是政治战略的简称,是由政党所提出、为政党所执行、为人民所接受、为社会所造福的一系列政策策略的总和。诚然,这一概念已然不完全趋同于俞诚之"以纯理的研究'政治方略'本身实施之方策,所以区别于一般政治哲学之以治世的主义政策为主要目的者也"。本书的学术体系认为,政略是受"主义"和"信仰"支配的,"主义"和"信仰"是有立场的,是有观点和方向的,它们之间不是分立的关系,而是上下相承的关系;但同时亦符合其"政略学者,工具也,政治之利器也,不可以示于人者也;政策者,模型也,政治之内容也,可以公然示人者也"[2] 的特性定位。

---

[1] [美]约翰·刘易斯·加迪斯著,潘亚玲译:《长和平——冷战史考察》,上海人民出版社2011年版,第23页。
[2] 俞诚之:《中国政略学史(外一种:鬼谷子新注)》,上海社会科学院出版社2009年版,第7页。

第一章 政略之源

一、领袖、政党、执政党和政府

英国著名政治家和教育家沃拉斯在其所著的《政治中的人性》一书中指出,在全欧美,代议民主已被公认为最佳政体,但是那些对代议民主的实际作用体会最深的人却常常感到失望和忧虑。因为,在政治中,人往往在感情和本能的刺激下行事,大多数人的大多数见解并不是受经验检验的推理结果,而是习惯所确定的无意识或半无意识的推理结果,他们是非理性的。而且,政治环境随着与日俱增的速度发生着变化。① 他还指出:政治就像踢足球,流行的战术不是制定规则的人期望的那些,而是球员发现能赖以取胜的那些,而人们隐约感到,他们的党最可能赖以获胜的权宜手段并不能把国家治理得最好。② 假设"一切动机都来源于某一预先想好的目的","即使我们知道一个人认为做什么对他有利,我们也不能肯定地知道他会做什么"。③ 这就是实际运作中的政治,而运作它的就是领袖、政党,最成功者成为执政党,体现出既是为了满足人性的需求,也是对人性的利用或运用的特征。

事实上,在获取权力的道路上,即使是深思熟虑、理性思考的政治家,也会做出"扔泥巴"或面对对手"扔泥巴"的行

---

① [英]格雷厄姆·沃拉斯著,朱曾汶译:《政治中的人性》,商务印书馆1994年版,内容提要与出版说明。
② [英]格雷厄姆·沃拉斯著,朱曾汶译:《政治中的人性》,商务印书馆1994年版,导言,第3页。
③ [英]格雷厄姆·沃拉斯著,朱曾汶译:《政治中的人性》,商务印书馆1994年版,第16—17页。

为，其结果往往是迎合了一时的民意，而与民意的大方向相悖。2016年，美国总统选举中特朗普竞选团队制作了《危险》竞选广告，而希拉里竞选团队制作出《镜子》竞选广告，① 在一定意义上他们都想利用人性的弱点左右选民的意志，获取选票，但却一次次玷污了社会的风气，对社会道德造成无法挽回的伤害。就如希拉里在选举期间与银行家的闭门会晤时所称，公开的政策是一回事，她个人的观点是另一回事，"实际上她承诺给予他们支持，哪怕是用削减社会资源的方式，而她对选民说的话却完全相反，也就是说她在毫不客气地撒谎"②。这就是当下美国政治、西方政治的现实存在。美国选民最终抛弃了希拉里，而选择了特朗普。而特朗普也是"扔泥巴"者，被特朗普解雇的美国联邦调查局前局长詹姆斯·科米在新书《进阶的忠诚：真相、谎言和领导力》中就批评特朗普"缺乏道德""无视真相"，其整个任期如同一场"森林大火"，对国家造成严重伤害。③ 而这正是资本主义政治家的现实特质，不能代表真正被称为领袖的先进政治家品质。2020年新冠疫情开始后，美国社会撕裂加剧。美国《外交》双月刊7—8月号发表弗朗西斯·福山的文章《大流行和政治秩序》，在该文章中弗朗西斯·福山尖锐指出：当危机袭来时，美国由其现代史上最不称职、最能割裂社会的领导人掌舵，这位领导人没有在压力之下改变统治模式。对他的政治命运而言，最有利的是对抗和仇恨，而不

---

① 《美总统竞选广告"扔泥巴"不手软》，载《参考消息》，2016年10月14日，第12版。

② 《美式民主有悖政治常识》，载《参考消息》，2016年10月14日，第10版。

③ 《前FBI局长的反击，新书痛批特朗普》，载《环球时报》，2018年4月14日，第2版。

是民族团结。① 他利用这场危机挑起争斗，加剧社会分裂。美国在这场新冠疫情流行期间表现不佳，最重要的原因是国家领导人未能发挥领导作用。那么，具有怎样品格的领导人才能称得上领袖？

（一）领袖

1. 有一个能唤醒人民心中奋斗意识的远大目标

美国独立战争中，殖民地的政治家为殖民地的自由振臂疾呼，成功唤醒了埋藏在殖民地人民心中的独立意识，他们为着一个目标而战。1783年华盛顿在总结这一变革的深刻意义时说："它可能奠基了我们最初的地位和我们制度的根基。每一个愿意保护自由政府的公民，不仅献出了他们的部分财产，而且还亲自参军捍卫政府"，"这个国家的全部力量都被动员起来了"。②

在中国共产党创建前夕，毛泽东就指出："主义譬如一面旗子，旗子立起来了，大家才有所指望，才有所趋赴。"③ 对于农民运动，毛泽东从1927年1月4日至2月5日，用32天的时间实地考察了湘潭、湘乡、衡山、醴陵、长沙五县，形成了著名的《湖南农民运动考察报告》。他在该报告中指出："很短的时间内将有几万万农民从中国中部、南部及北部各省起来，其势如暴风骤雨，迅猛异常，无论什么大的力量也压抑不住。他们将冲决一

---

① 弗朗西斯·福山：《大流行和政治秩序》，载美国《外交》双月刊，2021年。

② ［美］阿伦·米利特、彼得·马斯洛斯基著，军事科学院外国军事研究部译：《美国军事史》，军事科学出版社1989年版，第79页。转引自高民政主编：《国家兴衰与军政关系纵论——大国崛起中的军事与政治》，时事出版社2011年版，第126页。

③ 康绍邦：《学习江泽民关于十大理论问题的论述》，中共中央党校出版社1998年版，第5页。转引自欧阳康等：《中国道路——思想前提、价值意蕴与方法论反思》，中国社会科学出版社2013年版，第17页。

切束缚他们的罗网，朝着解放的路上迅跑。一切帝国主义军阀贪官污吏土豪劣绅都将被他们最后葬入坟墓。一切革命的党，革命的同志，都将在他们面前受他们的检验而决定弃取。站在他们的前头领导他们呢？还是站在他们的后头指手画脚批评他们呢？还是站在他们的对面反对他们呢？每个中国人对于这三项都有选择的自由，不过时局的命运将强迫你迅速地选择罢了。"[1] 能够站在他们的前头领导他们的就是农民运动的领袖。

2. 有科学深远的预见力

1927年大革命失败后，中国革命面对严峻局面，毛泽东科学分析和预测了中国的政治状况及其发展趋势，做出了"星星之火，可以燎原"的政治判断和政略预见。他还对革命高潮快要到来的"快要"二字做了精准的解释："马克思主义者不是算命先生，未来的发展和变化，只应该也只能说出个大的方向，不应该也不能机械地规定时日。但我所说的中国革命高潮快要到来，决不是如有些人所谓'有到来之可能'之完全没有行动意义的，可望而不可即的一种空的东西。它是站在地平线上遥望海中已经看得见桅杆尖头了的一支航船，它是立于高山之巅远看东方光芒四射喷薄欲出的一轮朝日，它是躁动于母腹中的快要成熟了的一个婴儿。"[2] 抗日战争初期，出现了"亡国论"和"速胜论"两种观点。"亡国论"者认为，中国武器不如人，战必败。而"速胜论"者则表现为一种毫无根据的乐观倾向，把日本实力估计过低，幻想依靠国际援助打败日本，认为胜利很快就会到来。为了正确指

---

[1]《毛泽东选集》（第一卷），人民出版社1951年版，第13页；[美]布兰特利·沃马克著，霍伟岸、刘晨译：《毛泽东政治思想的基础（1917—1935）》（插图本），中国人民大学出版社2013年版，第70—71页。

[2]《毛泽东选集》（第一卷），人民出版社1951年版，第110页。

导这场战争，毛泽东写下了《论持久战》这一名篇，用科学的预见驳斥了唯心论和机械论的错误。他指出："中国会亡吗？答复：不会亡，最后胜利是中国的。中国能够速胜吗？答复：不能速胜，抗日战争是持久战。"这是毛泽东在全面分析中日双方基本情况和抗日战争基本特点的基础上，得出的科学预见，并被后来的实践所证明。毛泽东的战略预见，能够使人们在失败中看到胜利，在失望中看到希望，在黑暗中看到光明，在迷茫中看到方向。① 领袖要具有远大的目光，要具有战略预见性。胡乔木说："毛主席，作为中国共产党的领袖和伟大的马克思主义理论家，他的英明之处就是善于透过表面现象抓住事物的本质，对时局能做出清醒的估量，能预见到事物的变化和发展，因势利导地组织和调动一切力量促成事物由量变转为质变，一步一步地使中国革命走向新的高潮。"②

3. 大公无私、不负人民的坚定立场

1944年11月7日，赫尔利受罗斯福委托，作为总统的私人代表到达延安，调停国共和谈。9日下午，赫尔利与毛泽东进行了第三次谈判。谈判后，赫尔利由衷地表示，毛泽东不仅有非凡的智慧，而且有公平的态度。他这次能和毛泽东一起工作，实为平生快事。他尤其感到庆幸的是，中国人民已经拥有了一位大公无私、一心为人民谋福利的领袖。③《中国社会各阶级的分析》与《湖南农民运动考察报告》考证的细致、认识的深刻，奠定了坚实的认知基础；《中国红色政权为什么能够存在？》与《井冈山的斗

---

① 肖天亮：《毛泽东对抗战的预见意义非凡》，载《参考消息》，2015年5月26日，第11版。
② 胡乔木：《胡乔木回忆毛泽东》（增订本），人民出版社2014年版，第474—477页。
③ 胡乔木：《胡乔木回忆毛泽东》（增订本），人民出版社2014年版，第352页。

争》坚定了"星星之火可以燎原"的信心、信念;《矛盾论》与《实践论》的哲学思辨指明了奋进方向;《中国革命战争的战略问题》与《论持久战》的军事战略选择踏平了前进的道路。而"保存自己消灭敌人"(毛泽东说,"战争的基本原则是保存自己消灭敌人")、"伤其十指不如断其一指"的战争原则;"以游击战为主的运动战"战法;"你打你的,我打我的,打得赢就打,打不赢就走"灵活机动的战略战术;"进京赶考"如履薄冰的严于律己和谦虚谨慎,则是走向胜利的坚定步伐……这是一个共产党领袖的精神胸襟、道路选择、坚定信念、谨慎组织、艰苦创新。

2019年3月22日,习近平主席出访欧洲三国,在会见意大利众议长菲科时,菲科说:"您当选中国国家主席的时候,是一种什么样的心情?""因为我本人当选众议长已经很激动了,而中国这么大,您作为世界上如此重要国家的一位领袖,您是怎么想的?"习近平回答说:"这么大一个国家,责任非常重、工作非常艰巨。我将无我,不负人民。我愿意做到一个'无我'的状态,为中国的发展奉献自己。"[①]《中国共产党党章》规定:"党除了工人阶级和最广大人民群众的利益,没有自己特殊的利益。"前一个利益可以说是"公"利,而后一种特殊的利益就是"私"利,是"我"利,没有自己特殊的利益,说的就是大公无私,也就是"无我"。这就是领袖的风范和胸襟,就是不负人民的坚定立场。

(二)政党

保罗·艾特伍德在其所著的《美国战争史(1775—2010)》——

[①] 《我将无我,不负人民》,载《参考消息》,2019年3月25日,第16版。

战争如何塑造美国》一书中说,"最初,(美国)由民众选举出来的一小撮精英虽然一直声称'我们的人民'以及'民主',但他们内心非常恐惧'民治',于是创建了两个政党保持平衡,就像英国的议会制一样。由此,资本主义一直被视为经济和政治的引擎,能够促进社会发展、满足人类的需求"。① 这就是当下资本主义国家的政党和政党体制。

按照蒋国海的考证,追溯其渊源,政党的产生,粗算起来,已有300年的历史。② 《世界国体政体要览》一书也做了探索:"政党"一词是从拉丁文Pars演变而来,从字义上讲,指一部分,转意则指一种团体,一种社会政治组织。政党的概念同国家的概念一样,常常混淆不清,或把政党归结为一般的社会团体、利益集团,或定义为"表达民意的组织"。《新不列颠百科全书》第15版称,"政党是在某种政治制度内,通过民主选举或革命手段,以取得和行使政治权力为目的而建立的组织"。1980年版《美国百科全书》给政党下的定义是:政党是由个人或团体,为了在某种政治制度内,通过控制政府或影响政府政策以达到行使政权的目的,而建立起来的组织。而马克思则认为:政党是阶级斗争的产物,它是在阶级社会中,一定的阶级或阶层的政治上最积极的代表,为了共同的利益和共同的政治目的,特别是为了取得政权和保持政权,而在阶级斗争中形成的政治组织。政党属于社会政治

---

① [美]保罗·艾特伍德著,张敏、黄玲、冷雪峰译:《美国战争史(1775—2010)——战争如何塑造美国》,新华出版社2013年版,第5页。
② 蒋国海:《毛泽东的政党观》,解放军出版社2014年版,总序,第1页。美国安东尼·M.奥勒姆、约翰·G.戴尔所著的《政治学与社会》(中国人民大学出版社2017年版)一书中说,"现代政党发轫于19世纪。其诞生地在美国,各种党派在1800年总统大选前渐渐为人所知,但真正现代政党的标志——强大的组织和公众的参与——直到19世纪20年代、30年代才出现"。

上层建筑范畴，但它又有别于国家政权机关，不是国家权力机关的组成部分；政党属于社会组织，但它不同于一般的社会团体，它是拥有明确的政治纲领，有明确的奋斗目标，有统一的组织系统和领导机构，有组织纪律的政治组织。夺取政权，保持政权，维护本阶级的利益，是政党最根本的特征。

根据马克思主义的政党分类法（以政党的本质属性为标准来划分），现代西方国家的政党可分为资产阶级政党和无产阶级政党两大类，在这两者之间的是小资产阶级政党。政党制度是现代政治制度的重要组成部分，由于具体国情、历史传统的不同，不同的国家实行着不同的政党制度。根据一个国家中实际掌握政权的政党的数目，通常可把西方国家的政党制度分为一党制、两党制和多党制。不论实行哪种形式，政党制度都是资产阶级维护其本阶级利益、实现阶级统治的重要工具。[1] 1905年9月，列宁在《由防御到进攻》一文中这样定位政党，或者称领袖群体："开始同人民一起采取军事行动。这样，武装斗争的先驱者就不是仅仅在口头上，而是在事实上同群众结合起来，站到无产阶级战斗队的前列，用国内战争的火和剑培育出几十名人民领袖，到了明天，当工人起义的时候，这些人民的领袖就会以自己的经验和英雄行为去帮助千千万万的工人。"[2] 这是无产阶级革命领袖对无产阶级政党的定位和解释，更是无产阶级政党的组织形式和原则。马克思、恩格斯在《共产党宣言》中明确指出："过去的一切运动都是少数人的，或者为少数人谋利益的运动。无产阶级的运动是绝

---

[1] 石国亮编著：《世界国体政体要览》，研究出版社2010年版，第87—89页。

[2]《列宁全集》（第十一卷），人民出版社1987年版，第269页。转引自高民政、薛小荣主编：《军事与政治要论——马克思主义军事政治学经典论述与基本观点》，时事出版社2010年版，第103页。

大多数人的，为绝大多数人谋利益的独立的运动。"① 这是无产阶级政党与其他一切政党的根本不同之处，是无产阶级政党的显著标志。

马克思主义的政党观，概略地讲，就是建设一个什么样的党，怎么建设这个党。② 列宁深刻揭示了无产阶级政党的本质特征，即：党必须有自己的纲领和章程，党是以马克思主义武装起来的先进部队，党是无产阶级有组织的部队，党是无产阶级组织的最高形式，党必须有统一的严格的纪律。列宁指出："一个政党如果没有纲领，就不可能成为政治上比较完整的、能够在事态发生任何转折时始终坚持自己路线的有机体。"③

（三）执政党

一般而言，政党只有取得了国家的执政权，组成主导国家政令的政府才会成为执政党。执政党与在野党之间的区别或差异就是是否取得执政权，而由此引发的差异是巨大的。

中华苏维埃共和国对其自身的看法很能说明问题，其建立之初即宣布："从今日起，中华领土之内，已经有两个绝对不同的国家（政府）：一个是所谓的中华民国（政府），他是帝国主义的工具，是军阀官僚地主资产阶级，用以压迫工农兵士劳苦群众的国家（政府）……一个是中华苏维埃共和国（政府），是广大被剥削被压迫的工农兵士劳苦群众的国家（政府）。他的旗帜是打倒帝

---

① 中共中央马克思恩格斯列宁斯大林著作编译局编译：《马克思恩格斯选集》（第一卷），人民出版社2012年版，第411页。
② 蒋国海：《毛泽东的政党观》，解放军出版社2014年版，总序，第1页。
③ 肖光荣：《列宁的政党观》，解放军出版社2014年版，第41页。

国主义，消灭地主阶级，推翻国民党军阀政府，建立苏维埃政府于全中国，为数万万被压迫被剥削的工农兵士及其他被压迫群众的利益而奋斗，为全国真正的和平统一而奋斗。"① 作为一个以国家统一为目标的政党而言，并不是从开始就具备执政党的资格，可能也不会总是执政党。但社会发展的本质、生产力解放的要求不总是如此，在资本主义发展的历史长河中，其起源也是暴力地剥夺封建主义的权力，而改良主义只有在社会的平稳发展期才能成为可能。② 也因此，资本主义政治家经常模糊政党的本质，认为政治是上层建筑领域中各利益主体因维护自身利益所进行的特定行为及由此结成的特定关系。既然是维护各自的利益，那么也就没有谁高尚谁低俗的问题。③ 其实，美国在很长时间里确实没有政党，只是后来在大陆会议上因分权与集权之争而形成两派，后逐渐演化为今天的民主党和共和党。事实上，资产阶级政党所代表的更多的是特殊利益集团的利益，就像"国王的两个身体"代表的是国王身体的自然属性和公共属性，国王身体的公共属性是受困于封建国家的大地主阶级的，资产阶级政党的公共属性是受困于资产阶级国家的大资产阶级集团的。就如特朗普的"社会身体"代表着美国军事工业复合体，所以，在承认"耶路撒冷为以色列首都"这个问题上，这个特殊集团的利益绑架了美国政府，特朗普这样做是以美国国家安全为代价——美国与伊斯兰世界为敌，

---

① ［美］布兰特利·沃马克著，霍伟岸、刘晨译：《毛泽东政治思想的基础（1917—1935）》（插图本），中国人民大学出版社2013年版，第148—149页。
② 欧阳康等：《中国道路——思想前提、价值意蕴与方法论反思》，中国社会科学出版社2013年版，第6页。
③ 公方彬：《大思想——中国崛起的瓶颈与突破》，广东人民出版社2015年版，第4页。

给"文明的冲突"火上浇油,就是为了迎合特殊集团的偏好。① 俄罗斯共产党领导人久加诺夫在回答《参考消息》记者采访时指出:"自由市场经济的理论家们鼓吹存在一只'看不见的手',似乎在对资本主义制度进行自我调节,似乎准确无误地确定经济需求。实际上,在'看不见的手'后面隐藏着大金融工业财团的统治,它们把自己的意志强加给政府,从自己的利益出发形成社会经济现实。结果是危机有规律地爆发:大资本家关心的是自己的利润,不可能保证社会向着有利于全体居民的方向稳定发展。"② 而无产阶级的政党却从不避讳这些。1919年,根据列宁建议通过的俄共(布)八大决议明确指出:"共产党给自己提出的任务是,在劳动者的一切组织中起决定性的影响和掌握全部领导。共产党特别要力争在当前的国家组织——苏维埃中实现自己的纲领和自己的全部统治",俄国共产党要"在苏维埃中取得政治上的绝对统治,并对苏维埃的全部工作进行实际的监督"。③ 1921年3月,列宁在俄共(布)十大上说:"我们的党是一个执政党,党的代表大会所通过的决定,对于整个共和国都是必须遵守的;在这里,我们应当在原则上解决这个问题。"④

---

① 杨光斌:《美将中俄树为对手的冷战逻辑》,载《环球时报》,2018年1月29日,第14版。
② 胡晓光:《中国飞跃发展符合全人类的利益——专访俄共领导人久加诺夫》,载《参考消息》,2017年10月17日,第11版。
③ 《苏联共产党代表大会、代表会议和中央全会决议汇编》(第1分册),人民出版社1964年版,第570—571页。转引自肖光荣:《列宁的政党观》,解放军出版社2014年版,第209—210页。
④ 中共中央马克思恩格斯列宁斯大林著作编译局编译:《列宁全集》(第四十一卷),人民出版社1986年版,第55页。转引自肖光荣:《列宁的政党观》,解放军出版社2014年版,第210页。

（四）政府

列宁说："政党通常是由最有威信、最有影响、最有经验、被选出担任最重要职务而称为领袖的人们所组成的比较稳定的集团来主持的"，"在历史上，任何一个阶级，如果不推举出自己的善于组织运动和领导运动的政治领袖和先进代表，就不可能取得统治地位"。①而取得了统治地位才能成为执政党，才得以组织成立政府，并执掌国家的政权。

恩格斯说："社会创立一个机关来保护自己的共同利益，免遭内部和外部的侵犯。这种机关就是国家政权。"②美国政治学家梅利亚姆认为政府有五大目的或功用：（1）对外的安全；（2）对内的秩序；（3）公道或正义；（4）公共福利；（5）自由。③这是大家比较能接受的，其中第一点是对外的，后面四点都是对内的。也就是说，政府的作用无非有两点：对外维护国家安全，对内维持国家正常秩序稳定。而从执政党组成政府获取权力和行使权力的顺序上讲，也是两点：执政与行政。执政是权力的获取，行政是权力的行使，这都是执政党或它所建立的政府所要做的事情。

国家的国体与政体是国家政治方面两个最基本的问题。各个国家的性质不同，就体现出国体的差异。国体是指各阶级在国家中的地位，也就是国家的阶级性质。国家的阶级性质是马克思主义的概念，即"国家无非是一个阶级统治另一个阶级的机器"。政体，从狭义上讲，是指国家的组织形式。它是国家生命的具体形

---

① 叶永烈：《历史选择了毛泽东》，四川人民出版社2014年版，第1—2页。
② 中共中央马克思恩格斯列宁斯大林著作编译局编译：《马克思恩格斯选集》（第四卷），人民出版社1995年版，第253页。
③ 夏保成、刘凤仙：《国家安全论》，长春出版社2008年版，第5页。

态，以掌握全部国家权力的机构以及所实行的基本原则为代表，统一着整个国家各个组织环节的组织和活动，并成为一种确定的制度。所以，也有把政体叫作国家的基本制度或者称为国家的政治制度。从广义上讲，国家的组织形式（政体）这个概念通常还包括国家结构。所谓国家结构，就是国家整体与部分，中央政权与地方政权之间的关系问题。决定国家本质的是国体，政体是国家本质的表现形式，国体决定政体，政体为国体服务。① 而在历史的社会巨变中，先有政体而后有国体，也就是先有获取政权的执政党，尔后由执政党的性质决定国体。但不管如何解释，政体实际上是国家权力的执行者，政党首先要获得执政权，才能行使行政权。

在社会主义国家，如中华人民共和国，政体是人民代表大会制度，是在基层政权普选的基础上，逐级召开人民代表大会，最终召开全国人民代表大会，选举出中央人民政府，从而行使行政权。② 在西方资本主义国家，如美国，是由民主党和共和党通过大选，选举出执政党总统，由总统组阁成为一届政府，尔后代表国家行使行政权。其民主党和共和党都是资产阶级政党，也就决定了它是代表资产阶级的、以资产阶级为领导的资本主义国家政权。正如保罗·艾特伍德在其所著的《美国战争史（1775—2010）——战争如何塑造美国》中所说，"事实上，大部分美国的创始人像任何君主一样惧怕民主制度……所谓的（美国资产阶级）共和政府，不过是将统治者集中在富裕且有产阶级人群，这是他们的唯一选择。他们拒绝君主制，选择了代表制和分权政府以及严格而有限

---

① 石国亮编著：《世界国体政体要览》，研究出版社2010年版，第1—3页。
② 石国亮编著：《世界国体政体要览》，研究出版社2010年版，第162页。

的选举权"。① 当然这"有限的选举权"是对普通的人民大众而言的，而重要的选举权为资产阶级占统治地位的有产阶级、大资产阶级所拥有。

休谟在《政府本原》一书中有一段深入人心的话，得到了沃拉斯的赞同。休谟说："政府之建立在民意之上。这个原则既适用于最自由和最得民心的政府，也应用于最专制和最渎武（黩武）的政府。"当一位沙皇或一位官吏觉得自己在统治时必须反对一种随时都能创造一个压倒一切的民族目的的模糊的民族感情时，人类的逻辑本性就被最无情地利用。② 当然，这是政权的异变，是专制政府、威权政府或称为寡头政府的表现。艾瑞克·霍布斯鲍姆认为："政府、经济、学校以及社会的一切，都不是只为了少数的特权阶级的利益而存在的，而是为了一般大众。他们不是特别聪明或有趣（除非，我们与其中的一人坠入情网），他们没有受过高等教育，也不成功或注定不会成功——简直可以说平凡无奇。在历史上，这样的人往往在脱离了他的社群之后，在历史档案上只剩下了生日、配偶及死亡时间。然而，一个社会之所以值得让人在其中生活，就在于这些人才是社会的主角，而不是有钱人、聪明人或天才。不过，一个值得生活的社会也要提供空间让这些少数族群安身。这个世界的存在并不是为了某些个人的利益，同样，我们也不能光想着我们自己的利益。如果我们的世界真成了专为特权着想，而且人人为己的世界，那么这个世界绝不

---

① ［美］保罗·艾特伍德著，张敏、黄玲、冷雪峰译：《美国战争史（1775—2010）——战争如何塑造美国》，新华出版社2013年版，第50页。

② ［英］格雷厄姆·沃拉斯著，朱曾汶译：《政治中的人性》，商务印书馆1994年版，第137页。

会是个好世界，它也绝不可能长久。"① 中国人民大学国际关系学院杨光斌教授指出，"在很多发展中国家，没有有能力的中央集权，自由和分权变成了地方豪强政治，这对草民是福还是祸？很多国家的政权是靠选举产生的，结果都是'无效的民主'，不能治理的政府不但不具有合法性，更是非道德的，因为政府的天职就是治理"。② 2016年底，韩国《教授新闻》公布了"年度四字成语"——"君舟民水"——这个出自中国两千多年前古籍《荀子·王制》中的成语。用一句通俗的话说就是"水能载舟，亦能覆舟"，同样反映出的是执政之道，是执政者、执政党所要明白和遵循的道理。

二、执政理念

现代意义上最早的政党是由美国第二任总统亚当斯和第三任总统杰斐逊建立的，后人公认两人"携手建立了美国历史上最庞大、最错综复杂的（政党）联盟之一"（美国学者乔恩·米查姆语）。实际上，亚当斯和杰斐逊本无意组建政党，但后来称为"民主党"和"共和党"的两大政党，却公推杰斐逊和亚当斯是其始祖。杰斐逊曾这样向亚当斯解释两人的分歧之由：我们分裂成了两个党，一个党希望加强最人民性的部门，另一个党希望加强那些长期性的部门，并延长它们的长期性；你我第一次发生了分歧，结果那个认为你和他们想法相同的党把你

---

① ［英］艾瑞克·霍布斯鲍姆著，黄煜文译：《论历史》，中信出版社2015年版，第14页。
② 杨光斌：《政治审慎是知识精英的社会责任》，载《环球时报》，2016年3月15日，第14版。

的名字列在他们的首位,另一个党出于同样的原因,选中了我;我们深受其害,成了公开辩论的消极对象。夸大的理念分歧,加上一些误会,使两位老友走向了决裂。① "夸大的理念分歧"使两位有着深厚友谊的、同为资产阶级政党的老友走向决裂,这就是信念的差异、理念的分歧,体现着不同的执政理念,体现出不同执政理念之间的角力。即使同为资产阶级政党也如此决绝,无可逃避。

"理念"一词雷同于政治学中的"主义"一词的定义,而"主义"一词常被用来形容国家领导人对外政策制定的指导原则,如"门罗主义"、戴高乐主义、奥巴马主义等。② 实际上,在政治学的词典中,"主义""思想""理论"等都有相通的意思,如马克思主义、毛泽东思想等。2016年7月,在庆祝中国共产党成立95周年大会上,习近平指出,文化自信,是更基础、更广泛、更深厚的自信,强调"坚持不忘初心、继续前进,就要坚持中国特色社会主义道路自信、理论自信、制度自信、文化自信",强调"文化自信",为不断把中国特色社会主义伟大事业推向前进注入了更基本、更深沉、更持久的力量。③ 这段话中,习近平所说的"初心",就是共产主义理想信念,就是中国共产党人的理念,中国共产党人在这种理念下萌发出"中国特色社会主义道路自信、

---

① 周泽雄:《杰斐逊与亚当斯:是老友也是政敌》,载《报刊文摘》,2017年12月15日,第6版。按照李庆余的说法,以财政部长汉密尔顿为一方,以国务卿杰斐逊为另一方,就美国的贸易政策进行辩论,并形成了美国最早的政党——联邦党和共和党。参见李庆余:《美国外交史——从独立战争至2004年》,山东画报出版社2008年版,第9—10页。

② 王鸣鸣:《奥巴马主义:内涵、缘起与前景》,载《世界政治与经济》,2014年第9期,第109页。

③ 《"文化强国"提升中国国际形象——国外高度评价中国文化建设成就》,载《参考消息》,2017年10月16日,第11版。

理论自信、制度自信、文化自信"，而"道路自信"体现的是最深刻的理念认同与选择。

清朝光绪皇帝对李鸿章的指示体现了大清没落王朝的执政理念——"宗社为重，边徼为轻"，而且信任并重用"主和专家"李鸿章为全权大臣，① 签订了一系列丧权辱国条约。当然，其目的是为了维系清朝的腐朽统治，也是为了维持其奢华的享受，是为皇家私人利益服务的。甲午战争前，把持朝政的慈禧太后生活奢靡、滥用国币，甚至挪用军费来兴修皇家园林，在甲午战争最激烈、最危急之时大摆筵宴为自己庆生，都体现的是其腐败没落的执政理念。以致当时的官场更是乌烟瘴气，贪渎成风，尤其是位高权重的军机大臣庆亲王奕劻，贪得无厌，号称"晚清首富"。清政府的腐朽统治，惹得民怨沸腾，"流寇"四起。② 这一时期，虽有众多像在第一次鸦片战争时提出"苟利国家生死以，岂因祸福避趋之"的著名主战派代表林则徐一样的民族英雄，无奈执掌国家政权的是没落腐朽、浑浑噩噩、麻木不仁的清政府，面对的是"数千年未有之变局""数千年未有之强敌"。③ 1885 年 7 月 13 日，慈禧计划修建圆明园，估计需工银 2000 万两。户部尚书阎敬铭称无款可办。慈禧言改修三海，他仍答无款。慈禧喝"滚出"。当时奕譞两次上疏、廷辩，在同治皇帝前"面诤泣谏"，最终与恭亲王奕䜣等人一道阻止了修园活动。但奕譞在其子被立为皇帝之后，由最初的坚决反对者，变为挖空心思挪用海军经费修园的始

---

① 翁万戈：《"主战"与"主和"是甲午战争伪问题》，载《参考消息》，2014 年 7 月 2 日，第 11 版。
② 沈强：《从甲午惨败到抗战胜利的历史透视》，载《参考消息》，2014 年 7 月 7 日，第 11 版。
③ 李洪峰：《以史为鉴，迎接新的世纪大考（上）》，载《参考消息》，2014 年 7 月 28 日，第 11 版。

作俑者。清末政治舞台上，个人利益决定政治立场就是这样富于戏剧性。铁甲舰和颐和园是一对矛盾体，可对慈禧来说却并不矛盾。危机时用铁甲舰来维护统治，承平时用颐和园来享受统治下的奢华生活，一切都是天经地义。掌握数百万银饷的海军大臣奕譞，明了慈禧既要购舰，也要修园的两个心病。他也有两个心病：既要保己，也要保子。奕譞最终选择用海军经费作为协调利益的黏合剂：腾挪经费造一个园子，让慈禧住进去"颐养天年"，不但可巩固自己的政治地位，还能让政权早日转移到光绪帝手中。人们指责慈禧以海军衰败换取颐和园，却忽略了更加隐秘的海军大臣奕譞的赌注：以海军经费换取光绪帝亲政。用满足慈禧心愿的方法，实现自己的心愿。① 从历史的维度看，封建臣子奕譞的格局实在是太小了，为了自己儿子的一己之利，而置国家安全于不顾，这是其执政理念使然，而此理念治理下的清朝岂有不败之理。

19世纪至20世纪日本帝国主义对中国人民和东南亚人民的蹂躏，实际上都是出于一种强盗逻辑，选择了一条侵略的路线，制定的是实施侵略的策略，实施的是一种侵略的计划，给世界和平和安定造成了巨大的伤害。日本明治天皇亲政不久，就宣布了《五条誓文》，这是明治天皇的执政理念，中心思想就是强调上下一心，破除旧日陋习，求知识于世界。虽然《五条誓文》当时对日本社会而言是进步的、开放的，是引领日本崛起、强生的动力，被细化后的思想就是日本近代思想家福泽谕吉提出的"脱亚入欧"纲领性口号，明确为明治维新的三大目标"文明开化""殖产兴业""富国强兵"，而且学习西方文明制度被放在了首位。② 但是，

---

① 张铁柱、刘声东主编：《甲午镜鉴》，上海远东出版社2014年版，第4—5页。
② 李洪峰：《以史为鉴，迎接新的世纪大考（上）》，载《参考消息》，2014年7月28日，第11版。

这也彰显了其以侵略作为发展道路的本质。即使到了 20 世纪 50 年代中期，失败的侵华祸首天皇裕仁还认为明治维新的三大目标是"正确的、先进的"，多次试图恢复战前体制。到 1955 年，随着日本经济超过战前，一些极右翼政客开始蠢蠢欲动，他们企图修改"和平宪法"，删除第九条内容，并提升天皇地位。而 20 世纪 50 年代中后期日本左翼进步势力强烈抵制"皇国思想"，裕仁也已退居幕后，其不得不有所收敛。1973 年 2 月 1 日，曾经在侵华日军第 16 师团担任少尉、参加过南京大屠杀的中村龙平成为日本自卫队最高军事长官，裕仁很想趁此机会重掌军权。当年 5 月，田中角荣内阁的防卫厅长官增原惠吉对一名记者透露，天皇裕仁同他秘密商讨过自卫队扩充计划，裕仁希望扩军后的自卫队能学习"皇军""优良的一面"，摈弃"坏的一面"。裕仁为自卫队扩充发展定调被披露后，公众批评如潮，愤怒的民众走上街头游行示威，要求首相做出交代。在公众压力下，田中角荣解除了增原惠吉的职务，裕仁听到这个消息后才明白，自己的政治生命已经终结。也就意味着其理念的破灭。①

有什么样的执政理念，就会有什么样的实践行动。大量事实说明，中日两国当时在学习西方的问题上，由于领导者、领导阶层的执政理念、指导思想不同，结局也完全不同。清政府一直为"中体"所锢，只为传入和吸收西方"器用"之学提供了极为狭小的空间；而日本明治政府由于强烈的时代危机感和开放性思维，则更加主动、自觉地走向世界，加之明治维新以后建立和形成的适应社会变革的新的政治体制和经济、文化体制，以及相继推出的一系列开明的政策措施，很快形成了"西潮奔涌东瀛"的局面，

---

① 侯涛：《裕仁天皇多次试图重掌"皇军"》，载《环球时报》，2018 年 1 月 9 日，第 13 版。

为日本跻身西方列强奠定了重要的思想基础和体制制度基础。据李洪峰考证，以介绍西方思想的著作传播为例，福泽谕吉在明治维新期间的译著共达六十余部，一百数十册，包括政治经济、军事外交、历史地理、制度风俗等，范围之广、内容之多，犹如百科全书。福泽谕吉几乎以一己之力完成了近代日本的启蒙运动。李洪峰说，毛泽东在青年时期就注意到了福泽谕吉，他在《讲堂录》中写道："福泽谕吉有义庆应大学，以教育为天职。不预款，均利。福氏于学擅众长，有诲人不倦之志。"① 1866年，福泽谕吉在赴欧实地考察基础上写成的《西洋事情》出版。这是一本改变日本历史的书，在日本几乎人手一册，把它当作金科玉律看待。而与之形成强烈反差的是，中国思想家则远没有这么幸运。著名思想家魏源耗费半生精力撰写的《海国图志》是一部真正的国家之书，于1843年出版50卷，却立即遭到了顽固派、守旧派的强烈指责和恶毒攻击，结果只印了1000册左右，且很少有人问津。② 这是由清政府的执政理念所决定的。

美国国安会第68号文件《美国国家安全的目标和计划》标志着其遏制战略的定型，文件中对苏联政府的执政理念判断是："苏联虽不像是以前那样的霸权追求者，但它受到反对我们的一种狂热信仰的驱使，力求把它的绝对权威强加给外部世界。因此，在苏联方面，冲突事件已是传染性的，无论是暴力的还是非暴力的冲突，总是随时发生。随着大量可怕的破坏性武器的发展，如果冲突进入全面战争阶段，那么世界将面临毁灭的危险。"而"美国的宗旨正如其《宪法》的序言里所讲的：'……为了建立更完备

---

① 李洪峰：《以史为鉴，迎接新的世纪大考（上）》，载《参考消息》，2014年7月28日，第11版。

② 李洪峰：《以史为鉴，迎接新的世纪大考（上）》，载《参考消息》，2014年7月28日，第11版。

的联邦,树立正义,维护国内治安,建立公共国防,增进全民福利,并且保证我们自己和子孙后代所享有的自由和繁荣'"。① 作为成熟资本主义国家的宪法,却说得如此冠冕堂皇,这也从一个侧面反映出美国资产阶级政党的执政理念,只是要从资产阶级的立场去理解才行。

2015年7月28日,俄罗斯总检察院宣布"美国国家民主基金会"为不受欢迎的组织,这意味着"美国国家民主基金会"在俄罗斯土地上的一切活动都将被禁止。因为,受美国国会资助的这一基金会旨在全世界"推广民主","西方民主"是其理念,行动上在俄罗斯从事反政府、抵制俄罗斯选举结果、组织政治游行等活动,其后果威胁到俄罗斯的国家安全。② 每个政党的理念差异颇多,而且即便在相同理念的表述下,理念的强烈程度不同,努力程度各异,导致的结果便截然不同。1937年,张伯伦上任英国首相,直到1940年,他的思想仍然是绥靖的。二战爆发之际,1939年3月26日,张伯伦在给丘吉尔的信上说:"我必须承认,我对苏联是极不信任的。我不相信它会有能力维持一个有效的攻势,即使他们这样做了,我也不相信他们的动机。在我看来,苏联希望所有国家都对它唯命是从……波兰、罗马尼亚、芬兰等小国也是怀疑苏联的。"二战史研究专家张继平教授评论说,"这充分说明,三国谈判所以必然失败,英法缺乏谈判诚意是根本原因,英苏关系在张伯伦的政略中并未占据重要地位"。③ 因为,张伯伦

---

① 周建明、王成至主编:《美国国家安全战略解密文献选编(1945—1972)》(第一册),社会科学文献出版社2010年版,第53页。
② 《俄坚决"封杀"美国国家民主基金会》,载《环球时报》,2015年7月30日,第16版。
③ 张继平:《历史的反思——第二次世界大战的战略与政略》,时事出版社1990年版,第243—244页。

"不相信他们的动机",这是由张伯伦的执政理念所决定的,这是他政略选择的出发点。

习近平在中国共产党第二十次全国代表大会上的报告中指出,"坚持宪法确定的人民民主专政的国体和人民代表大会制度的政体不动摇"。① 他说:"我的执政理念,概括起来说就是:为人民服务,担当起该担当的责任。"②

三、执政立场

马克思主义产生于德国。1907 年,德意志帝国宰相伯恩哈德·冯·比洛③亲王承认,即使军事集结有助于缓解国内冲突,战争本身"也会在政治、经济和社会方面造成最令人沮丧的后果"。一年之后,他又告诉王储,历史已经证明,即使获胜,"每一场大

---

① 习近平:《高举中国特色社会主义伟大旗帜,为全面建设社会主义现代化国家而团结奋斗——在中国共产党第二十次全国代表大会上的报告》,人民出版社2022年版,第41页。《中华人民共和国宪法》第一条:"中华人民共和国是工人阶级领导的、以工农联盟为基础的人民民主专政的社会主义国家","社会主义制度是中华人民共和国的根本制度"。第二条:"中华人民共和国的一切权力属于人民","人民行使国家权力的机关是全国人民代表大会和地方各级人民代表大会"。第五十七条:"中华人民共和国全国人民代表大会是最高国家权力机关。"这是《中华人民共和国宪法》对"国体"和"政体"的明确表述。参见《中华人民共和国宪法》,法律出版社2018年版,第76、89页。

② 《历史的选择,人民的期待——党的十八大以来以习近平同志为核心的党中央治国理政评述》,载《新华每日电讯》,2017年1月3日,第1版。

③ 也译作"伯恩哈德·冯·布洛"。根据1871年4月16日俾斯麦亲自领导制定的帝国宪法规定,德意志帝国的首脑为"德意志皇帝",由普鲁士国王担任,由他的家族世袭。皇帝以下设帝国宰相,由皇帝任命宰相,由普鲁士首相担任,只对皇帝负责。这部宪法一直生效到1918年。参见丁建弘:《德国通史》,上海社会科学院出版社2012年版,第229、231—232页。

战之后也必然会出现一个自由主义阶段，因为人民会要求对战争造成的牺牲和艰苦获得补偿"。如果战败，则"势必引起王朝的覆亡"。在1911年摩洛哥危机期间，德国外交部长基德林也同样认为："任何巨大的胜利都要靠人民的努力，所以他们必须得到补偿……（希望）下一场胜利将给我们带来一个议会制政体。"① 这是因为，执政立场决定他服务的对象，即执政基础。任何的战争都需要补偿，只有人民的战争——植根于人民的民族战争才具有奉献的力量。因为，它是为了人民自己。

毛泽东在中国共产党第七次全国代表大会政治报告中说："我们共产党人区别于其他任何政党的又一个显著的标志，就是和最广大的人民群众取得最密切的联系。全心全意地为人民服务，一刻也不脱离群众；一切从人民的利益出发，而不是从个人或小集团的利益出发；向人民负责和向党的领导机关负责的一致性；这些就是我们的出发点"，"共产党人的一切言论行动，必须以合乎最广大人民群众的最大利益，为最广大人民群众所拥护为最高标准"。② 这是贯彻于中国共产党人国家利益观的基本理念和基本价值取向。

有学者在评价第一次世界大战（以下简称"一战"）起因时说：倒退和扭曲的各种观念，使长期维持欧洲总体和平的，在国际关系中起着润滑剂作用的，存在于各国王室贵族、军政要人、工商巨子和学界精英之间的共同信念、行为规范、协调机制和文化志趣等，在新形势下完全失去了昔日的魅力，彻底让位于战争

---

① ［美］戴尔·科普兰著，黄福武译：《大战的起源》，北京大学出版社2008年版，第106—107页。
② 《毛泽东选集》（第三卷），人民出版社1991年版，第1094—1096页；《毛泽东选集》（第三卷），人民出版社1953年版，第1095—1096页。

的狂热和喧嚣,导致领袖们做出错误的开战决策并自食恶果。① 错误的立场决定了对"战争的狂热和喧嚣",而食恶果者却是受苦的人民大众,这些"王室贵族、军政要人、工商巨子和学界精英"从没有考虑为人民的利益而抉择,人民的利益不是他抉择的决定性条件,也不会成为资产阶级政党、资产阶级领袖抉择的决定性条件。

执政党执政立场所反映的最本质的特点就是利益观。1931年,九一八事变一个月后,美国总统胡佛发表谈话,公然向世界宣称:"假如日本人公开对我们说:'我们不能再遵守华盛顿协议了,因为我们在北方已经和布尔什维克(共产党)的俄国为邻,如果西面再有一个布尔什维克化了的中国,我们的存在就要受到威胁,所以,给我们日本在中国恢复秩序的机会吧!'对此,我们是不能提出异议的。"② 美国总统如此表态,使日本对中国的侵略就更加有恃无恐了。因为,这就是美国总统在中国抗战之初对日本帝国主义侵略中国问题上的执政立场,怎能不助长日本帝国主义侵华的嚣张气焰?

历史地看,一切封建王朝、一切剥削阶级统治集团,之所以跳不出历史周期率(律),根本原因是腐败。而在诸种腐败现象中,最危险的是政治腐败和吏治腐败,政治腐败必然导致吏治腐败,吏治腐败是最大的政治腐败。政治腐败的破坏性在于,它从根本上销蚀一个政权的建设性功能和积极因素,而使破坏性功能和消极因素呈几何级数增长,最终必然把它推向自己的反面。吏治腐败的破坏性在于,它从根本上销蚀优胜劣汰的干

---

① 李成刚:《扭曲安全观将欧洲推入深渊》,载《参考消息》,2014年7月14日,第13版。

② 张民:《抗战胜利,一些痛点仍需反思》,载《参考消息》,2015年5月29日,第11版。

部人才遴选机制，而形成"劣胜优汰"的逆调节机制。一个政党、一个政权在政治上失去了建设性，不能调动和集聚积极因素，又造就不出适应统治需要的治国之才，垮台是不可避免的。①唐代诗人李商隐一首《咏史》，给人几多警醒，使人几多泪下，诗云："历览前贤国与家，成由勤俭破由奢。何须琥珀方为枕，岂得真珠始是车。远去不逢青海马，力穷难拔蜀山蛇。几人曾预南薰曲，终古苍梧哭翠华。"说的即是此理，而这些都源于执政立场之根基。

习近平说："人民立场是中国共产党的根本政治立场，是马克思主义政党区别于其他政党的显著标志。"② 2016 年 12 月 11 日，全国人大外事委员会主任委员、社会科学院国家全球战略智库首席专家傅莹发表《在充满不确定性形势下看经济全球化》的讲话，指出："中国从一个贫穷的农业经济体转变为工业化国家，实现六亿多人脱贫。这是因为中国共产党的正确领导，有对世界大势的准确把握和改革开放、发展经济的坚定目标，中国坚持以自己的方式参与经济全球化，断然拒绝政治西方化，巩固了三个自信，团结了广大人民。"③ 这里对比的就是中国共产党治下的中国与西方资产阶级政党治下的西方政党政治，也指出了政治立场和政治立场下所执行的经济政策。

---

① 李洪峰：《以史为鉴，迎接新的世纪大考（下）》，载《参考消息》，2014 年 7 月 29 日，第 11 版。
② 《迈向伟大复兴新征程——写在南昌起义、秋收起义和井冈山革命根据地创建 90 周年之际》，载《长江日报》，2017 年 9 月 8 日，第 12 版。
③ 《在充满不确定性形势下看经济全球化》，载《环球时报》，2016 年 12 月 19 日，第 14 版。

四、执政目的

执政的目的无疑是由执政党的执政理念所决定的，有什么样的执政理念就会有什么样的执政目的。路易十四说过，"朕即国家"①。这是封建帝王思想，虽然封建时代没有政党形式，他也算不上是政党领袖，但与现代政党政治比较，还是具有某些相通的特点。封建社会的少数统治者虽或有兼济天下的宽阔胸怀，但总体是家天下的世界；资本主义国家的执政党只为资本所有者的利益服务；只有共产主义政党是为广大人民群众谋求幸福的，这一点，马克思主义者从不避讳。用马克思主义的立场观点来说，政党的执政目的无不打上阶级的烙印，特别是现代社会，精英政治更是为利益集团的阶级所掌控。对于执政党来讲，对内：需要调和社会矛盾，发展产业经济，提升人民的总体物质文化生活水平，在操作层面解决现实紧迫问题，维持政权的稳定。而对于革命党来讲，则是团结一切可以团结的力量，引领人民大众，稳步地夺取政权，获取执政地位。对外：最低标准则是抵御外辱，维护国家主权；高标准则是调和国家间的关系，营造良好的国际环境，为国内经济的发展提供良好的外部环境，使国民有尊严，有获得感、安全感、幸福感，使国家立于世界民族强国之林。

特朗普为当选美国第45任总统，在内政上曾高呼"为人民服务"，斥责国家问题的源头是"长久以来，我们国家首都的一小群

---

① ［英］阿兰·瑞安著，林华译：《论政治》（上卷），中信出版集团2016年版，第3页。

人收获了执政的好处,却要人民来承受代价……政客们飞黄腾达,但工作流失、工厂关门"。① 外交政策方面为取悦下层民众,则以"唯有美国第一"为主旨,以保护主义为基调,彰显和代表了美国民粹主义的本质,以吸引下层民众的选票。特朗普胜选的同时也撕裂了美国的团结,在全球引起不同程度的担忧,仅就职典礼当天,就有217名抗议者被逮捕。日本《朝日新闻》在头版刊登题为《"交易外交"打乱国际秩序》的文章,美国政治分析专家约翰·阿弗隆表示,历任美国总统的就职演说主旨是通过描绘一个共同愿景,弥合大选造成的分裂局面,把国家团结在一起,但特朗普的演讲内容重点并不在于团结国家,而是激发自己支持者的热情。澳大利亚国立大学国家安全学院罗里·麦德卡夫教授在《澳大利亚金融评论》上撰文说,很明显,特朗普就任美国总统将增加全球的不确定性。② 这些评论是特朗普当政后的真实写照,特朗普为了"唯有美国第一"的美国保护主义目的,并没有改变其资本主义的执政立场,总体目的指向还是为资产阶级利益服务。

(一)对内:获取政权、调和社会矛盾

马克思主义经典史家认为,国家利益是社会共同利益形式,同时认为国家利益又统一于统治阶级特殊本质,这是国家利益不同于其他利益形式的特殊性质。国家是阶级矛盾不可调和的产物,而这种矛盾的不可调和本质就是利益的不可调和。正如恩格斯所说:"在经济发展到一定阶段而必然使社会分裂为阶级时,国家就

---

① 《特朗普发誓力推"美国优先"》,载《参考消息》,2017年1月22日,第1、2版。
② 《国际社会对特朗普执政担忧多于期待》,载《新华每日电讯》,2017年1月22日,第3版。

由于这种分裂而成为必要了。"①

美国在真正获得稳定的海外市场之前,也经历过国内政治严重动荡甚至国家分裂的危险。1833—1837年,美国共发生罢工173次。19世纪中叶,美国国内又发生南方州要求脱离联邦的分裂运动及由此引发的以北方胜利为结局的南北战争。南北战争后,美国形成统一的国内市场,市场经济由此获得扎根于民族市场中的快速发展。与此同时,由市场经济快速发展造成的社会两极分化和社会矛盾也同步加剧。1890年美国矿山雇佣10岁以上的童工达60万人,10年后增加了2倍。1870—1880年,工人的实际工资每年约降低1/10。1877年7月,美国爆发全国铁路大罢工。从纽约到加利福尼亚和从加拿大到墨西哥的主要线路全部瘫痪,几个城市一度被工人占领。为了镇压这次罢工,拉瑟福德·伯查德·海斯总统派遣了2000名正规军,有些部队是从印第安地区强行军赶来的。至少有50人在政府镇压中丧生,几百人受伤,大批罢工者被捕。塞缪尔·亨廷顿在论国家安全与军政关系时说:"国内安全政策所要处理的是颠覆政权的威胁——那些在政权与区域范围内进行的(颠覆政权的威胁)会削弱乃至摧毁国家的力量运作。"② 他提到的"国内安全政策"实际上就是执政党政府的国内政策,即在野党"进行的会削弱乃至摧毁国家(政府)的力量运作",与在野党获取政权的努力是相悖、相离的两个互为矛盾的对立面。

苏维埃政权建立后的俄国面临着极为复杂的国内外局势。当"战时共产主义"政策完成了"一切为了前线,一切为了胜利"的使命,在政治的和军事的两个战场上战胜了敌人的同时,

---

① 张树德:《马克思主义经典作家国家利益思想》,载邓晓宝主编:《强国之略·国家利益卷》,解放军出版社2014年版,第22页。
② [美]塞缪尔·亨廷顿著,李晟译:《军人与国家:军政关系的理论与政治》,中国政法大学出版社2017年版,导论,第1页。

也出现损害人民群众利益特别是农民利益等问题,列宁比喻为"在经济战场上遭到了一连串的失败"。他认为,"这次失败比高尔察克、邓尼金或皮尔苏茨基使我们遭到的任何一次失败都严重得多,重大得多,危险得多"。① 在如何渡过难关问题上其党内发生了争论。"战时共产主义"政策没有关注到群众的利益和群众的反应,其已经不适应新形势、新情况的变化。正如列宁指出的,这次失败表现在:上层制定的经济政策同下层脱节,它没有促成生产力的提高。1921年俄共(布)第十次代表大会通过的决议写道:"七年战争和经济破坏使国家贫困不堪,三年半的极度紧张使俄国工人阶级精疲力竭……因此俄共第十次代表大会要求全党,要求所有党的机关和苏维埃机关特别注意这个问题,并且立即采取一系列的措施,竭力改善工人的生活状况,减轻他们的困苦。"与此同时,要"采取同上述措施类似的措施来改善贫苦农民的生活状况"。② 为此,列宁和布尔什维克党特别强调要密切联系群众,倾听他们的呼声和要求。正是因为广泛听取了群众的意见,列宁和布尔什维克党终于决定抛弃"战时共产主义"政策,向新经济政策过渡。从此,苏维埃共和国历史又翻开了新的一页,社会开始趋于稳定,人民生活逐步改善,社会主义苏联开始走向稳步发展、稳定发展的道路。

2019年12月2日,特朗普所在的美国共和党"先发制人",在民主党控制的众议院准备于12月4日公布弹劾总统报告之前,发布了一份长达123页的报告,为特朗普辩护。该报告认为,弹劾调查是民主党的阴谋,违背了6300万美国人选择特朗普的意

---

① 李慎明主编:《居安思危——苏共亡党二十年的思考》,社会科学文献出版社2011年版,第251—252页。
② 李慎明主编:《居安思危——苏共亡党二十年的思考》,社会科学文献出版社2011年版,第251—252页。

愿，从特朗普当选第一天开始就试图弹劾他。① 12 月 10 日，民主党公布了针对特朗普的弹劾条款，以"滥用职权"和"妨碍国会调查"为由对其提起指控。特朗普成为美国历史上第四位面临弹劾的总统。② 12 月 18 日，经过长达 10 个小时的马拉松式辩论，美国众议院投票通过针对总统特朗普的两项弹劾条款："滥用职权"和"妨碍国会调查"。随着众议院的木槌敲下，上任 1062 天的特朗普成为美国历史上第三位被国会正式弹劾的总统。这次弹劾投票被认为是美国政治分裂、斗争极化的一次集中展示——议员几乎严格以政党划界，面对民主党发起的弹劾，共和党众议员像"保护特朗普人盾"一样全部投了反对票；辩论过程也完全是各说各话，毫无交集。③ 美国两党对政权的争夺在这一刻达到了白热化的程度。

（二）对外：抵御外辱、调和国家关系

《政略与战略》一书中说，最富庶的国家固然可以成为最坚强的国家，但也不一定能成为最坚强的国家。以武器论，一战时应该推德国最强大，为什么最后失败了呢？德国经此战役的鲁登道夫说："德国战败的原因，大半由于英国的宣传。"也就是说，鲁登道夫将德国失败的原因归结在宣传战、思想战，即时下常说的"战略传播"。其实无论是经济战也好，宣传战、思想战也好，都可归入政略方面，可以说它们的失败是政略方面的失败，这是有一定道

---

① 《共和党突发百页报告挺总统》，载《环球时报》，2019 年 12 月 4 日，第 2 版。
② 《对特朗普弹劾条款正式出炉》，载《环球时报》，2019 年 12 月 11 日，第 2 版。
③ 《美国历史的第三次，政治斗争的新高潮——美众议院通过总统弹劾案》，载《环球时报》，2019 年 12 月 20 日，第 1 版。

理的。因此，与其说"战争的胜败，将由经济及政略决定"，不如干脆说是由政略决定来的适切。① 也就是说，在军事学术这条线上，特别是在战时的体制下，经济也是归入政略范畴的。而且在现实世界，和平时期施政的主要目的也是经济发展或经济利益的获取，现代混合战争的形态界定就更加侧重于这方面的解释了。

1. 抵御外辱打赢战争

1941年6月22日，德国发动的侵苏战争直接威胁着苏联各族人民的生死存亡。1941年7月3日，斯大林正式宣布苏联反击德国法西斯侵略是一场维护国家自由的战争，是"全体苏联人民反对德国法西斯军队的伟大战争……在这次伟大战争中，欧洲和美洲各国人民，其中包括受希特勒头目们奴役的德国人民，将是我们可靠的同盟者。我们为了保卫我们祖国的自由而进行的战争，将同欧洲和美洲各国人民为争取他们的独立、民主自由的斗争汇合在一起。这将是各国人民争取自由、反对希特勒法西斯军队的奴役和奴役威胁而结成的统一战线"。② 11月6日，在十月革命24周年庆祝大会上，斯大林又再次强调这次战争是卫国战争，目的在于反击德国法西斯入侵，要求苏联人民奋起保卫祖国。③ 有学者认为，保卫世界上第一个社会主义国家——这是斯大林制定苏联反法西斯政略的出发点，也是苏联反法西斯战争的最大政治目标。④ 因为，政党是有国家的，执政党、政府更是代表国家的，共产主义政党也不例外。所以，执政党的第一要务是抵御外辱，在此前提下，国内的在野党也要团结在维护国家民族大义的旗帜下，

---

① 金玉律：《政略与战略》，国家图书馆馆藏，第13—14页。
② 《斯大林军事文集》，战士出版社1981年版，第221页。
③ 《斯大林军事文集》，战士出版社1981年版，第229—245页。
④ 张继平：《历史的反思——第二次世界大战的战略与政略》，时事出版社1990年版，第201—202页。

共御外辱，共同担负保卫国家的正义之战责任。

2. 调和国家间关系

在当代没有世界大战的和平环境下，调和矛盾、营造良好的国际环境成为国家间的主要事务。毛泽东说："无论是人与人之间、政党与政党之间、国与国之间的合作，都必须是互利的，而不能使任何一方受到损害。如果任何一方受到损害，合作就不能维持下去。正因为这个原因，我们的五项原则之一就是平等互利。"① 也就是说，国家之间的关系首先在调和利益，正确的调和是平等互利，而要完全做到却是不易的。

20世纪50年代，刚刚成立的新中国因为西方国家的封锁，与许多国家还未建立外交关系，因而将日内瓦会议作为新中国向世界展示自己的重要舞台。这是为了打破帝国主义对新中国的封锁，为新中国营造相对友好的国际环境，也为新中国的经济发展创造良好的外部条件。1954年4月24日，总理兼外交部长周恩来的专机降落在日内瓦昆士兰机场，机场响起一片欢呼声。他代表着一个新兴的社会主义国家，第一次来到了这座被称为"世界谈判桌"的欧洲城市。经过艰苦的谈判、友好的相处，中国代表团的目的实现了。周恩来在最后一次会议上做了发言，表示中华人民共和国很高兴看到"印度支那敌对行动的停止就要实现了"，"举世盼望的印度支那的和平就要恢复了"。②

---

① 中共中央文献研究室编：《毛泽东文集》（第六卷），人民出版社1999年版，第364页。中国政府在20世纪50年代积极倡导的和平共处五项原则是：各国互相尊重领土主权，互不侵犯，互不干涉内政，平等互惠，和平共处。今天其仍然是中国外交的基本原则，受到世界大多数国家的欢迎和尊重。

② 北京电视台卫视节目中心《档案》栏目组编著：《绝密档案背后的传奇》（七），中共党史出版社2012年版，第54页。

五、执政保障

执政党要保障执政成功首先必须获得本阶级的支持，团结更广大的人民，这是"水可载舟，亦可覆舟"的道理。也就是说，最基本的执政基础是经济发展，生活水平提高，社会稳定、公平、正义，只有这样才能获得广大人民支持，政权才能稳定。但要稳定执政，保障执政的可靠性，必须掌握执政的坚强工具，即必须掌握军队，依靠军队。这也是毛泽东"枪杆子里面出政权"的最基本命题。

（一）最直接的保障是军队

1928年，斯大林在《论红军的三个特点》中指出："到现在为止，一切存在于资本主义制度下的军队，不管它们的成分怎样，都是巩固资产阶级政权的军队。这种军队过去是现在还是维护资产阶级统治的军队。各国资产者都在撒谎，说军队在政治上是中立的。这是不正确的。在资产阶级国家里，军队被剥夺了政治权利，被排斥在政治舞台之外，这是事实。然而这绝对不是说军队在政治上是中立的。恰恰相反，无论在什么时候，无论在什么地方，在所有的资本主义国家里，军队过去和现在都被卷入政治斗争，充当镇压劳动人民的工具。"[1] 的确，《美国陆军军官手册》强调："军人要避免卷入党派政治，这是

---

[1] 《斯大林全集》（第11卷），人民出版社1987年版，第280—281页。转引自高民政、薛小荣主编：《军事与政治要论——马克思主义军事政治学经典论述与基本观点》，时事出版社2010年版，第173页。

军队的传统，也是法律的要求……我们不能容忍军官成为'共和党军官'或'民主党军官'，随着执政党的更替大幅度改变自己的立场。军官效忠的对象是国家和政体。"① 这里要求军官包括军官管理下的军队不能成为"共和党军官"或"民主党军官"，但是却必须效忠资本主义的国家政体，因为共和党和民主党都是资产阶级政党，在这一点上其阶级立场是一致的，是有其政治背景和政治要求的，不能成为"共和党军官"或"民主党军官"只是避免了其资产阶级政党轮替中的混乱，是维护整个资产阶级统治稳定的技巧，也便于更好地实现资产阶级政体的政治利益操作。

"枪杆子里面出政权"是毛泽东在土地革命战争时期提出的引导中国革命走向成功的至理名言。1964年4月16日，毛泽东在《政策正确就能团结人民打胜仗》一文中回顾和总结道："没有武装，有一天要被打倒的。什么叫政权？主要是军队。没有军队就没有政权。什么叫独立？没有军队就没有独立。什么叫自由？没有军队就没有自由，人家就要压迫我们。什么叫平等？没有军队，谁同你们讲平等。"② 对内夺取政权和维护政权是这样的，对外在维护国家安全中，军队的作用依然如此。2017年1月，美国当选总统特朗普在接受《时代》周刊采访时表示，他打算在与俄罗斯进行核裁军谈判时提出显著削减核武库的问题，并以取消对俄制裁为筹码，换取核协议的达成。对此，1月16日，俄罗斯总统普京的发言人佩斯科夫回应指出，俄罗斯并未考虑以削减核武器换

---

① 高民政主编：《国家兴衰与军政关系纵论——大国崛起中的军事与政治》，时事出版社2011年版，第153页。

② 中共中央文献研究室、中国人民解放军军事科学院编：《建国以来毛泽东军事文稿》（下卷），军事科学出版社、中央文献出版社2010年版，第221页。

取美国取消对俄罗斯制裁的可能性。俄罗斯国家杜马国际事务委员会主席斯卢茨基表示:"我不会将这两个问题捆绑起来,以取消制裁作为交换筹码,毕竟核安全是非常敏感的领域。而制裁是相互的,在一定程度上也对西方国家经济产生了消极影响。因此,对它的讨论必须在具有建设性、实用性的对话条件下展开,无论何等艰难。"① 俄罗斯外长拉夫罗夫对此也给予了坚决的拒绝,他认为这两件事不应该联系在一起,所有的削减核武计划都应当包括涉及反导防御系统和常规战略打击在内的谈判磋商。俄罗斯国际事务理事会主任安德烈·科尔图诺夫解释说:"减少我们的核武器,等于是在增加其他国家的核武器。如果政治关系得不到改善,这是不可想象的事情。我们离树立起信心还很遥远。"② 这些政治家的表述充满了以军事实力作为国家安全保障和执政保障的论断。

(二) 执政保障的基础是人民的拥护

"水能载舟,亦能覆舟",人民对于政权之舟而言就是载舟之水,就是可载舟亦可覆舟之水。革命战争年代,中国共产党人代表广大无产阶级的利益,赢得了广大劳苦群众的支持和拥戴,取得了土地革命的胜利,取得了抗日战争、解放战争的胜利。

杨光斌教授认为:"政治其实是关于国家变迁的学问,即使在知识爆炸的今天,人类依然不能有效地回答国家兴衰的奥秘。政治是'国家'的代称,国家权力涉及方方面面,其中包括经济权力、军事权力、文化权力、社会权力和作为上述权力关系

---

① 《特朗普随意要价再碰壁——俄拒与美谈核裁军换解除制裁》,载《参考消息》,2017年1月18日,第3版。
② 《世界核冲突危险恐将卷土重来》,载《参考消息》,2017年2月16日,第10版。

总和的政治权力,经济、军事、文化和社会等因素都是政治的基础或者说重要内容。在这个意义上,古人把握了政治的本质:政治是共同体的善业,即关于国家的整体性事业。这也就是政治学一直被称为'国家学'的原因。……近代以来,作为'国家学'的政治学开始分化,首先分解出经济学,继而又诞生了社会学。这三大学科又被肢解成各种零散的分支学科,彼此门槛很高,壁垒森严。但是,政治乃治国之道的原则没有变。作为治国的学问,首先需要考虑的是民生,这是政治的根基。自由、工作机会和社会保障都是政治,但根本的政治还是民生性的工作机会与社会保障,没有民生的自由毫无意义。"[1] 而今天,国家发展经济,涵养碧水蓝天,是为了使生活在这方国土之上、这片蓝天之下的人民安居乐业,过上幸福安康的生活,获得最大的幸福感和满足感。只有这样才能使执政党获得最大的支持,获得最广泛的民意基础。

六、政策和策略

政略包括政策和策略,也包括对政策和策略的运用。而政策是政略的表象,包含政略的目标和原则,是政略中不同侧面的外在表现形式。策略是政略的内涵,即政略的实现途径选择是策略,也就是马克思所说的"立场、观点、方法"三要素中的方法,是政策目标下对政略原则的灵活运用,也就是政略实现途径的灵活和变通。

---

[1] 杨光斌:《政治审慎是知识精英的社会责任》,载《环球时报》,2016年3月15日,第14版。

第一章 政略之源

我党我军历来重视政策和策略问题。毛泽东说,"政策和策略是我党我军的生命"。① 2021年9月13日,习近平来到位于陕西省米脂县城东南的杨家沟革命旧址,参观中共中央"十二月会议"旧址、毛泽东旧居、周恩来旧居等,追忆革命历史,缅怀革命先辈丰功伟绩。习近平强调,"政策和策略是党的生命"。这是我们党百年奋斗历程总结出的科学结论,也是解决时代问题、应对百年变局的一把钥匙。②

同样,对于世界范围内的每一个政党而言,政策和策略也是其政略成功与否的关键环节。在美国中央情报局解密的一份1986年的备忘录中记录,1986年10月英国指责叙利亚参与恐怖活动,美国为了表示支持随即宣布与叙利亚断交,并且由美国中央情报局拟定了推翻时任叙利亚总统哈菲兹·阿萨德的计划。这个备忘录列举了推翻他的种种方案,并指出在叙利亚建立一个由注重商业的逊尼派温和人士控制的政权最符合美国的利益,这样叙利亚会需要西方的投资来发展私营经济,进而增强与西方政府的联系。而阿萨德家族属于什叶派分支阿拉维派。其中还称,在叙利亚军官中,有60%是逊尼派,但大多数是下层军官,只要鼓动阿拉维派与逊尼派的冲突,就能使逊尼派士兵对抗阿萨德政府。该备忘录中记录的另外一个方案是帮助叙利亚逊尼派组织——穆斯林兄弟会,其中称,叙利亚穆斯林兄弟会可以联合其他的逊尼派组织,形成一个较大规模的反阿萨德运动。不过,该备忘录也预见了一个最坏的结果,即出现新的恐怖组织。其指出,如果冲突发生,叙利亚可能会成为恐怖

---

① 中共中央文献研究室编:《毛泽东文集》(第五卷),人民出版社1996年版,第83页。
② 《习近平在陕西榆林考察时强调 解放思想改革创新再接再厉 谱写陕西高质量发展新篇章》,《人民日报》,2021年9月16日,第1版。

组织的温床。但是，1987年美叙两国复交，这一计划并没有实施。而"维基解密"于2011年公开的美国外交电报显示，2006年美国曾计划推翻阿萨德政权。之后"维基解密"再次曝光，2012年8月美国外交电报显示，其预计：叙利亚局势动荡，极端组织会联合叙利亚、伊拉克的恐怖组织，由此造成巨大危险。不过，美国政府显然对这个危险并没有理会，只是出于自身利益，干涉叙利亚局势，导致极端组织趁机坐大。[①] 由此可以看出，政策和策略的选择是复杂的，甚至是难以捉摸的，制定起来是非常困难的，但并不代表其没有规律可循。

北京大学潘维教授说，与神的世界不同，人的世界没有完美的政体，是政策而非政体决定成败。……国家兴衰不取决于政制，而取决于政策。在当代中国的话语里，决定国家兴衰的政策分为四种：大政方针、政治路线、思想路线、组织路线。形而上的制度，即便貌似相同，实际操作机制却不同，结果则大不相同。亚洲的菲律宾和非洲的利比里亚借鉴美国政制，尽管其来有自，结果却大不相同。罗马制度没能阻止罗马帝国的衰弱，美国制度没能阻止19世纪的血腥大内战和21世纪走向衰落。[②] 当然，政策层面，也包括军事政策层面，都是政略的延展。1940年7月5日，毛泽东在为《新中华报》写的《团结到底》一文中，向全国公布了中国共产党的"三三制"主张。除政权政策外，毛泽东还对根据地的劳动政策、土地政策、税收政策、锄奸政策、人民权利政

[①] 《美国中情局解密1986年备忘录：美颠覆叙政权方案》，载《报刊文摘》，第3848期，2017年3月24日，第1版。

[②] 鄢一龙、白钢、章永乐、欧树军、何建宇：《大道之行——中国共产党与中国社会主义》，中国人民大学出版社2015年版，序二，第5—6页。

策、经济政策、军事政策等，做了规定和阐述。① 这其中就有"军事政策"一项，表明军事政策是党的政策的一面。2017年7月26日，习近平在为期两天的省部级主要领导干部研讨班开班式上发表讲话，指出："我们党要明确宣示举什么旗、走什么路、以什么样的精神状态、担负什么样的历史使命、实现什么样的奋斗目标"，"能否提出具有全局性、战略性、前瞻性的行动纲领，事关党和国家事业继往开来，事关中国特色社会主义前途命运，事关最广大人民根本利益"，要"在理论上不断拓展新视野、作出新概括"。② 这里就指出了中国共产党在21世纪新时代、新形势下所要选择的政策方向。

（一）正确的政策制定与选择

马克思在《共产党宣言》中指出："共产党人为工人阶级的最近的目的和利益而斗争，但是他们在当前的运动中同时代表运动的未来。"③ 到19世纪末20世纪初，欧洲的马克思主义在修正主义者和激进主义者之间发生了分裂。美国学者布兰特利·沃马克在其著作中分析了以毛泽东为代表的中国共产党人正确的政策制

---

① 胡乔木：《胡乔木回忆毛泽东》（增订本），人民出版社2014年版，第128页。
② 《高举中国特色社会主义伟大旗帜，为决胜全面小康社会实现中国梦而奋斗》，载《解放军报》，2017年7月28日，第1版；《习近平勾勒中共执政新方略》，载《参考消息》，2017年7月29日，第1、2版。
③ 马克思、恩格斯著，中共中央马克思恩格斯列宁斯大林著作编译局编译：《共产党宣言》，人民出版社2014年版，第64页。陈瘦石译《共产党宣言》（校注本）中译作："共产党为达到直接目的而斗争，为实现劳工级的目前利益而斗争；但在现在的运动中，他们却也代表而且注意这种运动的未来。"参见［德］马克思、恩格斯著，陈瘦石译：《共产党宣言》（校注本），中央编译出版社2021年版，第47页。笔者认为，人民出版社（2014年版）这个版本的翻译更准确、逻辑更恰当一些。

定与选择要义，就是坚持马克思主义基本原理同中国具体实际相结合，这也是毛泽东作为领袖的领导艺术体现。① 而只有选择了符合客观实际的正确的政策和策略才能领导人民取得革命的胜利，也才能促进事业的有益发展、快速发展。

1. 时机非常重要

按照张继平的研究成果，由于受1937—1938年出现的资本主义经济危机、孤立主义及和平主义思想的严重干扰，美国缺乏精神、物质准备，在政略决策过程中经过一段混乱、矛盾时期后，才明确以利用政治、经济、军事力量打败德意日法西斯，建立一个联合国体制，恢复并维持美国与世界的安全和平作为其政略目标。当然，它的政略也包含扩大势力、寻求市场、夺取欧洲和世界霸权的要求。具体包括：（1）从中立到干涉；（2）实行租借法；（3）欧洲第一、亚洲第二的原则；（4）开辟第二战场；（5）建立联合国；（6）原子弹问题。这些问题有的属于内政方面，有的又牵涉到对外政策；有的既是内政问题也是对外问题，关系到战后美国与世界的安全与和平。在二战全面爆发后，美国国内的和平主义、孤立主义思想一直严重影响罗斯福政略中许多重要的决定和措施，使美国对战争的认识和国内动员工作长时期处于被动状态。某些政略决策直到珍珠港事件发生后，才在美国当局和广大人民群众中得到一致的理解，这些政略的优势也迅速发挥出来。② 珍珠港事件是罗斯福新政出台的最好契机，因为，它彻底改变了美国人民的孤立主义

---

① [美] 布兰特利·沃马克著，霍伟岸、刘晨译：《毛泽东政治思想的基础（1917—1935）》（插图本），中国人民大学出版社2013年版，第100—101页。

② 张继平：《历史的反思——第二次世界大战的战略与政略》，时事出版社1990年版，第211页。

认知，使他们看到了美国的美洲大陆受益于两洋相隔的安全时代已经结束，1823年以来的"门罗主义"①从此被彻底地抛到了大西洋里，美国人民终于认识到参与到世界事务中去的必要性。

2. 政策选择就是道路选择

毛泽东提出的关于检验政策的标准问题，有一段广为人知的论述："中国一切政党的政策及其实践在中国人民中所表现的作用的好坏、大小，归根结底，看它对中国人民的生产力的发展是否有帮助及其帮助之大小，看它是束缚生产力的，还是解放生产力的。"②这是马克思主义的历史唯物论，既属于根本原理又具有重要的方法论意义。毛泽东还说："应该使每个同志明了，共产党人的一切言论行动，必须以合乎最广大人民群众的最大利益，为广大人民群众所拥护为最高标准。应该使每一个同志懂得，只要我们依靠人民坚决地相信人民群众的创造力是无穷无尽的，因而信任人民，和人民打成一片，那就任何困难也能克服，任何敌人也不能压倒我们，而只会被我们压倒。"③当然，除了目标正确之外，作为政策内涵的基础是广博的，政策基础的内容是繁杂的，可以说是无所不包，甚至是有些紊乱的。政策选择就是

---

① 1823年，詹姆斯·门罗总统发表国情咨文，指出"我们与欧洲大陆之间相隔辽阔的大西洋，我们可以不关心欧洲国家之间的战争，也可以不关心导致战争的缘由……但是当事情关系到我们周围的邻居时，情况就不一样了。欧洲国家不能干预他们的事务，特别是那些间接干预，这一点十分重要，因为这会影响到我们；事实上，目前相关各方之间的战争，如果可以称之为战争的话，可能被当成接受干预的理由，那么，这种理由同样也会用到我们身上"。参见《最值得铭记的国情咨文演说》，载《参考消息》，2018年2月1日，第12版。

② 《毛泽东选集》（第三卷），人民出版社1953年版，第1079页。

③ 胡乔木：《胡乔木回忆毛泽东》（增订本），人民出版社2014年版，第377—378页。

在这众多紊乱中找到正确的道路并做出抉择,而抉择是有条件的选择,只有适合现实客观实际条件的抉择才能帮助执政者走向成功。

布兰特利·沃马克评价毛泽东说,其对马克思主义最突出的贡献就是提出了一个足以胜任这项任务的领导理论,这个理论建立在灵活地联系群众和最有效地进行动员的原则基础上。[1]在土地革命战争时期,毛泽东认为,"我们的工农民主共和国是一个国家,但是今天还是一个不完全的国家。今天我们还处在内战的战略防御时期,我们的政权距离一个完全的国家形态还很远"。[2]张继平说:一般讲,政略的产生基于国家的根本利益,国家内在的政治制度,政府推行的具体政策以及其他相关因素。在战争时期,政略的主要目标在于如何使一个国家取得战争的最后胜利,恢复国家安定与世界和平。要想赢得世界战争的胜利,不仅要靠本国的军事、物质力量,而且还要争取盟国在政略、战略上的合作。[3]2017年初秋,井冈山茅坪八角楼一楼入口处高悬着这样一幅红字:"道路问题是关系党的事业兴衰成败第一位的问题,道路就是党的生命。"[4]这幅红字出自习近平2013年1月5日在新进中央委员会委员、候补委员学习贯

---

[1] [美]布兰特利·沃马克著,霍伟岸、刘晨译:《毛泽东政治思想的基础(1917—1935)》(插图本),中国人民大学出版社2013年版,第84页。

[2] 《中国革命战争的战略问题》,《毛泽东选集》(第一卷),第224页。转引自[美]布兰特利·沃马克著,霍伟岸、刘晨译:《毛泽东政治思想的基础(1917—1935)》(插图本),中国人民大学出版社2013年版,第177页。

[3] 张继平:《历史的反思——第二次世界大战的战略与政略》,时事出版社1990年版,第197页。

[4] 《迈向伟大复兴新征程——写在南昌起义、秋收起义和井冈山革命根据地创建90周年之际》,载《长江日报》,2017年9月8日,第12版。

彻党的十八大精神研讨班开班式上的讲话，它深刻揭示了政策和策略选择的重要性，旗帜鲜明地点出了一个政党选择道路的极端重要性。

3. 原则性与灵活性

毛泽东说："谁是我们的敌人？谁是我们的朋友？这个问题是革命的首要问题。中国过去一切革命斗争成效甚少，其基本原因就是因为不能团结真正的朋友，以攻击真正的敌人。革命党是群众的向导，在革命中未有革命党领错了路而革命不失败的。我们的革命要有不领错路和一定成功的把握，不可不注意团结我们真正的朋友，以攻击我们真正的敌人。"① 这是我们需要坚持的重要原则之一。但仅仅有这些还不够，还需要把原则性与灵活性结合起来，这是马克思主义的一个重要原理。《胡乔木回忆毛泽东》一书记述：毛泽东说，列宁所著的"'左派'幼稚病"告诉党员要把革命性、原则性同灵活性、机动性配合起来。这种原则性与灵活性相结合的原则运用在统一战线上就要讲究战略战术、斗争方法和组织形式。在抗战时期，就要一方面"革命不忘妥协"，既坚持共产党的革命奋斗目标，又联合资产阶级甚至地主共同抗日；另一方面"妥协不忘革命"，在统一战线中坚持党的独立自主原则，与一切投降、倒退、分裂行为进行斗争。因此，毛泽东号召要开展两条战线的斗争，即在群众工作上既反对关门主义，又反对"尾巴主义"；在统一战线问题上，既反对冒险主义，又反对投降主义。② 这对我们、对共产党领导的军队、对我们所从事的共产主义事业是有利的、是正

---

① 《毛泽东选集》（第一卷），人民出版社1951年版，第3页。
② 胡乔木：《胡乔木回忆毛泽东》（增订本），人民出版社2014年版，第210页。

相关的，建立广泛的统一战线一致抗日，反对日本帝国主义的侵略才是可行的、唯一的正确出路。

（二）不懈的政策宣传之策略

"列宁和卢卡奇都认为单凭社会力量自身无法在无产阶级中自发产生阶级意识，必须有一批先进分子向无产阶级灌输这种意识。"[①] 这种"灌输"的方式就是宣传，并通过宣传教育人民。在列宁领导下，苏维埃政权在思想、理论、文学艺术以及文化教育等领域开展全面的斗争，为确立马克思主义在意识形态领域的指导地位，为保证文化事业的社会主义方向打下了坚实的基础。在两条路线的斗争中，列宁领导的布尔什维克党坚决摒弃了"国家不能干涉文化"的错误论点，全面建立了对思想文化领域的领导地位，同时也加大了对文化教育事业的投入。列宁逝世后，斯大林十分重视理论武装和开展思想领域的斗争。苏联在国内外广泛搜集、整理和出版了马克思、恩格斯、列宁的著作，先后成立了马克思恩格斯列宁主义研究院和红色教授学院等专门机构，出版发行了传播马克思主义的杂志和书籍，开展了社会主义宣传教育运动。这一时期的工作为马克思主义的广泛传播起了巨大的作用。与此同时，国家和社会也形成一种旗帜鲜明、富有生机和活力的意识形态工作体制。俄罗斯学者评论道，当时的苏联社会，"在思想理论方面、在社会意识领域可以用一个词来形容——'铁板一块'。人们相信社会公正，相信自己的未来和国家的未来。当时看

---

① ［美］本杰明·I. 史华慈著，陈玮译：《中国的共产主义与毛泽东的崛起》（插图本），中国人民大学出版社2013年版，第55页；林同奇：《他给我们留下了什么？——史华慈史学思想与人文精神初探》，载《读书》2015年第11期。

来，不用说消灭这样一个社会，甚至连撼动它也绝无可能"。① 民主革命先行者孙中山先生领导资产阶级革命推翻了清朝腐朽的封建统治，建立了亚洲第一个共和国，使中国人民第一次接受了民主的洗礼。他基于凝聚民族整体精神的考量，提出"合汉、满、蒙、回、藏诸族为一人，是曰民族之统一"，并第一个喊出"振兴中华"的响亮口号，使"中华民族"的概念从此深入人心，中华民族意识逐渐觉醒。② 军事历史学家彭玉龙说：任何民众如果不进行动员和组织，就只能是一盘散沙，即便是与要灭亡自己种族的敌人进行对抗，没有深入的动员和统一的组织，也只能是自发地零星地与敌抗争，而不能形成整体的抗敌力量。在华中敌后抗日根据地，新四军"用铁的事实，从各方面说服了淳朴的农民，使得沉寂很久的苏北农村，开始传遍了不愿意做亡国奴的呼声，广大的农民都组织起来了，武装起来了，一队一队的游击队，如雨后春笋般成立起来"。③ 这种团结一致氛围的营造、力量的形成完全归功于中国共产党坚强有力的领导、组织、动员和宣传。正如布兰特利·沃马克在其所著的《毛泽东政治思想的基础（1917—1935）》中考证，如果把动员宽泛地定义为为了一个目标而引发的合作，那么动员就是社会组织的基本任务。合作可以通过以下手段来加以激励：使之认同一个组织并有参与组织目标的愿望，对参与的行为进行奖励，或对不合作的行为进行制裁。这些激励

---

① ［俄］B.A. 利西齐金、Л.A. 谢列平：《第三次世界大战：信息心理战》，社会科学文献出版社2003年版，第76页。转引自李慎明主编：《居安思危——苏共亡党二十年的思考》，社会科学文献出版社2011年版，第176—177页。

② 沈强：《从甲午惨败到抗战胜利的历史透视》，载《参考消息》，2014年7月7日，第11版。

③ 彭玉龙：《全民参与是抗战胜利的法宝》，载《参考消息》，2015年5月25日，第11版。

当中的任意一个——认同、奖励和制裁——都有它在结构上的含义和局限性。① 2019年1月25日，中共中央政治局就全媒体时代和媒体融合发展举行第十二次集体学习，"课堂"设在人民日报社新媒体大厦。习近平强调，新媒体要为实现"两个一百年"奋斗目标、实现中华民族伟大复兴的中国梦提供强大精神力量和舆论支持。这些都说明我们党是重视政策的宣传和教育的，宣传和教育从来都是重要的政策工具之一。

1946年1月，英国首相丘吉尔应邀访问美国。3月5日，他在美国总统杜鲁门的陪同下抵达密苏里州富尔顿，在杜鲁门的母校威斯敏斯特学院发表了题为《和平砥柱》的演说。在该演说中，丘吉尔说："从波罗的海边的什切青到亚得里亚海边的里雅斯特，一幅横贯欧洲大陆的铁幕已经拉下。这张铁幕后面坐落着所有中欧、东欧古老国家的首都——华沙、柏林、布拉格、维也纳、布达佩斯、贝尔格莱德、布加勒斯特和索菲亚。这些著名的都市和周围的人口全都位于苏联势力范围之内，全都以这种或那种方式，不仅落入苏联影响之下，而且越来越强烈地为莫斯科所控制。"② 丘吉尔这场危言耸听的反苏联、反共产主义"铁幕"宣言，社会反响强烈，影响深远，使东西方的关系陷入激化。从此，整个欧洲以致整个世界逐步形成东西方两大阵营，冷战时代正式开启。

再如美国对伊拉克战争的宣传效应，这里有一组数据为证。2001年2月，盖洛普一项民意调查显示，52%的美国人支持军事打击伊拉克，另有42%的人反对。到2003年1月，一项由

---

① ［美］布兰特利·沃马克著，霍伟岸、刘晨译：《毛泽东政治思想的基础（1917—1935）》（插图本），中国人民大学出版社2013年版，第102页。

② 吴荣华：《苏俄战略火箭军全史》，中国长安出版社2016年版，第41页。

《纽约时报》和哥伦比亚广播公司发起的民意调查显示,这一支持度已经下跌到了31%。但是,2月5日,美国国务卿科林·鲍威尔在联合国发表了讲话,声称已经掌握了关于萨达姆在不久后就会拥有大规模杀伤性武器的不容置疑的"证据"。其后,美国有线电视新闻网和美国全国广播公司的民意调查显示,人们对战争的支持率上升了6个百分点,37%的人支持军事打击伊拉克。更值得注意的是,那些反对战争的人的比例从上一个月的66%下跌到27%。① 当然,正义的人们不会认同资产阶级政客们这种欺骗性宣传和煽动,对人民的宣传和教育应该是正义的教化。

七、国家与政党和领袖的关系

西方概念描述国家的三个词:country,是从地理属性上讲的;nation,是从民族属性上讲的;state,是从政权属性上讲的。有的人强调地理属性,有的人强调民族属性,有的人强调政权属性。因此,在西方语言不同的语境中,这些词表现出不同的内涵概念。马克思主义国家观是从政权的意义上解释的,即"这种从社会中产生但又自居于社会之上并且日益同社会脱离的力量,就是国家"。② 但不管怎样讲,现代领袖是属于政党的,政党是有

---

① [美]理查德·内德·勒博著,陈定定、段啸林、赵洋译:《国家为何而战?——过去与未来的战争动机》,上海人民出版社2014年版,第7页。

② 中共中央马克思恩格斯列宁斯大林著作编译局编:《马克思恩格斯选集》(第四卷),人民出版社1972年版,第166页;王沪宁主编:《政治的逻辑——马克思主义政治学原理》,上海人民出版社2016年版,第11页。

国家的。

（一）国家无非是一个阶级压迫另一个阶级的机器

这是从国家的组织结构侧面来阐释的。恩格斯在阐述关于国家"自行消亡"的概念时说："国家是整个社会的正式代表，是社会在一个有形的组织中的集中表现，但是，说国家是这样的，这仅仅是说，它是当时独自代表整个社会的那个阶级的国家：在古代是占有奴隶的公民的国家（笔者注：奴隶制国家），在中世纪是封建贵族的国家，在我们的时代是资产阶级的国家。"① 列宁解释恩格斯的论点："国家是'实行镇压的特殊力量'，恩格斯这个出色的极其深刻的定义在这里是说得十分清楚的。"② 这些表述都是从国家作为一个组织的角度、阶级的属性阐述的，即"国家无非是一个阶级压迫另一个阶级的机器"。这个机器就是以政府为代表的、行使国家权力的，包括强力部门和军队的一系列组织形式。

17世纪以后，西方才开始建立现代民主国家。西方现代民主国家的奠基者之一、英国哲学家托马斯·霍布斯说，如果没有一种强制力量，就不足以约束人们的野心、贪婪、愤怒和其他的类似激情，通过这个具有震撼力的绝对权威，避免人们由于其恶的本性重返战争状态。国家从一开始就不是一个慈善产物。他认为，当人人难以自我保护时，人们便自觉自愿放弃权利开始缔约，指定一人或多人组成权威代表他们的人格，将自己的意志服从于集体的意志，将自己的判断服从于集体的判断，

---

① 中共中央马克思恩格斯列宁斯大林著作编译局编：《列宁选集》（第三卷），人民出版社1972年版，第183页。
② 中共中央马克思恩格斯列宁斯大林著作编译局编：《列宁选集》（第三卷），人民出版社1972年版，第185页。

在此基础上实现联合,这就是国家。夏保成等认为:国家是由生活在一定区域内的人民以某种价值观念组成的拥有主权政府的实体。它包括国家的硬件构成、软件构成和生存环境构成。硬件构成:第一是人民或民族,或曰 people 或 nation,是国家的主体。国家的一切机能的运转都必须围绕它来进行,它是国家服务的核心。第二是版图或区域,是指人民的生存空间,生存空间包括领土、领海和领空,是作为国家主体的人民的必要生活条件而存在的。第三是政府,它是人民的大脑。在现代社会是由政党组成的代表一定阶级的负责的机构。软件构成:是价值观念,即意识形态,是把全体社会的成员连为一体的凝结剂,反映一个国家的政治属性。意识形态是一个国家的灵魂,统帅着全体社会成员的整体行为的一致性。意识形态的安全并不是要求全体社会成员政治认识上的一致,而是要求有共同的价值观念和价值取向,共同的法律和秩序意识;要求政治的、宗教的、思想的个性和分歧从属于共同的价值观和秩序观。国家的生存环境构成包括周边的国际环境和世界市场。①

新华社世界问题研究中心研究员詹得雄考证了"国家"概念后指出,中国已有 5000 多年的悠久历史,在这么漫长的时间里,执政者和老百姓都一直在思考如何管理好这个国家,很多想法同西方是不一样的,"汉家自有制度"。比如,英文中的 country、nation 和 state 都翻译成中文的"国家",可是这同中国人心目中的"国家"并不完全相符,西方那三个单词里都没有"家"的概念。他举例说,马丁·雅克在 2014 年 10 月 22 日刊发于英国《金融时报》网站的文章中说:"在西方,民主是政权合法性的唯一来源,这已经几乎成为一条公理。但这是错误的。中国这个国家的合法

---

① 夏保成、刘凤仙:《国家安全论》,长春出版社 2008 年版,第 5—7 页。

性深藏在其历史中。在中国历史上,'家'和'国'是两个最重要的系统。至少在2000年的时间里,国家被视为中华文明的维护者和化身。这是其合法性的重要来源。……这个国家其他一些特征也同样有着深刻的根源。这些特征包括对能人治国的强调、强大的国家机器以及用家庭概念来理解国家与人民之间的关系。"①中国共产党人用适合中国国情的马克思主义思想和方法为中国人民选择的道路,深刻地蕴含着中国文化的根和脉,体现着政党与国家文化的紧密联系。

恩格斯说:"国家是社会在一定发展阶段上的产物;国家是承认这个社会陷入了不可解决的自我矛盾,分裂为不可调和的对立面而又无力摆脱这些对立面。而为了使这些对立面,这些经济利益互相冲突的阶级,不致在无谓的斗争中把自己和社会消灭,就需要有一种表面上凌驾于社会之上的力量,这种力量应当缓和冲突,把冲突保持在'秩序'的范围以内;这种从社会中产生但又自居于社会之上并且日益同社会相异化的力量,就是国家。"列宁也认为:"国家是维护一个阶级对另一个阶级的统治的机器。"② 这是无产阶级领袖的定义,其最鲜明的特征就是国家的阶级性,即"国家无非是一个阶级压迫另一个阶级的机器"。

(二)政党是有国家的

1848年,马克思、恩格斯在《共产党宣言》中说:"工人没

---

① 詹得雄:《中国道路和中国治理的世界意义》,载《参考消息》,2015年4月1日,第11版。
② 夏保成、刘凤仙:《国家安全论》,长春出版社2008年版,第2—3页。

有祖国。"① 此时，世界上还没有出现工人阶级掌握政权的国家，只是从"天下工人阶级是一家"这个共产国际主义的角度来理解。而事实上，自从国家出现后，任何人都是有祖国的。列宁曾批评机会主义的"保卫祖国"口号，但十月革命后的1918年2月25日，列宁在发表的《沉痛的但是必要的教训》一文中明确说："从1917年10月25日起，我们是护国派，从这一天起，我们主张保卫祖国。"② 王普丰在《战略的创新》一书中阐释说，列宁主张的保卫祖国，与机会主义的"保卫祖国"是截然不同的。列宁反对的是那些"保卫祖国"的口号，唆使本国人民支持对外侵略战争的所谓保卫祖国；他主张保卫的是反对外来侵略的苏维埃政权的祖国。③ 1944年，毛泽东在回答英国记者斯坦因的"中国至上"还是"共产党至上"这个问题时说："没有中华民族，就没有中国共产党。你还不如这样提问题，是先有孩子还是先有父母？这不是一个理论问题而是一个实际问题。"④ 可见，政党是有国家

---

① 马克思、恩格斯著，中共中央马克思恩格斯列宁斯大林著作编译局编译：《共产党宣言》，人民出版社2014年版，第47页，"工人没有祖国。决不能剥夺他们没有的东西。因为无产阶级首先必须取得政治统治，上升为民族的阶级，把自身组织成为民族，所以它本身还是民族，虽然完全不是资产阶级所理解的那种意思"。[德] 马克思、恩格斯著，陈瘦石译：《共产党宣言》（校注本），中央编译出版社2021年版，第29页，"工人没有国家。他们原来没有的东西，我们无从再去废除。不过无产阶级第一步的工作，毕竟是在夺取政权，做国家的领导阶级，并且把自己构成一个国家，因此从这一点说，工人还是有国家的；只是他们所说的国家，跟资本家所说的绝不相同"。所以，"工人没有祖国"这句话是有条件的，在没有解放全人类之前，工人依然是民族的、国家的。

② 中共中央马克思恩格斯列宁斯大林著作编译局编译：《列宁全集》（第二十七卷），人民出版社1985年版，第29页。

③ 王普丰：《战略的创新》，军事科学出版社2010年版，第91—92页。

④ 中共中央文献研究室编：《毛泽东文集》（第三卷），人民出版社1996年版，第191页。

的,政党是祖国母亲的孩子。中国共产党是中国的政党,而不是其他国家的。也只有在中国的国情下,她才能生存、发展,才能带领她的人民取得丰硕的成果和最彻底的胜利,才能使国家兴旺、民族富强,才能自立于世界民族之林。

2014年9月14日,英国女王伊丽莎白二世首次就即将举行的苏格兰独立公投表态,敦促苏格兰人"认真思考未来"。15日,在距全球关注的苏格兰独立公投仅有三天之际,英国首相卡梅伦亲自来到苏格兰东北部城市阿伯丁,哽咽着挽留苏格兰:请救救英国。卡梅伦在当地的演讲中动情呼吁苏格兰人不要和英国"离婚",呼吁苏格兰人拯救"英国"。9月19日,苏格兰独立公投计票结果,共1877252名选民(占比55.8%)对独立说"不"。英国首相卡梅伦在伦敦唐宁街10号首相府门前回应公投结果说,我们尊重苏格兰民族党在霍利鲁德宫(苏格兰议会)的多数党地位,让苏格兰人民有机会发声的决定是正确的;我们已经听到了苏格兰人的坚定愿望。

(三)领袖是阶级的,更应该是国家利益的代表

马克思主义认为,"政治就是各阶级之间的斗争",从而确定了政治的阶级属性。而"政治就是参与国家事务,给国家定方向,确定国家活动方式、任务和内容",这是政治的基本内容。[①] 同时,领袖是阶级的,领袖领导的政党是阶级的政党,领导的政府具有阶级属性。

执政党的政略,或者说政府的政策和策略,当属于以国家战略为基础的上层建筑范畴,即政略是国家战略的上位,在综合国

[①] 王沪宁主编:《政治的逻辑——马克思主义政治学原理》,上海人民出版社2016年版,第7—8页。

际国内形势的基础上,是执政党或政府以一定的立场观点和方法,形成的逻辑关系清晰的政策策略综合。林尚立说:"在革命的时代,任何革命的政党都必须把自身的命运与国家、民族的命运紧紧地联系在一起,只有这样,才有前途,才有生命力。"[1] 事实上,即便不是在革命的时期,在和平建设的年代,面对列强环伺,甚或经济竞争,民族政党也必须把自身的命运与国家、民族的命运紧紧地联系在一起,而且要把握好时代赋予执政党对历史发展规律内在逻辑的深刻理解、认识,执政党才有光明的前途,才有生命力。

---

[1] 林尚立:《当代中国政治:基础与发展》,中国大百科全书出版社2017年版,第153页。

第二章　国家战略之本

美国战略理论家柯林斯认为，国家战略是在平时和战时综合运用一个国家的各种力量以实现国家的利益和目标（的总体筹划）。这种国家战略的概念是以实现国家利益为目标的全面战略，暗含的主体责任是政府，包容性是很大的，包含了政治战略（政略）、经济战略（经济政策）、军事战略（军事政策），当然也模糊了政略与战略的分层。而根据谢林的观点，战略理论把国家错综复杂的行动与反应看作是国家在相互依赖的冲突博弈中为获得优势而采取的步骤，以此对其进行分析与解释。而那个行动能否被国家视为最佳选择，又取决于其对对手将采取何种行动的预期。战略行为就是要通过影响对方对其行为与我方行为关系的预期来影响对方的选择。[①] 谢林的"战略"概念与柯林斯视角一样，都是从国际关系层面解读的，反映的是柯林斯国家战略概念的对外层面，是政治战略层面的对外政策论述。与此相近的一个概念是哈特最早提出的"大战略"概念。他在1929年出版的《历史上的决定性战争》一书中明确指出"大战略"基本内容包括：为达成国家的政治目标，最有效地使用国家的全部力量，包括采取经济和外交措施，动员和部署人力物力，组织陆海空军协同作战；利用政治、经

[①] ［美］格雷厄姆·艾利森、菲利普·泽利科著，王伟光、王云萍译：《决策的本质——还原古巴导弹危机的真相》，商务印书馆2015年版，第63页。

济、军事和科学技术等综合国力，打击敌方综合目标；在使用武装力量的同时进行经济战、政治战、心理战、外交战，充分发挥整个国家的总体力量，达成国家的最高战略目标；不仅要研究与战争有关的问题，而且还包括与战后和平有关的问题。① 这与英军野战条令中"大战略"的定义"最有效地使用国家一切力量的艺术"②是一致的。可以看出，其主旨是综合运用政治、外交、经济、科技和军事等手段实现国家目标，当属国家战略范畴。

2020年美国《外交》刊载了丹尼尔·德雷兹纳、罗纳德·克雷布斯和兰德尔·施韦勒的《大战略的终结》一文，他们认为，"大战略是关于如何使手段与目的相匹配的路线图，最适用于可预知地形——在这样的世界里，决策者谙熟力量的分布，国内对国家目标和特性有坚定共识，政治机构和国家安全机构稳固可靠"。③ 由此可知，其所指的"大战略"与国家战略是一个概念，是使手段与目的相匹配的路线图，也就是一个时期内政府制定和执行的国家战略规划。

一、国家战略定位

南京大学历史系李庆余教授在其所著的《美国外交史——从独立战争至2004年》一书中说，严格意义上讲，海权论、制空权论，与边缘地带理论、陆权论都是地缘政治学或政治军事学的理

---

① 柯春桥主编：《世界军事简史》，解放军出版社2015年版，第260—261页。
② ［苏］瓦·达·索科洛夫斯基主编：《军事战略》（上册），战士出版社1980年版，第19页。
③ 《为何美国的"大战略"趋于终结》，载《参考消息》，2020年5月19日，第10版。

论。但很久以来，军事学界却称马汉、杜黑为军事家，实则小看了他们，他们是鼎鼎大名的政治学家、政治军事学家。因为，他们研究的是军事力量某个侧面的发展对政治的影响，进而影响了政治决策，影响了国家政治走向，如《孙子兵法》所言"兵者，国之大事"，海权论被洛奇、罗斯福、马汉等人称为"大政策"①，从而影响美国国内战争后的帝国扩张政策走向，由大陆扩张走向海外扩张。应该说，这里所说的"大政策"就是当时美国政府选择和采用的国家战略，或曰"大战略"，只是不同的概念表述而已。

军事战略学专家寿晓松认为，美国的战略层次结构大体由国家战略、国家安全战略、国家军事战略和战区战略等组成，处在最高一级的是国家战略。美国的国家战略是美国的总战略，它规定了美国遍布全球的国家利益，以及运用综合国力在全球范围内维护和扩展美国国家利益的总目标。美军参谋长联席会议赋予国家战略的定义是："为在平时和战时，发展和运用包括政治、经济、心理和军事方面的国家资源，以达到国家目标的科学和艺术。"②苏联时期出版的《美国军事战略》指出，"在美国政治学和军事科学中，军事政治战略被说成最高级的所谓'国家战略'和从属于它的'国家安全战略'。在这种情况下，军事战略似乎已处在第三级了"。美国《军事辞典防御部和关联术语》对"国家战略"一词给出的定义是："在和平和战争条件下，为实现国家目标，同发展和使用军事力量一样地发展和使用国家政治、经济和

---

① 此处"大政策"应理解为"方向性长期政策，而非短期适应性政策"。罗斯福指时任美国总统西奥多·罗斯福。参见李庆余：《美国外交史——从独立战争至2004年》，山东画报出版社2008年版，第43—46页。

② 寿晓松主编：《战略学教程》，军事科学出版社2013年版，第14页。

心理威力的艺术和科学。"① 2017 年底至 2018 年初,特朗普政府连续发表的《国家安全战略》《国防战略》《军事战略》系列报告,从逻辑结构、内容体系和保密等级上也证实了寿晓松观点认知的正确性。

苏联也曾有自己独特的战略结构,一般用"军事学说""军事战略"和"作战方法"来表述。所谓"军事学说",按《苏联军事百科全书》的解释是:"一个国家在某个时期对未来战争的目的和性质、国家和军队的战争准备以及进行战争的方法所持的一整套观点。它通常规定:未来战争中将与什么样的敌人作战;国家和军队所面临的战争性质和目的,国家和军队的任务;为取得战争的胜利需要什么样的军队及建军方针;国家战争准备的程序,进行战争的方法","军事学说分为政治和军事技术两个密切联系和互相制约的方面。其中起主导作用的是政治方面"。②索科洛夫斯基主编的《军事战略》专门有一节论述"战略与军事学说",其中指出,"军事学说反映着国家对未来战争的政治估计,国家对战争的态度,对未来战争性质的看法,国家在经济和精神上对战争的准备以及军队建设、训练和作战方法等问题所持的观点。因此,军事学说应该被理解为国家对有关战争问题的一些基本的、根本的问题所持的一系列有科学根据的观点","军事学说的基本原则是由国家的政治领导确定的。因此,军事学说是

---

① 波格丹诺夫等人认为:在美国著作中还有用意近似于"国家安全战略"概念的其他术语,如"大战略""国防战略""国防理论""战略理论"。这些术语所表述的概念相似之点在于它们与军事战略不同,是说明建立和使用军事力量方法的更广泛的"政治化"范畴。参见[苏]波格丹诺夫等编,李静杰、石敬序、施玉宇、李允华译:《美国军事战略》,解放军出版社 1985 年版,第 37 页。

② 《苏联军事百科全书》总编译组:《战争与战略》,中国社会科学出版社 1983 年版,第 34—35 页。

整个国家的"。① 它处于苏联战略结构的最高层次，相当于美国的国家战略和西方国家的"大战略"。处于苏联战略结构中间层次的是军事战略（有时也称战略，在苏联时期没有严格的区分）。在军事战略之下则是"作战方法"。苏联时期认为"所谓作战方法，就是军事行动的形式和方法的总和"，因此它不是战役战术层次的而是战略层次的，是"为完成政治任务和战略、战役、战术任务而使用各种武器、各军种和兵种的部队、兵团和军团以及整个武装力量的形式和方法的总和"。② 苏联解体后，俄罗斯继承了苏联在战略理论方面的遗产，基本上沿用了这一战略体系。2014年由普京签署的《俄联邦军事学说》开篇便指出了这一点。2007年1月，俄罗斯军事科学院院长加列耶夫在俄罗斯军事科学院军事学术研讨会的报告中说，任何国家都有军事学说。用以阐述这些学说观点的文件可以有不同的叫法：俄罗斯、白俄罗斯、哈萨克斯坦和独联体的其他一些国家叫军事学说，美国叫国家安全战略，还有所谓"北约战略构想"；"军事学说就其实质而言是向本国人民和全世界公布的国家在防务领域的政策宣言"。③ 也就是说，在指导武装力量的建设与运用问题上，军事政策的地位与作用略高于军事学说，但基本上仍可以看作处于同一层次，大体相当于美国的国家安全战略和一些西方国家的"大战略"等概念，军事政策与军事学说对军事战略起指导作用。

---

① ［苏］瓦·达·索科洛夫斯基主编：《军事战略》（上册），战士出版社1980年版，第81—82页。

② 寿晓松主编：《战略学教程》，军事科学出版社2013年版，第15页；中国人民解放军军事科学院编译：《苏联军事百科全书》（中译本）（第一卷），战士出版社1982年版，第333页；［苏］瓦·达·索科洛夫斯基主编：《军事战略》（下册），战士出版社1980年版，第528页。

③ ［俄］M. A. 加列耶夫著，陈学惠等译：《军事历史战线的斗争》，军事科学出版社2015年版，第676—677页。

英国的战略结构大体可以分为国家政策（政略）、"大战略"（或高级战略）和军事战略三个层次。法国的战略层次则是按照薄富尔的定义分为总体战略、全面战略和作战战略。日本的战略层次结构由国家战略（或国家政策）、综合安全保障战略和军事战略三个级别构成。[①]

这些林林总总的战略分层方法，各循其道，各有其理。但其中却混淆了一个基本概念，就是已经公认的政略与战略之间的关系，即"战争是政治的继续"的基本逻辑。所以，才会有这种混淆和纠缠。但这并没有影响各个国家在政策执行、军事战略实施诸多环节中的逻辑关系和运行秩序。因为各个国家虽然国体、政体不同，但运行的规则是一致的，职能定位是一致的。即，国家利益是战略筹划的出发点和归宿点，只有把国家利益界定清楚了，才能确定国家需要捍卫和争取的目标，认清国家面临的威胁和挑战，也才能在斗争中分清自己的战略对手和战略伙伴。而且，在国家行政、军事机构的运作中也会有一定的制度、规则、规律、习惯去自然地调节和衔接各环节中出现的偏差，使其正常地运行，并以最高权力决策权的行使去协调各种关系和矛盾。然而，如果这些逻辑关系很清晰，对这些逻辑关系的认识也很明晰，国家机构处理各类事务就会更加顺畅高效，就会为民主社会体制注入更多活力，就会减少各类矛盾的累积。所以，理清各种战略关系、理顺战略学科体系的研究十分必要。

自20世纪80年代后，我国在战略研究方面出现了一个高潮。在军事科学院所编《战略学》中把中国的战略体系分为国家战略—军事战略—军种战略、战区战略、重大安全领域（核、太空、

---

① 寿晓松主编：《战略学教程》，军事科学出版社2013年版，第16—17页。

网络空间）战略三级五类。①该论著认为，战略从属于政治的特性主要体现在三个方面。一是战略的性质是由政治决定的。二是战略的目标是由政治赋予的。三是战略的制定、实施和调整受政治的支配。而战略具有指导全局的独立完整的系统使命与功能，并且有其自身形成、发展的历史与规律。它不仅从属和服务于政治，而且也积极影响政治，对政治具有反作用力。在一定意义上政治要为战略创造有利条件，要能充分动员和综合运用人力物力资源来保证军事行动的实施，要善于在外交、经济和精神上为打赢战争凝聚最大的战略合力。②在肖天亮主编的《战略学》中把战略划分为三个层次。第一层次是国家战略，包括国家发展战略和国家安全战略。第二层次是国家军事战略，包括海洋、太空、网络空间军事战略，是国家战略在军事领域的体现。第三层次是战区战略、军种发展战略和重大安全领域军事战略，是军事战略的具体展开。③这种分层方法总体上更加明晰，指导性更强。

二、国家战略目标

国家战略无疑是为国家利益服务的，以国家利益为奋斗目标和评判标准。但"国家利益"在国际关系学科中并没有形成清晰的定义和统一的内涵。现实主义代表摩根索曾对国家利益

---

① 军事科学院军事战略研究部编著：《战略学》，军事科学出版社2013年版，第7页。
② 军事科学院军事战略研究部编著：《战略学》，军事科学出版社2013年版，第9页。
③ 肖天亮主编：《战略学》，国防大学出版社2015年版，第20—21页。

的概念提出了明确的内涵范畴：领土完整、国家主权和文化完整。新自由主义学派代表人物基欧汉则主张三种国家利益：生存、独立、经济财富。这些表述都从各自定义的几个侧面反映出国家战略利益概念范畴的根本评判标准或相对评判标准，有差异，不全面。但是，它是已被社会所广泛认同的客观存在，代表着一定的共识。

（一）国家战略利益是国家战略永恒的目标

马平在《国家利益与军事安全》一文中论述道，国家利益是主权国家生存与发展需求的总和。国家利益概念属于历史的范畴，只要有国家，就有国家生存与发展需求，也就有国家利益。① 美国国家利益委员会2000年的报告把国家利益划分为四个层级：生死攸关的利益、极其重要的利益、相当重要的利益和次要利益。其中，生死攸关的利益有五项：一是预防、遏制并减少以核生化武器对美国攻击的威胁；二是防止欧亚大陆出现一个敌对的霸权国家；三是防止在美国边境出现一个敌对的大国，或者出现一个控制公海的敌对大国；四是防止主要的全球机制（贸易的、金融市场的、能源供应的以及生态环境的机制）出现灾难性崩溃；五是保证美国盟国的生存。② 美国白宫1999年公布的《新世纪国家安全战略报告》把国家利益界定为三个层级：生死攸关的利益、重要利益、人道主义及其他利益。③ 2017年12月，特朗普政府发布

---

① 马平：《国家利益与军事安全》，载邓晓宝主编：《强国之略·国家利益卷》，解放军出版社2014年版，第31页。

② The Commission on America's National Interests, "America's National Interests", July 2000, p. 17.

③ The White House, "National Security Strategy for A New Century", December 1999.

《国家安全战略》报告,引言中提出,"一个安全、繁荣、自由的美国是一个有实力、有信心,并愿意领导世界的美国。这是一个能够维护和平、维护国家利益,为美国人民创造持久利益的国度。把美国人民放在第一位是政府的职责,也是美国领导世界的基础。一个强大的美国不仅是美国人民的核心利益,也是与美国拥有共同利益、共同价值观国家的共同愿望"。"70年来,美国一直奉行一项战略,它的前提是:建立一个以美国互惠原则、自由市场和自由贸易为基础的稳定的国际经济体系,为我们的经济和安全利益服务。"这是特朗普"美国至上"的国家利益观,并界定了美国四个至关重要的国家战略利益选项:一是基本责任是保护美国人民,保护家园,保护美国人的生活方式;二是促进美国的繁荣;三是通过重塑军事力量来维护和平,使它保持卓越,威慑敌人,如果必要的话,能够参战并取胜;四是推动国际社会的发展,因为一个支持美国利益和反映美国价值观的世界将使美国更加安全和繁荣。俄罗斯对国家利益的界定,主要体现在《俄联邦国家安全构想》中。俄罗斯认为,"国家利益是个人、社会和国家在经济、内政、国际、信息、军事、边境、生态安全等方面的平衡的利益的总和"。[①] 可以看出,各国政府都把国家利益视为国家战略的首要目标,并有着不同的国家战略利益观,且不遗余力地维护和争取国家战略利益,这是国家战略的首要目标。

以毛泽东同志为代表的中国共产党人是将国家利益放在第一位的,其奋斗的目标首先是为了中华民族的解放。这一点可以从毛泽东回答英国记者斯坦因的"中国至上"还是"共产党至上"这个问题时所说"没有中华民族,就没有中国共产党"的铿锵话

[①] 马平:《国家利益与军事安全》,载邓晓宝主编:《强国之略·国家利益卷》,解放军出版社2014年版,第32页。

语中得到清晰而肯定的答案。①

中国自古以来就有"国"和"利"的概念,如《孙子兵法》里讲"国之大事",讲"非利不动",但这还不是现代意义上的国家意识和国家利益观念。梁启超说过,自古以来,中国人只有"天下观"而没有"国家观",只有朝代名而没有国家名。直到鸦片战争爆发,中国被列强炮舰打进西方国家主导的国际关系之中,中华民族面临亡国灭种的空前大危机,而这一"数千年未有之变局",促使中国人接触到最先在西方形成的一系列关于现代国家、现代国际关系的概念和观念,在先进的中国人中又逐渐发展为建立共和、保卫中华、振兴中华的政治诉求。可以说,中国人的现代国家意识和国家利益观念,是在国破家亡的危难中催生出来的。② 2015年6月19日,俄罗斯总统普京在圣彼得堡国际经济论坛全体会议上谈道:"问题在于,(美国)一直试图将自己的标准和解决方案强加于我们,而不顾及我们的利益。他们实际上是在表明'我们更好',表明美国更清楚俄罗斯需要什么","请让我们自己从我国的历史和文化出发,确定我们的利益和需要"。③ 这就是俄罗斯的利益诉求,俄罗斯的国家战略目标。

国家战略利益是国家力量包括国家赖以生存和发展的客观物质需求与精神需求的总和。战争是政治通过另一种手段的继续,因此,国家利益也就毫无疑问地构成国家间战争发生和发展的决

---

① 中共中央文献研究室编:《毛泽东文集》(第三卷),人民出版社1996年版,第191页。
② 马平:《国家利益与军事安全》,载邓晓宝主编:《强国之略·国家利益卷》,解放军出版社2014年版,第34页。
③ 《普京对美喊话寻求修复关系》,载《参考消息》,2015年6月21日,第1版。

定因素。① 摩根索指出：权力是国家利益的基本保证，一个国家的权力限定这个国家的利益。国家要谋求自身的利益就要谋求权力，就要支配别人（别的国家）。当别人（别的国家）不愿意受其支配的时候，作为政治的另一种手段——战争——便提上日程。② 也就是说，战争是政治的继续，政治又是经济的集中体现，追根溯源，战争根源在于经济、政治利益矛盾，战争规模局限于生产力水平和经济基础。同时，政策路线集中反映了政治、经济利益和统治意志，统治意志是政治、经济利益的代表，不仅决定战争和军事战略的性质，而且规定战争的目的，影响战争力量的投入及其作用的发挥。③ 这就是国家利益所在，这就是国家间战争的根源。所以，国家战略首要的追求目标是国家战略利益。

19 世纪初期，英国外相帕默斯顿勋爵有一段名言：没有永恒的敌人，没有永恒的朋友，只有永恒的利益（"我们没有永恒的朋友和敌人，英国利益是永恒的权衡标准"）。④ 这成为各国处理国家间关系的准则，即国家利益原则。2011 年，俄罗斯将攻击核潜艇以租借的方式转交给印度，开创了两国之间租借核潜艇这种国之利器的先例，全世界都在感叹俄印之间绝无仅有的信任关系。然而，时隔 6 年后，印度背着俄罗斯让美国海军代表进入这艘代表俄罗斯海军最先进技术的核潜艇，俄印在军事技术合作领域发生"前所未有的纠纷"。恰巧，租借的这艘"查克拉"号核潜艇在印度海军的运气不佳，于 2017 年 10 月发生事故，舰艇下方的声纳设备被撞坏。俄罗斯决定推迟对这艘核潜艇进行维修，并使印度希望向其租借第二艘核潜艇（俄罗斯最新服役的"亚森"级

---

① 姚有志主编：《战争战略论》，解放军出版社 2005 年版，第 257 页。
② 姚有志主编：《战争战略论》，解放军出版社 2005 年版，第 257 页。
③ 姚有志主编：《战争战略论》，解放军出版社 2005 年版，第 209 页。
④ 金一南：《金一南讲稿自选集》，国防大学出版社 2014 年版，第 220 页。

多用途核潜艇）的计划泡汤。原因就是印度军方违反租约条件，让美国海军代表进入该潜艇。随后，印度数次做出对俄不友好行为，包括让美国海军代表团参观了"维克拉马蒂亚"号航母（原俄海军"戈尔什科夫"号航母），只是由于这艘航母已是印度海军自己的财产，俄罗斯"有心无力"而已。① 可见，即便曾经十分友好的国家，想要引领它们的意志也是困难的，只能是以国家战略利益为取舍标准和永恒目标。

（二）不同阶段国家战略目标是不同的

对国家利益的追求是国家战略永恒的目标，但作为每一个时期、每一段历史的发展阶段，国家战略所能够看清楚、弄明白，被时代精英们所接受、所为之奋斗的国家战略目标却是具体的、现实的，是要经过艰苦探索和不断实践，需要走过艰难困苦、曲折道路和付出巨大代价后获得的。

早在明朝万历年间，日本的丰臣秀吉即有"征韩侵华"的企图和野心，自明治维新以后，日本向国外发展和侵略的野心更为强烈。而九一八事变之前，日本首相田中义一就曾有一道秘密奏折上达日本天皇，其中对于侵略中国的计划可谓异常周密，其篇首两条纲领更直截了当地说：要征服世界必先征服中国；要征服中国必先征服"满蒙"。② 这就是现在世人熟悉的"田中奏折"，是日本有计划地侵略中国的铁证，也即是日本当时的国策，或是日本当时的国家战略目标。但是，日本帝国主义在取得了短暂的成功之后，却并没有收手，其侵略野心进一步膨胀，征服

---

① 《俄印军事互信受损，多个合作项目遇挫——印偷偷请美军代表进入俄核潜艇》，载《环球时报》，2017年11月10日，第8版。
② 陈诚：《陈诚回忆录——抗日战争》，东方出版社2009年版，第3—4页。

| 政略与战略论 |

世界的国家战略目标更加迫切，侵华战略进程进一步加速，从而也激发出中国人民更大的愤慨和反抗意识，最终在全中国人民的抗日战争和世界人民的反法西斯战争中被彻底粉碎。这说明它的国家战略目标是不正确的，而反动的战争是不可能取得胜利的。因此，合理确定战略目标始终是国家战略选择的首要问题。

把国家发展的战略目标定位为全球性大国还是地区性大国，关系到国家发展和崛起阶段的战略成败。美国在建国初期，首要的战略目标是巩固新兴的政权和发展经济。19世纪初，其主要战略目标是在北美大陆扩张疆域，仅用了50多年时间，就把西部边界推进到太平洋沿岸，南部边界推进到墨西哥湾，成为一个地理上的海陆大国；19世纪下半叶，美国的战略目标是成为西半球的霸主，开始推行"门罗主义"，积极干预拉美事务，谋求独霸巴拿马运河，在西半球建立美国的霸权；19世纪末期到20世纪初期，美国战略目标是向海外扩张，控制加勒比海和中美洲地峡，进而向太平洋扩张；二战后，美国登上西方霸主的宝座，开始推行全球争霸战略。美国在19世纪、20世纪的每一步扩张战略无疑都取得了成功，说明其不同阶段所确定的阶段性战略目标是正确的。

印度独立之初，其大国复兴战略目标是：利用不结盟运动，从美苏双方获利，从而实现保全印度、发展印度、壮大印度的战略目的。印度在短短十几年时间内，从一个英国殖民地发展成为在国际舞台上特别是亚非国家中具有重要影响力的国家。20世纪七八十年代，印度的主要战略目标是树立南亚领导地位，结果虽然实现了其目标，却在国际上造成对其不利的影响。进入21世纪以来，印度开始推行"印度大放光芒"运动，制定"印度世纪"战略构想，提出了要成为世界核大国、信息技术大国、生物技术大国、军事强国、经济强国的战略目标,经济和科技发展加快,国际地位和影响力呈现出上升趋势。① 这一路走来,应该说印度的战略总体上是成功的,目标取得了阶段性的成果。但"大印度联邦"的梦想却使得其与周边国家矛盾激化,危机依旧存在。于是,莫迪政府于2017年夏开始采取搁置争议的国家战略,既妥善解决了危机,又为积极融入上海合作组织体系创造了条件,不失为这一阶段印度国家发展战略的最优选择。

李洪峰在其《以史为鉴,迎接新的世纪大考》一文中说:中国在几千年历史的长河中有天下观,而无国家观;有天下观,而无国际观;只见陆,不见海;见内,不见外。从而导致战略视野狭隘,长期以来国家战略只能是一种不完全的战略。② 毋庸讳言,中国在长期的半封建、半殖民地时期,在军阀混战时期,的确没有形成一个统一的、强大的国家,只有天下观,而无国家观、国际观。但在新中国成立后,中国政府在国家利益面前开始树立起坚强而清晰的国家观、国际观。

另一个案例是近代德国的国家战略目标选择。普法战争之前,德国的战略目标是国家的统一。德国长期处于封建割据状态,邦国林立,虽然连年征战,但由于这些战争不是霸权战争(或是反抗外敌入侵,或是内战,或是为谋求统一而战),因而基本上不存在战略上的两线作战问题。然而,自1871年德国统一后,随着其经济的发展和国力的强大并迅速赶超老牌资本主义国家,德国的野心日益膨胀,急欲与其他列强一争高低,重新瓜分世界。因此,德国很快对其国家战略目标做了调整,由原来的统一德国调整为

---

① 李效东:《大国崛起安全战略的历史考察》,载邓晓宝主编:《强国之略·战略史鉴卷》,解放军出版社2014年版,第8—9页。

② 李洪峰:《以史为鉴,迎接新的世纪大考(下)》,载《参考消息》,2014年7月29日,第11版。

称霸欧洲和世界，即：在欧洲，建立一个从北海、波罗的海到亚得里亚海，从柏林到巴格达的"大德意志帝国"或"中欧帝国"；在世界，德国企图通过殖民主义和海军主义政策，由一个欧洲大陆强国变成为一个世界强国，从而达到称霸世界的目的。俾斯麦的"大陆政策"和施利芬的"对法战争备忘录"（即"施利芬计划"）就是为解决这一矛盾和问题而出笼的。政略上，俾斯麦认为，帝国建立之初的主要目标不是急于面向海外与其他列强争夺殖民地，而是借统一战争之余威，巩固其在欧洲的强权地位。其途径是，联奥拉俄，挑拨英俄，集中力量打击法国。为使德国在对付两线作战问题上有更坚实的力量，俾斯麦又挑起法国与意大利的冲突，迫使意大利投向德国的怀抱，最终结成德奥意三国同盟，以对付法俄英三个协约国。同时，在战略上，为解决德国腹背受敌和两线作战的问题，施利芬提出了一个大胆的战略构想，即充分利用德国地处欧洲中心，将俄法东西分隔的地缘优势，集中优势兵力，将敌各个击破。"施利芬计划"正是这一战略构想的结晶。该计划认为，德国的主要敌人在西方，因此把战略重点放在西线，并以速决战和先发制人的手段，集中绝大部分兵力在4—6周内击败法国，切断英国与欧洲大陆的联系，然后利用铁路，迅速挥师东进，击败俄国，争取在两三个月内赢得整个战争的胜利。而要取得战争的胜利、称霸欧洲，就需要一支强大的陆军；要称霸世界，就需要一支强大的海军。因此，一种海陆并重的战略方针就成了德国称霸欧洲和世界的必然选择。重视陆军建设是德国的传统，而这一时期，德国为达成殖民帝国和世界强国的目标，其前提条件是必须先成为海上强国。对此，德国统治者认为：拥有一支强大的舰队极端重要，海洋已成为国家生活中一个更加重要的因素。从这个意义上来讲，"帝国的力量即意味着海上力量"。德国唯有成为海上强国，才能自由地保护国家的海外利益，既不受其他海上强国的影响，也不管它们有何选择。于是，以建立强大海军为目标的海军政策便成了一项关键政策。为此，1898年和1900年，德国议会先后通过了两个建设强大海军舰队的"海军法案"，以加速发展海军。出于争夺欧洲和世界霸权的需要，德国在这一时期奉行积极进攻的战略方针，即通过积极、主动、快速的进攻去夺取战争的胜利。这样，既可避免因后方出现经济危机而引发革命，同时又可打破敌人的联盟，阻止其他的国家加盟敌方，还可尽快将战争转移到敌国领土。在德军看来，进攻能支配敌人的行动方式，是有效地战胜敌人的唯一手段。即便是进行防御作战，也应具有积极性和机动性。只有这样，才能顽强抵抗敌人的优势兵力，并通过反突击重创敌人，为转入反攻创造有利条件。施利芬强调，现代防御就是反攻。一战后，德国的战略目标不但没变，而且还带有强烈的复仇心理，即撕毁《凡尔赛和约》，征服欧洲，进而征服世界。具体言之就是：从军事上击败欧洲的资本主义竞争者，首先是英国和法国，使它们在经济和政治上从属于德国；使美国沦为二等强国；消灭苏联；镇压一切可能促使它们称霸世界的直接或潜在威胁的进步运动。为达到这样的目的，德国吸取一战失败的教训，采取了一套新的战略方针，即：纵横捭阖，分化瓦解；争取联盟，力避两线作战；"闪击"作战，各个击破。而1929—1933年的世界经济危机，则为这粒种子提供了合适的土壤。这场经济危机沉重地打击了资本主义世界，英法进一步衰退。德意日帝国主义为摆脱危机，走上了国民经济军事化的道路，并且在政治上日益法西斯化，终于成为亚洲和欧洲的战争策源地。1939年9月，德国进攻波兰，发动了二战。而在二战初期，由于德国成功地争取了盟友并与之密切配合，它得以集中力量横扫西欧并迅速挥师东进，"闪击"苏联。但是，由于德国过高地估计了自己的实力，在未拿下英国之前，便急于去攻打苏联,终于陷入两线作战和腹背受敌的致命困境。加之日本于1941年12月7日偷袭珍珠港,迫使美国全面参战,并促成了国际反法西斯统一战线的建立。这对德国来说,不仅是"两线受敌",更是"全线受敌"。至此,德国力避两线作战的计划全部落空,德国在这一时期所确立的战略目标遂成为泡影。

三、国家战略基础

要实现国家战略目标,没有必要的国家战略基础是不行的,而作为国家战略基础的要素是多方面的。最重要的通常包括经济基础、国民素质和军事实力,当然这三要素之中都包含了科技的成分,并为这三要素加分,而且在现代国家竞争中科技的重要性越来越突出。

(一) 国家战略基础的首要是经济基础

俄罗斯高等经济学院世界经济与政治系欧洲和国际研究中心主任、瓦尔代国际辩论俱乐部欧亚计划负责人季莫费·博尔达切夫在2016年12月22日为俄罗斯连塔网撰写的文章《面向亚洲》中指出,对俄罗斯的亚洲政策来说,重要的是用至少可以相提并论的经济关系来平衡自己的政治存在。因为,历史上贫穷的亚洲社会把本国政府确保经济稳定发展和创造福利的能力放在第一位。那里的社会契约以此为基础。① 事实上,世界上其他国家又何尝不是如此。2017年底,特朗普政府发布《国家安全战略》报告,明

---

① 《俄2016年务实推进"向东转"战略》,载《参考消息》,2016年12月27日,第10版。

确指出:"强大的经济保护着美国人民,支持我们的生活方式,是美国的力量源泉。"有史以来,世界各国都是把本国政府确保经济稳定发展和创造福利的能力放在第一位,即马克思所指出的"经济基础决定上层建筑"。"刺刀尖碰上了尖锐的'经济'问题会变得像软绵绵的灯芯一样。"① 1918年12月,列宁在《在工人合作社第三次代表大会上的讲话》中指出,美国威尔逊之流"美元多得很,可以把整个俄国、整个印度以至整个世界都买下来"。收买就是整个问题的症结所在。② 郎丹阳和刘分良在《海陆之争的历史检视》一文中对历史仔细检视后指出:没有强大的社会利益需求,即使大力发展海军,最终也会饮水无源,难以持久。在1897—1914年英德海军竞赛中,德国的失败正是如此。德国海军最初发展迅速,到1911年已成为世界第二大海军。但从1910年开始,德国政府已负债累累,显然无力再为海军建设拨款。因此,从1911年起德国不得不大幅度削减海军开支,提前退出竞赛,(从而使)海军发展中途夭折。造成这一戏剧性变化的直接原因,是德国因大规模海军竞赛而出现财政紧张,难以为继。而同期英国的财政收入却与海军支出同步增长。③ 也因此,英国赢得了这场竞争。所以说,经济基础是至关重要的一点。当然,对于一个国家来说,富是强的基础,富是量的积累,而强才是质的变化。强不是富的简单增长和叠加,而是一个国家经济生活、政治生活、

---

① 《马克思恩格斯全集》(第五卷),人民出版社1965年版,第543页。转引自李慎明主编:《居安思危——苏共亡党二十年的思考》,社会科学文献出版社2011年版,第41页。

② 《列宁全集》(第三十五卷),人民出版社1959年版,第346页。转引自李慎明主编:《居安思危——苏共亡党二十年的思考》,社会科学文献出版社2011年版,第41页。

③ 郎丹阳、刘分良:《海陆之争的历史检视》,载邓晓宝主编:《强国之略·地缘战略卷》,解放军出版社2014年版,第27页。

社会生活、文化生活等综合性的质的提升和变化。因此,国家由富变强不容易,而由富转衰、垮掉常常是一夜之间的事。① 这正是现代国家政府所必须高度警惕的。

(二)国民素质是国家战略的支柱要素

国家意识是对民族存在的一种自觉,它最大的意义就是增进民族认同,提高人民的归属感和凝聚力。国家意识还是强化民族自信心、自尊心的最有力工具,有助于唤起人们维护国家主权、统一和领土完整的愿望。强烈的国家意识是大国崛起的重要动力和源泉。中华民族是富有强烈国家意识和强大民族凝聚力的伟大民族。在新的时代条件和新的历史任务面前,特别需要继承和发扬中华民族的这一伟大传统。晚清时期中华民族到了最危险的时候,在帝国主义、官僚资本主义和封建主义三座大山的压迫下,中华民族以爱国主义为核心的民族精神反而愈益放射出惊天地、泣鬼神的灿烂光辉,无数仁人志士、革命先烈为实现民族独立、人民解放,不惜流血牺牲,进行了不屈不挠、可歌可泣的英勇斗争,谱写了前可慰古人、后可启来者的壮丽篇章。李洪峰说,梁启超的惊世骇俗之文,鲁迅的刺穿千年之剑,都是浸透了甲午耻辱的。他们留下的宝贵精神财富,今天仍然是我们建设现代化强国的精神动力。② 抗日战争时期,日军第一军参谋朝枝回忆:"(在百团大战中)八路军的抗战士气甚为旺盛,共党地区的居民,一齐动手支援八路军,连妇女、儿童也用竹篓帮助运送手榴弹。我方有的部队,往往冷不防被手执大刀的敌人包围袭击而陷

---

① 李洪峰:《以史为鉴,迎接新的世纪大考(下)》,载《参考消息》,2014 年 7 月 29 日,第 11 版。

② 李洪峰:《以史为鉴,迎接新的世纪大考(下)》,载《参考消息》,2014 年 7 月 29 日,第 11 版。

入苦战。"发动群众、组织群众、武装群众，是共产党的三大法宝。① 这一精神蕴藏于中华民族血脉之中，蕴藏于时代不息的文化传承中，物化为国民的素质，被中国共产党的坚强领导所激发出来，从而汇成了民族抗日的滚滚洪流。

（三）强大军事力量是国家战略目标实现的强力保障

世界是丰富多元的，也是矛盾层出的，世界就是一个矛盾的多元体。各种理论从不同方面解读着战争的本质，说明了矛盾的多元性。这些固有的矛盾特性显示出这个世界充满着不安定因素。据《SIPRI 年鉴2008——军备·裁军和国际安全》统计，从1998年到2007年的十年间世界发生的重大武装冲突多达166起，平均每年近17起。世界从来没有安宁过，战争的阴霾无时不在。要保卫国家安全，捍卫国家战略目标的实现，首先必须消弭掉外族的侵略，而要消弭掉外族的侵略，就不能够没有强大的军队作为保障。马基雅维利论述道："所有的国家，不管是新的国家、旧的国家或是半新半旧的混合国，立国的根本乃在于健全的法律和优良的军队，因为若没有优良的军队，法律就无法健全；所以拥有良好的军队则必然有健全的法律。"②

《诗经》云："赳赳武夫，公侯干城。"毛泽东把中国人民解放军喻为"长城"，是保卫祖国的钢铁长城，是国家主权和领土完整的坚强捍卫者。开国上将张爱萍在纪念中国人民解放军建军60周年的文章中说："我们深信，我军在现代化建设的道路上，必将

---

① 金一南：《全民抗战是百年沉沦中的民族觉醒》，载《参考消息》，2015年5月13日，第11版。
② ［意］马基雅维利著，李汉昭译：《君王论——影响世界的十大名著之一》，武汉出版社2009年版，第48页。

更好地担负起保卫祖国的重任,成为国家和民族的干城。"[1] 这里"长城"与"干城"表达的都是强大的军事力量存在是国家战略目标实现的重要保障的意念,两者是相通的。

四、国家战略选择

罗伊·霍夫赫兹在其名为《中国共产主义的生态学:农村影响的模式(1923—1945)》中总结道:"在中国,共产主义的成功或影响没有单一的模式。"[2] 事实上,他指出的是国家战略选择成功背后的复杂、艰辛与曲折,也就是说战略选择的不可复制性和曲折性原则。

(一)国家民族文化影响巨大

1797年,美国第一任总统乔治·华盛顿在其告别演说中谆谆教导未来的美国行政部门:"我们与外国打交道的行为准则是,在扩大我们的贸易关系的同时,尽可能少地与它们保持政治关系。"四年后,他的继任者托马斯·杰弗逊遵循这一教导,敦促"平等公正地对待所有人,无论其贵贱,无论其宗教或政治立场;与所有国家建立和平、进行贸易和发展真正的友谊关系,但不与任何国家结盟"。[3]

---

[1] 王普丰:《战略的创新》,军事科学出版社2010年版,第100页。
[2] A. Doak Barnett, ed., *Chinese Communist polities in Action*, Sesttle: University of Washington Press, 1969, p.72. 转引自[美]布兰特利·沃马克著,霍伟岸、刘晨译:《毛泽东政治思想的基础(1917—1935)》(插图本),中国人民大学出版社2013年版,第216页。
[3] [英]理查德·克洛卡特著,王振西、钱俊德译:《五十年战争——世界政治中的美国与苏联(1941—1991)》,社会科学文献出版社2015年版,第23页。

| 第二章　国家战略之本 |

这就是美国的"门罗主义"——不干涉主义的由来，也是美国文化的基因之一。但随着美国的强大，随着美国逐渐成为世界强国、独霸世界，美国的基因在变，成为一种"转基因产品"，并从中获得了巨大的霸权主义利益。因为，当前的国际社会依然是强权盛行的时代，帝国主义国家或国家阵营依然遵循着马基雅维利的帝国逻辑，而且随着地缘扩展而愈益强烈，"所征服的地区在语言、风俗和制度等方面和他原先的国家不同，那么他就应当把心思用在以下几个方面：在警惕那些同样强大的外国人侵略的同时，还要设法将较强的邻国削弱，从而使自己成为各个较弱邻邦的领袖与保护人"。① 时下，美国人所遵循的对外政略，无不透露着马基雅维利国家战略逻辑思维的痕迹，这就是"丛林法则"。

但作为美国文化基因其影响是深远的。20世纪中期，面临即将爆发的二战，美国仍然用18世纪的眼光来眺望整个世界。然而，国际形势已经发生了巨大变化，美国在全球（的经济利益）已无所不及，早已使那种用18世纪的花言巧语来领悟现实世界的能力相形见绌。但保留一些狡辩术仍非常重要，可以用于解决国内纠纷。理查德·克洛卡特说，所谓的美国"原则外交"，只不过是将政策隐含在理想主义的辞藻之中而已。② 二战爆发后，美国初期仍采取中立政策，允许交战国支付现款并使用自己船只运输武器，但在法国沦陷之后则明确表示向抵抗侵略的国家提供一切可能的援助，并通过了《租借法》向同盟国提供援助，使美国成为同盟国的主导力量，从而成为世界第一的强国。成为世界强国的

---

① ［意］马基雅维利著，李汉昭译：《君王论——影响世界的十大名著之一》，武汉出版社2009年版，第9页。
② ［英］理查德·克洛卡特著，王振西、钱俊德译：《五十年战争——世界政治中的美国与苏联（1941—1991）》，社会科学文献出版社2015年版，第29页。

美国又制定了"先欧后亚"的路线图与联盟策略，终于开创了美国的霸权时代。1945年9月6日，当杜鲁门向麦克阿瑟通告《投降后美国初期对日方针》时，指示麦克阿瑟通过包括天皇在内的日本现存的统治架构和机制行使他的权利，但这只限于用来促进实现美国的目标。操作中，代号为"黑名单行动"的计划开始着手将天皇裕仁与军国主义者区别开来，作为立宪君主保留他的位置，同时也只是做傀儡，并利用他实现日本民众的精神转换。因为，美国政府的战略决策者认为，若要确保对日本民众的控制，保留天皇至关重要，因此占领军打算免除他的战争责任，不降低或贬抑他的权威，与此同时最大限度地利用现存的日本政府机构。① 这是美国占领者对日本战略文化的成功利用。

2015年3月24日，俄罗斯《军工信使》周报网站发表了一篇俄罗斯地缘政治问题研究院院长康斯坦丁·西夫科夫的文章，名为《核特种部队》，意即利用美国地质弱点，俄罗斯正在研制并在2020—2025年能够拥有一种不对称超级武器，通过制造超级火山、超级海啸摧毁美国。② 说明民族文化影响着国家战略选择的多元性、宽广性和极端性都是存在的，是可以根据利益需要选择的。

2015年英国《生存》发表风险投资家李世默的文章《中国与世界》，该文章指出，中国的世界观与美国完全不同，美国的观点基于当下全球秩序，中国的观点是多元化的，而非单一性的。世界是一个竞技场，众多国家和组织竞争、相互合作和相互制衡。全球化并非是一个推动所有国家迈向预想的统一终点的项目，而是一个产生多方面活力的过程。向西穿越中亚直到

---

① ［美］赫伯特·比克斯著，王丽萍、孙盛萍译：《真相——裕仁天皇与侵华战争》，新华出版社2014年版，第348页。
② 《俄针对美研制"不对称超级武器"——通过制造超级火山、超级海啸摧毁美国》，载《参考消息》，2015年3月25日，第6版。

欧洲的、向南穿越直到东南亚的"新丝绸之路",以及亚洲基础设施投资银行的建立,这些努力都是不同的中国观念全球化的极好例证。① 中国正在迈向成功,中国人有自信,这是中国人民对中国共产党领导的信任,是对制度、对道路选择的自信,也是中国的文化底蕴使然。

(二)国家战略选择漫长曲折

16世纪末,英国开始涉足美洲,1607年在北美大陆建立了第一个永久性定居点——詹姆斯敦。1775年4月19日,列克星敦和康科德民兵抗击英军,打响了被视为美国独立战争的第一枪。1776年7月4日,第二届大陆会议通过并于7月9日发表《独立宣言》,开始了美国立国的历程,直到二战后美国成为世界第一强国。回顾美国从无到有、从弱到强的发展历程,其国家目标无疑是为了成为一个世界强国,且从未改变。这是美国人从立国之初就树立的梦想。在实现梦想的历程中,其策略随道路的选择不断发展变化,从最初利用列强矛盾,争取国家独立,而与欧洲列强签订一系列条约、盟约,到为巩固新兴政权,华盛顿总统代表美国发表《中立宣言》,而选择孤立主义政策,到1803年购买路易斯安那州为标志,实现最初的美国领土扩张,而树立"血统高贵的盎格鲁-撒克逊人具有上帝赋予的传播基督文明、征服落后民族和落后文明的使命",从而为扩张行径披上神圣的外衣,再到推行"门罗主义",又开始了争夺西半球霸权的新策略。为此,1823年12月2日,门罗总统代表美国政府向国会发表国情咨文,阐述美国对拉美的政策,提出"美洲体系原则""互不干涉原则"

---

① 《中美两国博弈催生世界新格局》,载《参考消息》,2015年4月30日,第10版。

"不准殖民原则",将欧洲各国列强挡在美洲大陆之外,使其不得插手美洲事务,为美国在美洲扩张势力范围开路。在独立战争期间,美国力促法国、西班牙和荷兰加入对英战争,俄国、丹麦、瑞典等国则宣布"武装中立",从而在客观上形成了有利于美国独立战争的外部环境。同时,美国从法国得到的资助和贷款分别达200万美元和635万美元,从西班牙得到的资助和贷款分别为40万美元和25万美元,从荷兰得到的贷款为180万美元。这一时期,美国利用西方列强的矛盾,火中取栗,争取外援,增强实力,在最终取得独立战争胜利的同时,美利坚帝国也羽翼渐丰。1899年9月和1900年7月,时任美国国务卿海约翰又提出第一次、第二次"门户开放"政策;1901年9月,西奥多·罗斯福提出以强大的军事实力为外交政策的后盾,即他声称的"说话温和,手握大棒"的"大棒政策"与"金元外交";1904年,西奥多·罗斯福又提出所谓"罗斯福推论"作为"门罗主义"的重要延伸,声称如果在西半球这类混乱或无能的情况特别严重,奉行"门罗主义"的美国只好勉为其难,不得已而行使国际警察的权力,成为美国开始向海外扩张策略的开端。在一战初期,美国"不希望看到任何一方获胜",遂采取中立政策,隔岸观火以聚敛财力,敦实实力。其间形成被称为"世界和平纲领"的"十四点计划"、《凡尔赛和约》,并同交战双方做生意,大发战争横财,最后在一战即将结束的适当时机出面收拾残局,从而保存并扩大了美国实力,不仅跻身世界经济强国行列,而且使欧洲列强元气大伤,导致欧洲时代走向终结,美国时代大门开启。

19世纪,日本政府内部表现出明显的野心,他们认为:亚洲地区早晚也会迎来激烈的帝国主义各国间的对立和竞争,着眼于此,必须要致力于瓦解清朝的"华夷秩序"。对于效法西欧近代化、期望上升成为"一等国家"的日本来说,以"富国强兵"政策为口号,在万国公法体系下养精蓄锐、积聚实力,就被视为稳妥的国家战略选择。在这个意义上,以"出兵台湾"为契机,通过瓦解"华夷体系",以建立"万国公法体系"为目标的国家战略自然浮出水面。① 明治维新后,日本政府认识到:"兵强则民气始可旺,始可语国民之自由,始可论国民之权利,始可保交往之对等,始可得互市之利益,而国民之劳力可积,国民之富贵始可守。"要免遭被侵略的命运,就必须有近代化的陆海军,必须有"战略性工业"。于是,日本逐步完成了对军事工厂的改造,形成了新型军工体系,同时实行军事改革,稳步发展军事力量。从1885年起,日本以纺织业为中心的产业革命迅速展开,但缺乏资金和市场。当时的日本人口为4000万,只及中国的1/10;其国内的财政收入在1890年相当于4000万两白银,只相当于中国的一半。由于内外市场狭小,日本主要的出口纺织品又因技术水平不高缺少竞争力,1891年便发生了第一次经济危机。许多政客和军阀便叫嚷需要以武力控制朝鲜半岛并打败中国,为本国夺取资源并打开市场。于是,日本选择挑起甲午战争。② 甲午战争后,清政府签署了丧权辱国的《马关条约》。在《马关条约》中,日本索要2亿两白银是一次性付款的数额,拖延便要付利息,"赎辽款"也是如此。此时年收入仅8000万两白银的清朝财政已入不敷

---

① [日]纐缬厚:《日清战争与日本帝国主义的形成》,载《参考消息》,2014年7月14日,第11版。"万国公法体系"(国际法体系)的思路是:"在正视经济及军事上存在差距的现实同时,强调独立国家在法律上是平等的。而以此为原则的体系恰是普遍的世界体系。""万国公法体系与等级型的华夷秩序是一种横向并列的秩序,万国公法体系不否定侵略、战争和殖民地化政策。因此,遵循国际法这样的规范而形成的体系,对于新兴国家日本来讲,是符合其口味的世界体系。"

② 张铁柱、刘声东主编:《甲午镜鉴》,上海远东出版社2014年版,第156页。

出，只好向英国、俄国、法国、德国借款，3年后才交付完赔款，又损失了3000万两白银利息。此外，日本战时还缴获和掠走大批中国军械和民用物资，估算价值为7000万两白银，这样总计日本在甲午战争中从中国掠夺了3亿两白银。而日本在这场战争中的花费，据其当时政府宣布为2.2亿日元（折合1.5亿两白银），其中包括了发展军工产业的投入，真正作战费用是1.3亿日元（折合9300万两白银）。这样，日本在战争中扣除耗费净赚了2.4亿两白银，相当于战前日本政府6年多的财政收入。战争结束后，日本外相陆奥宗光便向明治天皇上奏："官民上下都感到无比的富裕。"而且，日本通过《马关条约》还从中国割去台湾这个富饶的宝岛，《马关条约》还规定开放长江流域供其轻纺织业商品倾销，这又大大便利了发展经济。毫不夸张地说，日本崛起的"第一桶金"正是通过甲午战争掠夺而来。[①] 其后，沙俄势力侵入中国东北地区，日本初始战略是避其锋芒，转而采取"北守南进"战略，忍耐克制。后经过10年扩军备战，日本发动日俄战争，在日俄战争中又取得了胜利，取代俄国获得对中国东北的控制，终于为其向亚洲扩张奠定了基础。

在俄国，1917年资产阶级二月革命推翻了沙皇专制制度。可是，领导资产阶级临时政府的十月党人和立宪民主党人对当时人民群众最为关心的"和平、土地、面包"问题却置之不理，仍然坚持继续非正义的世界大战，同时拖延土地问题的解决，甚至镇压农民夺取地主土地的行动。人民的期盼落空，饥饿重新笼罩全国，国家经济面临崩溃。以列宁为首的布尔什维克党决定结束两个政权并存的局面，及时提出应当夺取政权，变资产阶级民主革命为社会主义革命，从根本上满足农民要土地、工人要面包、工

[①] 张铁柱、刘声东主编：《甲午镜鉴》，上海远东出版社2014年版，第162—163页。

人农民都要和平的愿望。随后采取的所有革命政策都代表了俄国大多数人民的利益，从而使新生的人民政权得以确立和巩固。① 理查德·克洛卡特指出：列宁是伟大的辩证唯物主义和历史唯物主义者，他适时地调整了苏维埃俄国的战略（政略）策略。1918年3月，苏维埃俄国同德国签订了《布列斯特和约》，根据这个条约，苏维埃俄国让出了大片领土。② 但这为苏维埃俄国赢得了可贵的和平时机，不久又取得了抗击外国武装干涉的胜利。随后，苏维埃俄国及时调整对外战略（政略或政策），主动与西方国家进行接触，开始奉行和平的外交政策，而把（国家）战略重点放在国内建设和恢复经济方面。为此，苏维埃俄国同一大批资本主义国家建立了外交关系，并加强了彼此的经济联系，开始进入同资本主义国家"和平共处"的新时期。在政权稳固后，苏维埃俄国又以《凡尔赛和约》废除了《布列斯特和约》，除了波罗的海国家芬兰和波兰外，其他所有领土都收了回来。历史证明，苏维埃俄国实行的这一（国家）战略转变是正确的。③

---

① 李慎明主编：《居安思危——苏共亡党二十年的思考》，社会科学文献出版社2011年版，第249—250页。
② ［英］理查德·克洛卡特著，王振西、钱俊德译：《五十年战争——世界政治中的美国与苏联（1941—1991）》，社会科学文献出版社2015年版，第37—38页。
③ 李慎明主编：《居安思危——苏共亡党二十年的思考》，社会科学文献出版社2011年版，第161页。毛泽东在与埃德加·斯诺的谈话中称这为"列宁主义的可能性"（即是合理的，是为了保卫苏联而采取的必要的策略）。参见［美］迪克·威尔逊主编：《历史天平上的毛泽东》，中国人民大学出版社2015年版，第199页。

第三章　国家安全战略之要

国家安全战略，简而言之，就是保障国家安全的战略。很多人以为国家安全仅仅是政权安全，其实国家的安全标准是民族安全，是国人的安全，是国家整体的安全，包括人的、民族的、国家集合体的安全，所以国家安全是既包括又超出政权安全范畴的。葛东升在其《国家安全战略论》一书中说：所谓国家安全，是指一国在特定时空范围内生存与发展免于危害和威胁的客观状态。它是一个历史的动态范畴。而且，生存和发展都是国家的核心利益，生存是发展之基，发展是生存之源。和平时期，经济建设是必须坚持的第一要务，为发展提供安全保障就是最大的安全战略。但国家主权和领土完整一旦遭受以和平手段无法解决的重大威胁，发展将无以为继，那就只能是生存第一，打赢战争，赢得和平。①金钿在其主编的《国家安全论》一书中也有自己的观点，他指出：国家安全是对国家的生存与发展没有或很少受到威胁的状态的界定，是对国家生存和发展利益的保障。而国家安全战略是关于维护国家安全的宏观筹划。一般认为，它是指在平时或战时组织和运用国家武装力量的同时，组织和运用国家的政治、外交、经济

---

① 葛东升主编：《国家安全战略论》，军事科学出版社2006年版，第2—3页。

等综合力量以实现国家目标的艺术和科学。① 两种定义各有优长，只是表述的侧面不同。葛东升表述的重点是区分平时和战时，也就有了广义和狭义的目标之分。平时的概念是广义的目标，即国家利益安全；战时的概念则侧重于狭义的目标，即打赢战争。金钿的定义区分了与国家战略的差异，将战略手段重点放在无论平时或战时的"组织和运用国家武装力量"上，将战略目标定位为"维护国家安全的宏观筹划"。实际上，这是"国家安全"概念的原意，是葛东升定义中的狭义成分。这一点在《中华人民共和国国家安全法》第二条，即"国家安全"的定义条文中说得非常明确，条文为："国家安全是指国家政权、主权、统一和领土完整、人民福祉、经济社会可持续发展和国家其他重大利益相对处于没有危险和不受内外威胁的状态，以及保障持续安全状态的能力。"

另一部《国家安全论》的作者夏保成和刘凤仙认为，国家安全问题属于政治学领域中的国际战略学范畴。② 国际关系学者王缉思指出："从本质上说，国际政治和地缘政治是冷酷的，是基于现实利益而非基于道义或意识形态的。大国外交的精髓在于利用和把握国际力量的平衡。"③ 他认为，一个国家的国际战略应当包括这样一些内容：什么是本国的核心利益，对这些核心利益的主要外部威胁来自何方，在国际上应以什么方式和手段维护国家核心利益。在王缉思的国家安全概念体系中，"国际战略"，相当于美国人的"大战略"。王缉思的国际战略概念实际上也是国家安全战略的概念，只是强调国家在参加国际博弈中的战略，主体依然是国家，而非国际，客体才是国际社会。

---

① 金钿主编：《国家安全论》，中国友谊出版公司2002年版，第1、34页。
② 夏保成、刘凤仙：《国家安全论》，长春出版社2008年版，前言，第5页。
③ 王缉思：《大国战略》，中信出版集团2016年版，第109页。

而在西方的话语中,另一个与"国家安全战略"相近的概念是"大战略"。20世纪20年代,哈特提出"大战略"的概念,将战略目标扩展到国家安全,既包括赢得战争的胜利,也包括如何更有效地维护和平,防止战争的爆发。① 起初,哈特为了区分政略和战略的关系,把它置于"政治"(政略)和"军事战略"之间。② 他说,按照其定义,是协调和指导一个国家(或是一群国家)的一切力量,使其达到战争的政治目的。而美国陆军军事学院在其所编《军事战略》中称,"大战略"(或者称"高级战略"),其任务就在于调节和指导(运用)一个国家或几个国家的所有资源,以求达到战争的政治目的;而这个目的正是由基本政策,即国家政策决定的。这就是"大战略"的缘起,是国家安全战略的发端。根据1935年英国野战条令的解释,"大战略"是"为实现全国性目的而有效地发挥国家全部力量的艺术。它包括采取外交措施,施加经济压力,与盟国签订有利的条约,动员全国的工业和部署现有的人力,以及使用陆海空三军进行协同作战"。而柯林斯的《大战略》一书中,把"大战略"解释为:把国家战略中的全部军事战略和其他领域的战略(政治、经济、社会、科技和心理等)中与国防直接有关的部分汇集在一起,就构成"大战略"。美国陆军军事学院的《军事战略》认为,柯林斯和哈特的认识是一致的,他们都认同与国家安全有各种关系的战略汇集起来便构成"大战略",并通过各种手段,对敌方实施所需要的各种程度和各种样式的控制,以实现国家安全的利益和目标。理查德·罗斯克兰斯和阿瑟·斯坦总结了"大战略"概念提出以来的

---

① [美]理查德·罗斯克兰斯、阿瑟·斯坦主编,刘东国译:《大战略的国内基础》,北京大学出版社2005年版,译序。
② [俄]Э·H. 奥日加诺夫著,聂品、胡谷明译:《政治战略分析》,武汉大学出版社2008年版,第4页。

不同论述，结论是"大战略要考虑国家可以支配的全部资源（而不仅仅是军事资源），并有效地安排这些资源来实现和平时期和战争时期的安全"。①所以，"大战略"与国家安全战略是同一概念的不同表述。同时，众多"大战略"学家都强调"大战略"规划要实现目标与手段的平衡，包括国家经济实力、军事实力、外交能力、道义力量运用能力、国内不同利益集团和政治派别之间的利益协调和行动统筹能力等与战略目标相一致。②军事政治学家塞缪尔·亨廷顿认为，国家安全政策的目标就是加强国家的安全和对抗国外的威胁。③这样看来，这些战略家们所指的"大战略"，即是本书中所认定的国家安全战略，其定义的概念范围与金钿的定义基本相同，通常是指比军事战略高一个层次的战略；有时也与国防战略混用。

美国陆军军事学院的《军事战略》明确指出，不应把军事战略与国家（安全）战略（"大战略"）混为一谈。所谓国家（安全）战略是指在组织和使用一国武装力量的同时，组织和使用该国政治、经济和心理上的力量，以实现国家目标的艺术和科学。事实上，这里各种名称的"战略"就是美国国家安全战略在不同时期的具体表述，反映的是美国国家安全战略在这一时期关注和重视的一个侧面，是国家安全观指导下对外部主要安全威胁的排序。2017年12月特朗普政府公布《国家安全战略》报告，总统国家安全事务助理麦克马斯特提出了国家安全战略的四项重要原

---

① ［美］理查德·罗斯克兰斯、阿瑟·斯坦主编，刘东国译：《大战略的国内基础》，北京大学出版社2005年版，第4页。
② ［美］理查德·罗斯克兰斯、阿瑟·斯坦主编，刘东国译：《大战略的国内基础》，北京大学出版社2005年版，译序。
③ 高民政主编：《国家兴衰与军政关系纵论——大国崛起中的军事与政治》，时事出版社2011年版，第46页。

则：保护国土安全；在国际上推动美国的繁荣；在面临新威胁之际通过实力确保和平；提升美国在海外的影响力。① 从这些表述可以看出，美国国家安全的基点目标主要是保障国家的发展能力，即利益获取能力。其国家安全战略相对于国家战略是趋于保守性和防御性的，以国家安全为主要目标，兼具国家发展力和国际影响力。这也再次印证了美国陆军军事学院所编《军事战略》一书对军事战略与国家（安全）战略（"大战略"）的准确定位。

一、国家安全战略定位

《吴子·图国》曰："昔承桑氏之君修德废武，以灭其国；有扈氏之君恃众好勇，以丧其社稷。明主鉴兹，必内修文德，外治武备。"②"内修文德，外治武备"即为吴起治国的思想核心，表示他重视政治与军事间的平衡，并做总体的考虑，而不偏重某一方面。如前面所说，对于政府来讲，对内需要调和社会矛盾，发展经济产业，提升人民的总体物质文化生活水平，解决当代社会的主要矛盾。对外最低则是抵御外辱，维护国家主权安全和民族尊严；高标准则是调和国家间的关系，营造良好的国际环境，为国内经济的发展提供良好的外部环境，使国民有尊严、有获得感、有安全感，使国家立于世界民族强国之林。

（一）对内政治安全第一

对国家安全次序而言，首要的是对内的国家安全，即政治稳

---

① 《特朗普将公布国家安全战略》，载《参考消息》，2017年12月14日，第1版。
② 钮先钟：《战略家：思想与著作》，文汇出版社2016年版，第8页。

定。如果没有国内的安全稳定，则国家将会是一盘散沙，也就失去了国家的功用。只有国家安全稳定，才能形成有效的、统一的力量，以抵御外辱、强国安邦。当然，二者是辩证的、相辅相成的，只有处理好国内安全与国际安全这对矛盾才会达到国家的稳定与长治久安。

十月革命胜利后，新生的苏维埃俄国处于帝国主义的重重包围与压制之中，国家安全处在危急之中。列宁根据当时国际形势和自身实力，及时制定了保卫新生苏维埃政权的国家安全战略：先签订了《布列斯特和约》，以暂时的妥协为国家医治战争创伤、恢复经济赢得了喘息的机会；尔后粉碎了外国武装干涉，取得了国内战争的胜利，巩固了新生的苏维埃政权。

（二）对外安全与利益并存

张树德在其《马克思主义经典作家国家利益思想》一文中深刻指出：从根本上讲，国家利益就是国家主权利益、国家安全利益，即是指国家主权的独立、领土的完整和国民的生存不受侵犯。因为，任何国家的存在都必须具备主权、领土的完整和国民的生存不受侵犯这些基本要素。国家安全利益是所有其他利益的保障，没有安全利益，其他利益便无从谈起。[①]

1. 保卫国家的领土不受侵害是最重要的国家安全

中共七届二中全会是中国共产党为夺取全国政权后执政做准备的重要会议，毛泽东在会议上明确提出"应当采取有步骤地彻底地摧毁帝国主义在中国的控制权的方针"，包括不承认国民党时期的任何外国外交机关和外交人员的合法地位，不承认国民党时

---

① 张树德：《马克思主义经典作家国家利益思想》，载邓晓宝主编：《强国之略·国家利益卷》，解放军出版社2014年版，第22页。

期的一切卖国条约的继续存在,取消一切帝国主义在中国开办的宣传机关,立即统制对外贸易,改革海关制度等,"在做了这些以后,中国人民就在帝国主义面前站立起来了"。并且,"不允许任何外国及联合国干涉中国内政。因为中国是独立国家,中国境内之事,应由中国人民及人民的政府自己解决"。① 多年后对于香港问题,邓小平依然坚持的是这种立场,明确地说:"关于主权问题,中国在这个问题上没有回旋余地。坦率地讲,主权问题不是一个可以讨论的问题。"② 新中国的历代领导集体都深刻认识到保卫国家的领土不受侵害是最大的国家安全,国家领土主权绝不容侵犯,这是站起来了的中国人民流血牺牲、为之不懈奋斗的首要目标。

2. 国家利益安全也是国家安全

在1943年的开罗会议上,罗斯福宣称支持中国作为四强之一参加战后国际组织,意图利用中国抗衡战后苏联在远东的影响力。在雅尔塔会议上,丘吉尔主张法国参加对德国的占领和管制,而斯大林认为法国战时贡献太少,在战后事务中不应享有平等发言权。王春生在《美国的安全战略选择》一文中说,罗斯福先支持斯大林后支持丘吉尔,考虑的是战后在欧洲大陆抗衡苏联的需要。此外,从德黑兰会议到波茨坦会议,美国从赞成对德严惩政策转向重建德国的温和政策,一个重要考虑是担心过分削弱德国会不利于阻止苏联势力扩张。③

理查德·罗斯克兰斯和阿瑟·斯坦在《大战略的国内基础》

---

① 《毛泽东选集》(第四卷),人民出版社1991年版,第1434—1435页。
② 《邓小平文选》(第三卷),人民出版社1993年版,第12页。
③ 王春生:《美国的安全战略选择》,载邓晓宝主编:《强国之略·战略史鉴卷》,解放军出版社2014年版,第27页。

一书中说，世界发展到今天，不管是结构现实主义学者、建构主义学者，还是新现实主义学者、新自由制度主义学者、后现代主义学者，他们都承认现在的国际体系存在着两个世界："军事—政治世界"和"贸易世界"。国际体系的这一新特征标志着威斯特伐利亚和会以来所确立的以领土和军事力量为特征的地缘政治已经接近过时，贸易竞争取代了领土扩张和军事实力追求，贸易平衡取代了权力平衡。在跨国贸易和投资急速增长的这样一个国际结构中，国家间的相互依存度越来越高，这使得领土扩张变得不再有意义，而国家间的经济竞争却越来越激烈。这决定了将来的国际体系特征必将是从军事竞争的逻辑转向贸易和相互依存的逻辑。① 这种观点不完全正确，因为贸易的竞争是以军事实力为基础的，没有完全平等的经济竞争，而贸易的相互依存也是相对的，是竞争下的依存，在不平等的竞争下很多的矛盾还需要权力，即通过军事手段的加持来做最终的判决。虽然领土的扩张没有20世纪激烈，但领土的争端依旧存在，关键的战略要地之争从未缓和，因为这牵涉到国家的根本利益所在。

1982年，美国中央情报局向里根政府提供了一份关于苏联经济"脆弱性评估"的报告。该报告指出，油气出口占苏联硬通货收入的60%—80%，是苏联经济体系的重要支柱。这就表示，苏联的经济增长模式属于能源高度依赖型，其国民经济发展水平与国际能源市场休戚相关，国家财政和经济状况也极易受到石油价格波动的影响。对世界经济形势的测算表明，世界石油价格每变动1美元，苏联的财政预算就会出现大约10亿美元的变化。如果油价跌到每桶18美元以下，苏联财政预算将出现赤字。所以，里

---

① ［美］理查德·罗斯克兰斯、阿瑟·斯坦主编，刘东国译：《大战略的国内基础》，北京大学出版社2005年版，译序，第4页。

根政府制定了相应的军事经济政策，以军备竞赛的形式从经济上拖垮了苏联。普京上台后，高度重视俄罗斯的能源安全问题，加紧制定了《2020年俄罗斯能源战略的基本原则》和《俄罗斯油气综合体发展构想的基本原则》等战略性文件。其能源战略是：对内加紧宏观掌控，将能源收归国有；对外实行能源外交，将能源作为调整国际关系的重要工具。继"尤科斯事件"后，俄罗斯政府将俄天然气工业股份公司同由国家完全控股的俄石油公司合并，组建了由国家控股的能源"航空母舰"，并出台了多项法律，限制包括石油、天然气、电力等领域的1000多家战略企业实行私有化，限制外资参与俄罗斯战略项目，加强对战略资源的监管。在能源外交领域，俄罗斯推出了"石油卢布战略"。2006年9月12日，俄罗斯副总理梅德韦杰夫在圣彼得堡国际经济论坛上表示，俄罗斯将建立新的石油交易所，以卢布作为结算货币，还准备联合一些石油出口国建立以卢布为结算货币的"石油出口联盟"。① 无疑，国家利益或国家经济利益就是国家安全，或者说国家利益是国家安全自然有效的延伸、延展。

（三）内外安全排序在一定条件下可以转换

1950年9月，美国纠集了十几个国家出兵朝鲜，在仁川登陆后，逐渐向中朝边境进犯，形势岌岌可危。面对朝鲜党和政府请求出兵援助的情况，中国党和政府经过慎重考虑，做出了组织中国人民志愿军出兵支援朝鲜，抗击"联合国军"的政略决定。正如毛泽东给当时在莫斯科的周恩来发电报中所说："与政治局同志商量结果，一致认为我军还是出动到朝鲜为有利……我们采取上

---

① 李抒音：《俄罗斯安全战略选择的经验教训》，载邓晓宝主编：《强国之略·战略史鉴卷》，解放军出版社2014年版，第54页。

述积极政策，对中国，对朝鲜，对东方，对世界都极为有利；而我们不出兵，让敌人压至鸭绿江边，国内国际反动气焰增高，则对各方都不利，首先对东北更不利，整个东北边防军将被吸住，南满电力将被控制。总之，我们认为应当参战，必须参战，参战利益极大，不参战损害极大。"而斯大林得知中国的决定后，亦十分感动。① 因为斯大林知道中国百废待兴。新中国政府此时从经济建设向国家安全的战略转换，为新中国立信、立威，使中华民族自立于世界民族之林，让中国人民从此高昂起民族自豪的头颅。

这说明在民族危亡之际，内部矛盾必须让位于抵御外部侵略的战争，"一致对外，驱除鞑虏"成为执政党和政府第一要务。而当国家面临长远威胁时，国内建设的重点也应该让位于国家长治久安的目标，为国家未来发展争取一个更光明、更安全的发展环境。

二、国家安全战略抉择

马克思主义战争论观点能够解读战争起源的实质。著名社会选择理论专家阿玛蒂亚·森论证：世界往往被视为由各类宗教（或"文明""文化"）组成，而忽略人们所实际拥有和重视的其他身份，诸如阶级、性别、职业、语言、科学、道德和政治。单一划分观要比多元和多种划分观更偏于对抗，而后者构成了我们所实际生活于其中的世界。一旦人际关系被视为一种单一的群体间的关系，诸如文明、宗教或种族之间的"交善"与"对话"，而完全忽视同一个人还属于其他群体（如各种经济、社会、政治或其他文化关系），那么，人类生活的大部分重要内容就消失无形了，个人被填

---

① 王普丰：《战略的创新》，军事科学出版社2010年版，第102—105页。

塞入一个个"小盒子"之中。这种理论上的简化主义往往可不经意地助长实际政治中的暴力。① 被马克思主义认可的克劳塞维茨的名言"战争是政治的继续"依然是最准确的解释,却不是"文明的冲突",而政治的烙印正是马克思所说的是阶级利益的烙印。

(一)现代国家安全战略的决策理论

"地缘政治学"一词最早出现在1917年瑞典政治学家哲伦的《论国家》一书中。哲伦针对俄国对外扩张给瑞典等北欧国家带来的巨大威胁,希望通过打造一个以德国为核心的北欧集团,共同对抗这一局面。这一思想后来成为纳粹德国扩张的理论依据,为希特勒发动二战提供了舆论工具。第一个系统研究地缘政治学的学者是德国的拉采尔。在拉采尔看来,人、国家与世界三者间的关系是权力与生存空间的关系,并提出了"生存空间论""国家有机体论""边疆动态论"三个相互关联的地缘政治学概念。而豪斯霍弗则公开主张"国家作为一个有机体,要么扩大,要么死亡"。1890年马汉发表《海权对历史的影响(1660—1783)》(又译为《海权论》),提出地理位置、自然结构、国土面积、人口数量、国民特性、政府特性是影响海权的六大要素。在他看来,海权问题中最重要的是对海上通道的控制。实际上,他一方面因袭了拉采尔的理论,另一方面在拓展"生存空间论"上给予了重点关注,也实际成为今天"国际公域视角"安全理论的启蒙,而成为国际关系理论之一脉。1919年,麦金德在其著作《民主的理想和现实》中,提出"大陆腹地学说"(又译为"心脏陆地说")这一国际关系学中的全球战略概念。在麦金德看来,国际政治的

---

① [印]阿玛蒂亚·森著,李风华等译:《身份与暴力——命运的幻象》,中国人民大学出版社2014年版,序,第2页。

"交汇点"或"腹地"位于东欧和西伯利亚平原,这一地区拥有难以估量的资源,在战略上处于中心地位。他断言,边缘地带易受来自大陆腹地的攻击,而大陆腹地则由于海权国家无法进入内陆而得以保持国家安全。为防范一战后德国与俄国的强大,他提出了如下全球战略构想:"谁统治东欧,谁就统治大陆腹地;谁统治大陆腹地,谁就统治世界岛(包括欧洲、亚洲和非洲大陆);谁统治世界岛,谁就统治世界。"而麦金德思想的源头在马克思的著作中就有论述。早在1853年8月,马克思在《帕麦斯顿勋爵》的系列文章中称:"谁掌握了多瑙河口,谁就掌握了多瑙河,控制了通往亚洲的大道,同时也就在很大程度上控制了瑞士、德国、匈牙利、土耳其的贸易,首先是摩尔多瓦和瓦拉几亚的贸易。"同样,《田中奏折》中说,"欲征服世界,先征服亚洲,欲征服亚洲,先征服中国",这一思想是地缘战略的另一分支运用。另一个美国学者斯皮克曼在其《和平地理学》一书中指出,在海洋强国与陆地强国的较量中,最受重视的是处于边缘地理位置的国家。他提出具有战略意义的"边缘地带"(从波罗的海到中亚和东南亚,通过西欧、地中海和近东,将苏联和世界岛联结起来的一条弧形地带)在海上势力和陆上势力冲突中起着缓冲作用。在他看来,欧亚大陆的边缘地带较之所谓的心脏地区更为重要,因为在战略空军和其他最新武器迅速发展的情况下,大陆腹地遭受攻击的可能性大大提高了。大陆腹地没有达到世界最先进地区的经济发展水平,不论是一战还是二战中,决定性的战斗都是在边缘地带进行的。他的名言是:"谁支配着边缘地区,谁就控制欧亚大陆;谁支配着欧亚大陆,谁就掌握世界的命运。"二战后,麦金德的"大陆腹地学说"和斯皮克曼的"边缘地带"学说都受到美国政治家们的高度重视,并成为他们制定国家安全战略的指导思想,成了美国遏制苏联的理论依据。为了达到控制欧亚大陆的目的,美国政府制定了大西洋联盟政策，实施了马歇尔计划和对苏联东欧的遏制战略，并在亚洲的周边地区建立了一系列相互联结的军事条约集团，等等。① 这些理论不一而足，都曾红极一时，但却多有偏颇，在被时代政治格局所检验的同时，也被多次肯定、否定和再否定，有其合理的内核，但必须与时代现实特色、技术发展水平相适应，才会散发出其理论的光芒，为国家安全战略增光添彩，为国家人民谋得幸福平安。

（二）政治取向决定国家安全

1947年，杜鲁门主义承诺：美国将向任何可能爆发共产主义运动或起义的国家提供援助，这也是美国应对全球体系重建时经济不确定的重大举措。② 1950年美国国安会第68号文件中明确指出，"美国作为非苏联世界的主要力量中心、反对苏联扩张的堡垒，是其主要敌人"，"美国的目标和克里姆林宫的企图在思想和价值观念领域存在根本的冲突"，"我们的自由社会不情愿地发现，苏联体制向我们提出了你死我活的挑战。从未有任何一种价值体系与我们本身固有的价值体系是如此对立；它破坏我们的价值体系的意图是如此的难以改变；它是如此擅长于利用我们社会中出现的各种最为危险和分裂的趋势；没有任何一种制度能如此有力地在世界各地唤起人类本性中的非理性成分；没有任何别的制度能够得到巨大的、日益强大的军事实力中心的支持"。③ 1961

---

① 吴成：《伊朗核问题与世界格局转型》，时事出版社2014年版，第30—33页。
② ［美］保罗·艾特伍德著，张敏、黄玲、冷雪峰译：《美国战争史（1775—2010）——战争如何塑造美国》，新华出版社2013年版，第158页。
③ 石斌：《保罗·尼采：核时代美国国家安全战略的缔造者》，北京大学出版社2017年版，第481、483页。

年 1 月 30 日，刚刚入主白宫的肯尼迪总统在发表国情咨文中说，"在拉丁美洲，共产党代理人企图利用这个地区的富于希望的和平革命，他们已经在离我们海岸只有 90 英里的古巴建立了一个基地。我们反对古巴并不是反对人民争取改善生活的运动。我们反对他们被国外和国内的'暴政'所统治。古巴的社会和经济改革应该得到鼓励。经济和贸易政策问题总是能够谈判的，但是共产党在本半球的统治是决不能谈判的"。[1] 这一方面告诉我们，"政权是打出来的"，或者说是通过暴力手段获得的；另一方面也就是肯尼迪所明确表述的，是他所代表的资产阶级立场所不容许的，这是由其资产阶级本质所决定的。

《美国战争史（1945—1972）——战争如何塑造美国》的作者保罗·艾特伍德在其书中第九章"冷战：意识形态冲突 vs 帝国对决"中引用1942年曼哈顿计划军方负责人格罗夫斯将军的话说：自从负责这个项目两星期以来，他从未想过自己扮演的角色，却总是幻想苏联是他们的敌人——而这正是这个项目的基础思想。[2] 事实上，计划设立之初，美国设计的直接敌人是法西斯德国，格罗夫斯将军的话提醒人们，美国政府研制原子弹的初衷其实还包括对抗与之意识形态冲突的苏联，这是由其政治取向决定的国家安全战略判断。

（三）国家间避免战争是最基本的安全目标

二战全面爆发前后，苏联本身承受着战争的直接压力，西边有德国法西斯，东边有日本帝国主义的严重战争威胁。由此，苏联倡议英法苏三国举行谈判，建立反法西斯国际联盟，以遏制纳

---

[1] 周建明、王成至主编：《美国国家安全战略解密文献选编（1945—1972)》（第一册），社会科学文献出版社 2010 年版，第 385—386 页。

[2] ［美］保罗·艾特伍德著，张敏、黄玲、冷雪峰译：《美国战争史（1775—2010）——战争如何塑造美国》，新华出版社 2013 年版，第 146 页。

粹德国的进一步扩张。但英国与法国缺乏诚意,波兰拒绝苏军穿过波兰领土抵抗德军扩张。更为重要的是,在三国谈判的同时,英国与德国法西斯也在举行秘密谈判,使英法苏三国政治、军事谈判陷入交织混乱的僵局,最后未能达成任何协议。①苏联做此努力就是为了避免卷入战争。避免被动进入战争或被拖入战争是如此,避免主动发动战争也是如此。俄罗斯国防部原副部长科科申认为这是美国国家安全战略选择的失策,捡了芝麻,丢了西瓜,得不偿失。而后续美国的战略调整也验证了科科申的判断,说明美国频频对外用兵绝非国家安全战略的最佳决策,而只能是国内矛盾不可调和下的矛盾转移策略。

(四)国家安全战略决策机制

各国国家安全战略决策机制是不同的,但目的、目标是一致的,即保障国家安全决策的高效性、权威性。

美国国安会结构设置的最大特点是把最高领导人——总统和部门领导人聚在一个平台上。1947年成立之初的咨询委员会,由总统和高级内阁成员组成,为支撑其正常运转,又成立了一个小型的秘书班子。这是最初的国安会组成情况。之后,咨询委员会发展为现在的国安会会议,秘书班子则演变成国安会自身的机关。但美国认为仅靠职能部门的第一把手之间协调还不够,随之增加了一个专门的跨部门的中间组成部分,实际上就是一系列的会议机制和委员会。因此,国安会的结构实际上有三层:国安会会议、部际协调机制(正部级、副部级、部际政策协调会)和国安会机构。国安会会议由国安会的主要成员组成,进行讨论和最后决策。

---

① 张继平:《历史的反思——第二次世界大战的战略与政略》,时事出版社1990年版,第205—206页。

这是国安会中最顶层、最核心，也是大家关注最多的层级，其法定成员包括：总统、副总统、国务卿、国防部长、能源部长五人，均为内阁成员，其中前四位是国安会会议最核心的成员，也是最早固定下来的成员。而能源部长这个成员是小布什时期加上去的，仅在涉及能源安全问题时才出席。另外还有法定顾问：参谋长联席会议主席、国家情报总监（2005年前是中央情报局局长）、国家毒品控制政策主任（涉及毒品问题时）；常规参会人：国家安全事务助理、白宫办公厅主任（幕僚长）、国家安全事务副助理（一般兼会议秘书）、总统法律顾问、司法部长；追加参会人：财政部长、国土安全部长、总统法律顾问、总统经济政策助理、美国驻联合国大使、总统国土安全与反恐事务助理、总统预算办公室主任。

俄罗斯联邦国家安全的组织架构是俄罗斯联邦安全会议，是1992年根据《俄罗斯联邦宪法》《俄罗斯联邦安全法》明文规定所成立的"负责准备俄罗斯联邦总统在保障安全领域推行统一的国家政策、保障俄罗斯联邦总统履行自己保护公民的权利和自由，保卫俄罗斯联邦主权、独立和领土完整的宪法权限的宪法性机构"，实际就是俄罗斯版的国安会。

第四章 战争之变

战争从本质上说是政治通过其他手段的继续,"战争是迫使对手按我们的意志行事的一种暴力行动"。毛泽东说:"战争——从有私有财产和有阶级以来就开始了的,用以解决阶级和阶级、民族和民族、国家和国家、政治集团和政治集团之间,在一定发展阶段上的矛盾的一种最高的斗争形式。"① 这是战争的本质属性、战争的政治本质、战争的目的所在,也是战争的起因。

一、战争目的

在中国兵学思想史上最早提出和论证战争目的和性质的不是《孙子兵法》,而是《吴子》。《吴子》将战争的起因归结为五种,一是争夺名位,二是掠夺财富,三是仇恨的积累,四是内乱,五是饥荒。进而将战争的性质分类归结为义兵、强兵、刚兵、暴兵、逆兵。《吴子》认为对待战争的正确态度应该是"安国之道,先戒为宝"。② 当然,现代战争与中国古代战争已经有天壤之别,现

---

① 《毛泽东选集》(第一卷),人民出版社1952年版,第175页。
② 黄朴民、魏鸿、熊剑平:《中国兵学思想史》,南京大学出版社2018年版,第121—122页。

代战争与中国古代战争的目的在具体领域已经有了显著的变化。1944年10月14日,丘吉尔访问莫斯科时,斯大林借回答哈里曼(时任美国外交部长)问题之机,提出在打败德国三个月之后,苏联即可对日本发动进攻,但有两个条件:一是美国必须在西伯利亚建立一个巨大的物资供应站,作为后勤支援;二是苏联人应当知道他们究竟为什么参加战争,是为收复失地,抑或是为了取得某些权益?当时不仅得到美国的同意,也得到丘吉尔的支持。① 这说明苏联参加打败法西斯德国后的对日战争是有条件的。

哈特说:"战争的目的是为了获得一个较好的和平——即便这个所谓较好的,仅仅就是你自己的观点而言。"② 毛泽东说,"战争的目的在于消灭战争","我们研究革命战争的规律,出发于我们要消灭一切战争的志愿,这是区别我们共产党人和一切剥削阶级的界限"。这是从革命的共产党人反对战争的根本出发点、最终目标所说的,而不是作为一场战争的目的而言的,而每一场战争的目的又是不同的。③ 那么,战争的目的究竟有哪些?

(一)战争目标服务于战争目的

战争目标受战争目的的规定并服务于战争目的,既是实现战争目的的客观依据,又构成战争目的的基本内容。另外,我国部分军事文献尤其是一些外国军事文献的中译文中,也常常提到一种广义的"战争目标",是指通过战争手段要达成的最终结果,我

---

① 张继平:《历史的反思——第二次世界大战的战略与政略》,时事出版社1990年版,第348页。
② [英]李德·哈特著,钮先钟译:《战略论:间接路线》,上海人民出版社2010年版,第305页。
③ 《毛泽东军事文集》(第一卷),军事科学出版社、中央文献出版社1993年版,第693—694页。

| 政略与战略论 |

们通常也将其称为"战争目的""战略行动目标"或"战争企图"。这里引用《战争战略论》一书中的概念：战争目的是通过战争手段要达成的最终结果。战争目的可分为战争一般性（或称基本）目的和特定的战争目的。关于战争的一般性目的，或称狭义的战争目的，克劳塞维茨在《战争论》中明确提出"打垮敌人，也就是使敌人无力抵抗"，也就取得了战争的胜利。而广义的战争目的还包括战后有利的政治利益的分配。

美国陆军军事学院所编《军事战略》一书中说，整个二战期间，美国制订作战计划的人员都不得不很小心地同务实的总统打交道，总统甚至在珍珠港事件之前就有言在先，他事必躬亲；但制订计划的人员发现，总统一心想的是取得决定性的胜利，而不是什么战略理论。这就是告诉我们，政治领导人所要的、所关心的是战争的胜利，这是战争的政治目标，也是战争的目标、目的。正如我们所熟知的习近平总书记多次讲话中对人民军队所提出的任务要求是"打得赢"。"打得赢"是军队建设的标准，更是进行未来战争的基本目标和标准。

在中国革命战争时期，毛泽东明确提出战争的基本目的是"保存自己，消灭敌人"。当然，战争的一般性目的中往往包含着战争的根本目标。在具体的战争中，特定的战争目的是具体政治目的的体现，它直接服务于政治目的，反映着己方的战争意志和决心。所以，很多时候战争的目的就是指战争的政治目的，或者说，战争的最终目的是政治目的。其实质是交战双方通过战争活动去获取特定的利益，或防止己方特定的利益受到侵害。同时，战争目的包含着战争目标，并以后者为现实基础。没有战争目标的支撑，战争目的只会是空中楼阁，且无从谈起。当然，战争的目标又是由一系列战争阶段目标所构成的。

战争目的和战争目标之间的这种纠缠，正说明战争目的和战争目标之间的联系是如此紧密，以致人们常常将其混为一谈。战争目标作为战争暴力手段的作用对象，是为实现战争目的而存在的。战争目标通常以战争基本目标的形式存在于战争目的的表述中，并详尽地体现于战争计划和各种战争方案之中，以此忠实地为实现战争目的服务。

（二）战争目标是战争目的的具体化

战争目的与战争目标的关联实质上是一种包容和从属关系，战争目标是战争目的的具体化。除基本目标包含于战争目的之中外，战争目标的具体形式通常表现为战争的多层目的中所包含的打击、进攻、夺取、控制和防卫对象。例如海湾战争中，以美国为首的多国联军，根据美国政府宣布的"迫使伊拉克无条件撤出科威特，恢复科威特合法政府，保护美国侨民，确保地区稳定安全"四个"国家政策目标"（即美公开宣称的战争目的），其中实际包含了战争打击、进攻目标——伊拉克军事力量以及伊拉克军事力量的主要战争职能、维持战争的潜力和战略反击能力，战争夺取目标——科威特领土，战争控制和防卫目标——维护控制伊科周边及整个中东地区稳定，维护控制美国在该地区的利益。而这多层目标又具体细化在美军对伊拉克军队的每一步作战计划中，包含在阶段性目标和最终目标之中。

（三）通过选择和调整战争目标决定战争的进程和结局

《战争战略论》一书指出，战争胜负通常表现为双方战争力量此长彼消的结果。一方面，评估战争的胜负主要看对敌方战争目标的打击、夺取、控制程度和己方战争目标被敌方损失的程度，这是战争取胜的物化标准。另一方面，战争目标服务于战争目的，并只为实现战争目的而存在。战争目标的调整和变化，其打击效果如何，都会对战争目的的实现产生影响。[①] 这里的战争目的是广义的战争目的。

战争目的的确立和调整，对于战争进程和结局起着决定性作用。作为政治目的的直接体现，战争目的制约战争规模和烈度，决定和控制战争手段的使用，影响战略战术的运用和发挥，规定具体打击目标的选项，决定打击的方式，并对打击效果提出明确的要求。通常敌对双方在战争中形成僵局时，最初的战争目的就必须进行调整，从而影响战争的进程和结局。而这种调整直接受对战争目标的打击效果和结果的影响。现实中，战争总是会历经曲折，战争的最终结果改变和决定了双方各自最初的战争目标。

二、战争类型

不同的主义，不同的信仰，不一样的理论，都会有不同的战争类型分类方法。当前的战争理论中通常的战争分类方法有下列几种。

（一）正义战争与非正义战争

正义战争与非正义战争论，有着深厚的历史渊源和长期的发展过程。在中国古代，先秦诸子根据其政治思想的原则立场，十分强调对战争的性质加以区分。他们认为，凡是基于吊民伐罪、"拯民于水火之中"之立场而参与的战争，就是应该拥护的正义战争；反之，凡属于以满足统治者私欲为宗旨而进行的战争，则是

[①] 姚有志主编：《战争战略论》，解放军出版社2005年版，第91—92页。

非正义的、逆天背道的，应该加以谴责和反对。① 成书于战国时期的《司马法》就积极提倡从事以仁爱为根本宗旨的"义战"。其《仁本篇》说："杀人安人，杀之可也；攻其国，爱其民，攻之可也；以战止战，虽战可也。"讲究"政治的清明廉洁与否直接关系到战争的胜负、社稷的存亡"。② 这可以被认为是那个时期的正义战争，体现出那一时期中国古人的正义战争观。

而在西方，早期其主要思想来源于基督教的宗教传统，并融合了古希腊的哲学思想、古罗马的法学思想，在维护基督教宗教统治和与各种"异教徒"做斗争的过程中，逐步形成了基督教正义战争论。基督教正义战争论提出了正义战争的正当理由和合法权威等一些基本原则。其核心思想是，上帝是至高无上的、神圣的，上帝授权发动的战争不可能是邪恶的。近现代以来，西方正义战争论，也强调战争有正义与非正义之分，正义的标准来源于某种普遍的、抽象的道德律令，并以这种道德标准来划分人的道德水平和文明程度。道德水平和文明程度高的就是战争中正义一方，而另一方则是非正义一方。正义一方可以采取一切暴力手段，征服或改造另一方。受资产阶级人文思潮的冲击，基督教正义战争论中的"上帝"被普遍的、抽象的原则和道义所取代。如培根强调：神圣的战争主要是一场目的在于将世界从蒙昧主义传统中解放出来的征伐战。格劳秀斯认为：只要为了达到或重建人类的自然目标——和平或平静安宁的社会生活条件，而不是为了个人或集团的自我扩张，则发动的战争就是正义的。这种正义战争论被资产阶级充分利用，在他们自我定义的"道德

---

① 黄朴民、魏鸿、熊剑平：《中国兵学思想史》，南京大学出版社2018年版，第156页。
② 黄朴民、魏鸿、熊剑平：《中国兵学思想史》，南京大学出版社2018年版，第132—133页。

标准"掩护下,以"文明民族"自诩,以各种"正当理由"为据,对"野蛮民族""落后族群""欠发达国家"进行了长期的殖民战争。

到了当代,西方对正义战争论的讨论更加丰富和深入,已经形成比较趋向一致的理论。西方大多数正义战争论的研究者和追随者至少在表面上对该理论的结构和构成它的原则能够形成共识。概括而言,在西方世界的认同中,当前的正义战争论主要有两方面,即开战正义和交战正义。与开战正义相关的原则有六个。第一,正当理由。国家进行自卫,即当友邦或盟国遭到侵略时有正当理由参战;如果某个国家伙同其内部的某个大的族群,进行针对其内部的另一个种族的灭绝行动,那么国际社会能够基于人道主义立场正当地对该国开战。这是发动战争的一个必要而非充分条件。当然,要衡量战争是否正义,还须用其他五个标准进行衡量。第二,合法权威原则。使用武力的决定必须来自合法的权威(如获得联合国授权等)。第三,正当意图原则。参战的意图必须正当,不能将战争作为获取其他利益的借口。第四,成功的可能性原则。战争必须有一种合理的前景,产生好的结果。第五,相称性原则。战争的预期成本应该和利益一致,结果是善大于恶,使正义的秩序得到恢复。第六,最后手段原则。在诉诸战争前,应该非常明确所有进一步的外交努力都已经没有意义。该理论中各个因素间相互关联,对每条原则的评估不能独立于其他原则。与用于战争发动前的"开战正义"标准相反,"交战正义"标准适用于战争发动后。交战正义有两个衡量标准:第一个是相称性原则,要求一场战争行动预期的道德成本不应同预期的道德收益相去甚远;第二个是区别性原则,即要对参战的对手以某种方法加以区分,从而确定哪些敌人是合法攻击目标,而其他的则不是。根据交战正义的这两个原则,在战争中要尽量避免伤害平民,不能使用违反基本道德的手段;使用核武器、生化武器都是非正义的。①1981年,联合国通过的《不容干涉和干预别国内政宣言》明确提出:"各国有权利和义务充分支持处于殖民统治、外国占领或种族主义政权下的人民的自决、自由和独立权利,并支持这些人民为此目的而依照《宪章》宗旨和原则进行的政治斗争和武装斗争的权利。"这一宣言明确了正义战争除了上述两种情况外,还包括反殖民的民族解放战争、反压迫的国内革命战争和维护国家统一的战争。二战后的大量事实也表明,绝大多数国家和人民都承认反侵略的自卫战争、反殖民的民族解放战争、反压迫的国内革命战争、国家维护统一以及联合国维护和恢复国际和平及安全而诉诸武力的战争是正义的战争。②

马克思主义者正是在对资产阶级正义战争论的狭隘性和反动性进行彻底批判的基础上,在总结历次战争实践中逐步形成和发展了马克思主义战争性质理论。马克思恩格斯在批判鲍威尔、施密特、魏特林、杜林等人超阶级的永恒道德论的同时,深刻地揭露了资产阶级道德的腐朽和反动实质,指出它用公开的、无耻的、直接的、露骨的剥削,代替了由宗教幻想和政治幻想掩盖着的剥削,它把宗教的虔诚、骑士的热忱、小市民的伤感这些情感的神圣激发,淹没在利己主义打算的冰水之中。③马克思恩格斯指出,道德是以利益为基础的,"既然正确理解的利益是整个道德的基础,那就必须使个别人的私人利益符合于全人类的利益"。④马克

---

① 姚有志主编:《战争战略论》,解放军出版社2005年版,第49—51页。
② 姚有志主编:《战争战略论》,解放军出版社2005年版,第53—54页。
③ 《马克思恩格斯全集》(第三卷),人民出版社1960年版,第275页。
④ 《马克思恩格斯全集》(第二卷),人民出版社1957年版,第166—167页。

|政略与战略论|

思主义以这一唯物主义道德观去评判战争的性质，形成了以实现人类彻底解放为目标的新型正义战争论：战争"根本是为着十分明确的物质的阶级利益而进行的"①；衡量战争性质的根本标准，不是抽象的主观道德原则，而在于这种战争是促进社会进步还是阻碍社会进步；从战争的历史作用看，战争可分为两类，即进步的、革命的、解放的、防御性的战争和反动的、掠夺性的、侵略性的、进攻性的战争；战争是复杂的，一场具体战争可能同时具有两种性质，也可能会从一种性质转化为另一种性质，因此要结合具体的历史条件进行具体分析。列宁继承并发展了马克思恩格斯的战争性质理论，反复强调在对待战争的问题上，一定要用历史的态度来考察，不能用一般的模式硬套，"马克思主义的全部精神，它的整个体系，要求对每一个原理都要历史地、都要联系其他原理、都要联系具体的历史经验加以考察"。②他认为评价一场战争，主要的问题是要弄清楚"这个战争具有什么样的阶级性，它是因什么而爆发的，它是由哪些阶级进行的，它是由什么样的历史条件和历史经济条件造成的"。③据此，列宁对帝国主义战争做了具体的区分，他说：帝国主义战争是掠夺性的非正义战争，反对帝国主义列强的民族战争是进步的、革命的，国内革命战争是正义的。④针对不同性质的战争，列宁主张共产党人和无产阶级的正确态度是拥护、支持、领导正义战争，反对、制止、粉碎一切非正义的反动战争，并在实践中领导俄国人民取得了社会主义革命的伟大胜利。

1915年3月，列宁在俄国社会民主工党国外支部代表会议上

---

① 《马克思恩格斯全集》（第一卷），人民出版社1981年版，第85页。
② 《列宁军事文集》，战士出版社1981年版，第308页。
③ 《列宁军事文集》，战士出版社1981年版，第333页。
④ 《列宁军事文集》，战士出版社1981年版，第333页。

| 第四章 战争之变 |

评价一战时说:"当前这场战争是帝国主义性质的战争。……当前这场战争的真正性质,就是英国、法国和德国之间为瓜分殖民地和掠夺竞争国而进行的战争,就是俄国沙皇政府和统治阶级图谋夺取波斯、蒙古、亚细亚土耳其、君士坦丁堡、加利西亚等等。奥地利与塞尔维亚的战争中的民族因素,只有从属的意义,不能改变战争的总的帝国主义性质。"1915 年 8 月,列宁在发布的传单中又说:"这是一场最反动的战争,是现代奴隶主为了保存和巩固资本主义奴隶制而进行的战争。……英国和法国现在进行战争是为了掠夺德国,夺取德国的殖民地,他们还同意大利和俄国签订了掠夺和瓜分土耳其和奥地利的条约。俄国沙皇君主政府进行掠夺战争,目的在于占领加利西亚,夺取土耳其的领土,奴役波斯、蒙古等等。德国进行战争则是为了抢夺英国、比利时和法国的殖民地。"① 所以,这是非正义的战争。1915 年 11 月,列宁在《机会主义与第二国际的破产》一文中又进一步深入指出:"在 1914—1915 年这场战争中'保卫祖国'的经济实质是什么呢?巴塞尔宣言已经作了答复。所有大国进行战争都是为了进行掠夺,瓜分世界,为了争夺市场,为了奴役其他民族。资产阶级会因此而增加利润。工人官僚和工人贵族以及'参加'工人运动的小资产阶级(知识分子等)这个人数不多的阶层渴望从这些利润中分得一点油水。"② 1916 年,列宁针对彼·基辅斯基写的《无产阶级和金融资本时代的"民族自决权"》一文说:"保卫祖国,在帝

---

① 高民政、薛小荣主编:《军事与政治要论——马克思主义军事政治学经典论述与基本观点》,时事出版社 2010 年版,第 4—6 页。

② 中共中央马克思恩格斯列宁斯大林著作编译局编译:《列宁全集》(第二十七卷),人民出版社 1990 年版,第 106 页。转引自高民政、薛小荣主编:《军事与政治要论——马克思主义军事政治学经典论述与基本观点》,时事出版社 2010 年版,第 81 页。

国主义战争中是一句骗人的话,但在民主的和革命的战争中绝不是一句骗人的话。"① 所以说,保卫祖国的战争是存在的,但是是有条件的。"马克思主义作了这样的分析,它指出:如果战争的'真正实质',譬如说在于推翻异族压迫(这对1789—1871年间的欧洲来说是特别典型的),那么,从被压迫国家或民族方面说来,这场战争就是进步的。如果战争的'真正实质'是重新瓜分殖民地、分配赃物、掠夺别国领土(1914—1916年间的战争就是这样的),那么保卫祖国的说法就是'欺骗人民的弥天大谎'。"②

毛泽东在领导中国人民进行革命战争和社会主义建设的同时,进一步丰富和发展了马克思主义战争性质理论。他以战争的历史作用作为标准,明确提出"一切进步的战争都是正义的,一切阻碍进步的战争都是非正义的"③战争性质界定标准,并号召中国共产党人和中国人民,"我们是拥护正义战争反对非正义战争的。一切反革命战争都是非正义的,一切革命战争都是正义的"④。他还据此明确了对战争所应采取的正确态度:"我们共产党人反对一切阻碍进步的非正义的战争,但是不反对进步的正义战争。对于后一类战争,我们共产党人不但不反对,而且积极地

---

① 中共中央马克思恩格斯列宁斯大林著作编译局编译:《列宁全集》(第二十八卷),人民出版社1990年版,第122—123页。转引自高民政、薛小荣主编:《军事与政治要论——马克思主义军事政治学经典论述与基本观点》,时事出版社2010年版,第83—84页。

② 中共中央马克思恩格斯列宁斯大林著作编译局编译:《列宁全集》(第二十八卷),人民出版社1990年版,第109页。转引自高民政、薛小荣主编:《军事与政治要论——马克思主义军事政治学经典论述与基本观点》,时事出版社2010年版,第83页。

③ 《毛泽东选集》(第二卷),人民出版社1991年版,第476页。

④ 《毛泽东军事文集》(第一卷),军事科学出版社、中央文献出版社1993年版,第694页。

参加。"① 1939 年 9 月 14 日，毛泽东在《论第二次帝国主义战争》中说得更清楚："战争的性质是根据于战争的政治目的而定的。一切战争分为两类，照斯大林同志的说法，战争分为：（一）正义的非掠夺的谋解放的战争；（二）非正义的掠夺的战争。第二次帝国主义战争同第一次帝国主义战争一样，是属于第二类性质的战争。因为这两次战争的目的，都是为了掠夺，丝毫也没有其他的目的，丝毫不利于其本国与他国的人民。这就是战争的掠夺性、非正义性与帝国主义性。"②

从上述论述中，我们可以清楚地看到马克思主义对于战争性质的评判，是以战争的正义性和非正义性、战争对各国人民有无实际利益而区分的，这种分类方式无疑是正确的、清晰的，也是易于理解的。小卡成白克博士曾是美国哈佛大学公共行政学院国防研究计划主任，他在 1956 年《美国陆军队》杂志 10 月号上发表文章《时间、空间和意志——毛泽东的政治、军事观点》指出：毛泽东关于"主要的斗争形式是战争，主要的组织形式是军队"，"离开了武装斗争，就没有无产阶级的地位，就没有人民的地位，就没有共产党的地位，就没有革命的胜利"，这种将战争与革命如此密切联系起来的哲学，是毛泽东 20 多年第一手军事经验的产物。③ 可见，即便是资本主义国家的学者也认同中国革命战争的正义性、有效性，这代表了世界人民大众的心声，也是毛泽东思想

---

① 《毛泽东选集》（第二卷），人民出版社 1991 年版，第 476 页。转引自姚有志主编：《战争战略论》，解放军出版社 2005 年版，第 56—57 页。

② 《毛泽东军事文集》（第二卷），军事科学出版社、中央文献出版社 1993 年版，第 468 页。转引自高民政、薛小荣主编：《军事与政治要论——马克思主义军事政治学经典论述与基本观点》，时事出版社 2010 年版，第 62 页。

③ 张树德：《国外毛泽东军事思想研究》，军事科学出版社 1998 年版，第 66 页。

在全世界广泛传播的魅力所在。

（二）民族间的战争——文明的冲突

塞缪尔·亨廷顿盛极一时的文明冲突论，一度被国际关系学界誉为解读世界范围内战争起源的理论，其标榜战争的起源是宗教，而"宗教的战争"倒不如说"理念的冲突"是战争的根源。"伊斯兰国"发动的战争，已经超脱了伊斯兰文明的范畴，脱胎为伊斯兰内部战争，并将扩大为对世界文明的毁灭，而被美国国际合作中心研究院詹姆斯·特劳布称之为"伊斯兰教内部的世界大战"。[①] 回顾历史，给中国人民造成巨大灾难的日本侵华战争，也起源于日本军国主义理念。[②] 它是非正义的战争，同时也是对其他民族的侵略战争。但若把其看作是"文明的冲突"，而不是"野蛮的侵略"，这当然是正义的人们、无辜的受害人群所不能接受的，特别是作为受害国的后代人民所不能接受、不能承认的，也是作为正义的国际社会道德规范、法律约束所不能接受、不能认可的。

19世纪以前所进行的战争，民族间冲突的类型有很多，这是受生产力局限性产生的民族国家所致。俄土战争（1877—1878年）前夕的19世纪晚期，俄国爱国主义教育所注重的是俄国领导下的泛斯拉夫种族的团结，当时方兴未艾的大众媒介大肆宣传土耳其人的罪行和斯拉夫人英勇抵抗的事迹，这激发了俄国人对巴尔干叛乱的

[①]《伊斯兰教内部的世界大战》，载《参考消息》，2015年2月12日，第10版。
[②]《在德国结成密谋集团，靠兵变抢夺国家权力——日武官曾膨胀为"昭和军阀集团"》，载《环球时报》，2015年2月12日，第13版。

同情。战争期间，大批俄国人（包括军官）志愿参军援助。① 但塞尔维亚人终究溃不成军，这或是另有原因。

马克思主义认为，祖国、民族从来就是一个历史的范畴，不善于历史地分析每一次战争的意义和内容，保卫祖国的口号就往往是对战争的一种庸俗的不自觉的辩护。1916年11月，列宁在致伊·费·阿尔德曼的信中说："《共产党宣言》指出，工人没有祖国。这是对的。但是，那里不仅仅指出这一点。那里还指出，在民族国家形成的时期，无产阶级的作用有些不同。如果只抓住第一个原理（工人没有祖国），而忘记了它同第二个原理（工人组织成为民族的阶级，不过这不是资产阶级所理解的那个意思）的联系，这将是天大的错误。这种联系是什么呢？我认为这种联系就是，在民主运动中（在这样的时期，在这样的具体情况下）无产阶级不能拒绝支持这个运动（因而，也不能拒绝在民族战争中保卫祖国）。"② 由此可以看出，列宁是承认民族间战争的，民族间战争的提法也不是塞缪尔·亨廷顿首创，只是他为民族间战争打上了"宗教的战争""文明的冲突"的徽章，是对战争性质的一种曲解。

（三）阶级战争——为阶级利益而战

卡根认为，叛乱和革命战争是用于描述军事行动的政治目的的属性。任何以推翻现政府为目的的运动都是叛乱。任何具有此种目

---

① ［美］戴维·R.斯通著，牛立伟等译：《俄罗斯军事史：从恐怖伊凡到车臣战争》，解放军出版社2015年版，第140页。
② 中共中央马克思恩格斯列宁斯大林著作编译局编译：《列宁全集》（第四十七卷），人民出版社1990年版，第464—465页。转引自高民政、薛小荣主编：《军事与政治要论——马克思主义军事政治学经典论述与基本观点》，时事出版社2010年版，第84—85页。

的的战争都是革命战争。革命战争（或叛乱）不是决斗，而是三方战争。其中，两方相互竞争，以取得大多数民众的支持。① 这种解释，不是马克思主义的解释，但"以取得大多数民众的支持"为目的却是千真万确的真理。马克思主义认为，革命战争是被压迫阶级和民族为实现阶级解放或民族解放而进行的战争，是正义战争的表现形式之一。反革命战争是指压迫阶级或压迫民族为维护其阶级统治或民族压迫而进行的战争。帝国主义国家、霸权主义国家侵犯社会主义国家、民族主义国家和镇压殖民地、半殖民地人民革命运动的战争，剥削阶级镇压本国人民革命运动和进行反革命复辟的战争等，都是反革命战争。一切反革命战争都是非正义战争，它是阶级和阶级斗争的产物，是反动阶级政治的继续。

1916年8月，列宁在《无产阶级革命的军事纲领》中指出："国内战争也是战争。谁承认阶级斗争，谁就不能不承认国内战争，因为在任何阶级社会里，国内战争都是阶级斗争自然的——在一定的情况下则是必然的——继续、发展和尖锐化。所有的大革命都证实了这一点。否认或忘记国内战争，就意味着陷入极端的机会主义和背弃社会主义革命。"② 在1917年9月，列宁在《俄国革命和国内战争》一文中说：国内战争是阶级斗争最尖锐的形式。1921年，列宁在《共产国际第三次代表大会文献》中论述道："国内战争是最尖锐的阶级斗争形式，阶级斗争愈尖锐，一切

---

① ［美］弗雷德里克·W.卡根著，王春生等译：《寻找目标——美国军事政策的转型》，军事科学出版社2009年版，第244页。
② 中共中央马克思恩格斯列宁斯大林著作编译局编译：《列宁全集》（第二十八卷），人民出版社1990年版，第88页。转引自高民政、薛小荣主编：《军事与政治要论——马克思主义军事政治学经典论述与基本观点》，时事出版社2010年版，第91—92页。

小资产阶级的幻想和偏见在斗争烈火中就烧毁的愈迅速,而实践本身也就愈加清楚地使人看到,甚至使农民中最落后的阶层看到:只有无产阶级专政才能拯救农民,而社会革命党人和孟什维克实际上不过是地主和资本家的奴仆。"[1] 同样,中国共产党领导的中国革命战争是以最广泛的劳苦大众为代表的无产阶级推翻半殖民地半封建社会的斗争。历代农民起义虽然大多失败了,却是代表农民阶级反抗封建势力的阶级战争。这是马克思主义的战争观。

(四) 战争类型的转化和战争"硬币"的两面

1916年7月,列宁在《论尤尼乌斯的小册子》中指出,"马克思主义辩证法的基本原理是:自然界和社会中的一切界限都是有条件的和可变动的,没有任何一种现象不能在一定条件下转化为自己的对立面。民族战争可能转化为帝国主义战争,反之亦然。例如,法国大革命的几次战争起初是民族战争,而且确实是这样的战争。这些战争是革命的:保卫伟大的革命,反对反革命君主国联盟。但是,当拿破仑建立了法兰西帝国,奴役欧洲许多早已形成的、大的、有生命力的民族国家的时候,法国的民族战争便成了帝国主义战争,而这种帝国主义战争又反过来引起了反对拿破仑帝国主义的民族解放战争"。[2] 这样,帝国主义战争又转化为

---

[1] 中共中央马克思恩格斯列宁斯大林著作编译局编译:《列宁全集》(第四十二卷),人民出版社1987年版,第5页。转引自高民政、薛小荣主编:《军事与政治要论——马克思主义军事政治学经典论述与基本观点》,时事出版社2010年版,第93页。

[2] 中共中央马克思恩格斯列宁斯大林著作编译局编译:《列宁全集》(第二十八卷),人民出版社1990年版,第5页。转引自高民政、薛小荣主编:《军事与政治要论——马克思主义军事政治学经典论述与基本观点》,时事出版社2010年版,第90页。

民族解放战争，而且，帝国主义战争和民族解放战争是相互交叉的。对帝国主义而言，它所发动的战争是帝国主义侵略战争，而对被侵略的国家民族而言，它们所进行的战争则是民族解放战争，这也是战争"硬币"的两面。

三、战争规律

约米尼在其《战争艺术》一书的序言中说："所有的科学都有原理，唯独战争没有。"① 这是其唯心主义的一面，或者说是其对战争规律的标准过于苛刻、死板所造成的。马克思主义认为，战争是人类社会矛盾运动的一种特殊形式。而物质世界中任何运动过程都是有规律的，它的演化都要受内在规律的支配。只不过战争的规律更复杂、更难以捉摸而已，也就更需要认真思考、研究。毛泽东在《中国革命战争的战略问题》一文中指出："战争的规律——这是任何指导战争的人不能不研究和不能不解决的问题。革命战争的规律——这是任何指导革命战争的人不能不研究和不能不解决的问题。"② "一切关于战争的规律，都是进行战争的民族、国家、阶级、政治集团为了争取自己的胜利而运用的。战争的胜负，主要取决于作战双方的军事、政治、经济、自然诸条件"，"然而不仅仅如此，还决定于作战双方主观指导的能力"，也就是对战争规律和战争指导规律的把握，"军事家不能超过物质条件许可的范围外企图战争的胜利，然而军事家可以而且必须在

---

① 刘丙沉、王钢：《军事谋略方法》，昆仑出版社1998年版，第8页。
② 《毛泽东军事文集》（第一卷），军事科学出版社、中央文献出版社1993年版，第690页。

第四章 战争之变

物质条件许可的范围内争取战争的胜利"。①毛泽东在《论持久战》一文中说:"作为战争指导规律的战略战术,就是战争大海中的游泳术。"②这又转化成为战争的指导规律。巴特曼指出,"列宁把恩格斯和马克思的辩证法主要运用于俄国的社会、政治和经济问题。而毛泽东把马克思和列宁的辩证法思维过程主要运用于战争。通过这种形式的推理,毛研究敌人战争理论产生的条件,得以贯彻的地理、政治和文化情况,军事情况,以确定这种战争观是否正确","他的学说的基础是'人民军队'的军事体系和'人民战争'的政治军事哲学"。③作为资本主义国家学者的巴特曼的研究虽有其局限性,但却从一个侧面指出了中国人民战争的客观规律性。同时需要指出,在对战争经验的总结和对战争规律的认识上,多数人只是坚持自己过去的经验不放,如同抓住求生筏一样,因此制定的作战原则与实际情况不符。毛泽东对此做了论述,他的回答是,首先应该尽可能多方面观察,然后将所见的各个部分与深入研究战争全局联系起来,把全局的经验放在战争全局中的正确位置上,对个人经验的每一个局部都应该深入研究,然后才可能找到它在战争全局中的正确位置。④每个军事家经历过艰辛的过程总还是有所收获的,所以不同的军事家总结出不同的战争胜负规律、战争制胜规律、战争指导规律,才使得战争理论丰富多彩。

在刘丙沉与王钢合著的《军事谋略方法》一书中给出了战斗

---

① 《毛泽东选集》(第一卷),人民出版社1952年版,第175页。
② 《毛泽东选集》(第二卷),人民出版社1991年版,第478页。
③ 张树德:《国外毛泽东军事思想研究》,军事科学出版社1998年版,第123页。
④ 张树德:《国外毛泽东军事思想研究》,军事科学出版社1998年版,第119页。

| 政略与战略论 |

胜负强弱的一般规律，总结了六条，即：强胜弱败的规律，强攻弱守的规律，合强散弱的规律，勇锐则强、怯钝则弱的规律，有备则强、无备则弱的规律，攻坚则弱、击瑕则强的规律。① 这些规律已被战争的实践证明是正确的，也是军事理论界所公认的战斗的基本规律，这在《孙子兵法》中就有深刻的阐述。当然，战争是由相互关联的战役和战斗组成的，战争的规律大多也符合这些战斗规律。但是，战争胜负的规律与战役战斗胜负的规律却不尽相同，有时差别很大，这也是客观存在的。薄富尔在《战略绪论》中也举例指出，"越南丧失了，虽然我们的战术可能还很优良，但是我们却被敌人的战略所击败，因为我们根本就没有任何足以对抗的战略。……我认为在大多数情况中，战略的无知也就是我们致命的错误——这是一个无可避免的结论"，"所谓战术的选择者，事实上也就是战略。战略所决定的即为斗争的形式：是攻势的还是守势的；是公开的还是颠覆的；对于力量的使用是直接的还是间接的；主战场是政治性的还是军事性的；是使用原子武器还是不使用等等。假使阿尔及利亚的游击队想打堂堂的、旗鼓相当的正规战争，那才是一种疯狂的想法。所以他们的战略是很合理的，只选择了游击战术，其目的是磨垮法国人并争取世界舆论的支援。这就是战略的精义，也是为什么战术应受战略支配的道理"。② 这一个个例证都说明：战争制胜的条件虽然是多方面的，战术和技术很重要，但战略制胜是最核心、最根本、最重要的。所以，战役战术的制胜规律要研究、要知道，但政治家、战略指导者、战略家更要研究战争战

---

① 刘丙沉、王钢：《军事谋略方法》，昆仑出版社1998年版，第8—15页。
② ［法］薄富尔著，钮先钟译：《战略绪论》，内蒙古文化出版社1997年版，导言，第3—4、41页。

略的指导规律。

哈特所著的《战略论：间接路线》中，提出了八条战略作战指导原则，正面的原则有六条，反面的原则有两条。他是主要从战争原则或战略原则来说的，而且是从偏重于贯彻间接战略思想的角度来说的。正面的原则：（1）根据自己的手段来选择目标；（2）心里时刻记着自己的目标；（3）选择一条敌人期待性（预判可能性）最小的行动路线；（4）沿着一条抵抗力量最小的路线采取行动；（5）选择一条可以同时威胁敌人几个目标的作战线；（6）保证计划具有灵活性。反面的原则：（1）当敌人有戒备时，决不要以你的全力去实行进攻；（2）当一次尝试失败以后，不要沿着同一路线和采取原来部署去再次发动攻击。

薄富尔在总结了近代东西方战略家的战争规律后说："以福煦为代表的法国传统战略学派曾提出两条高度抽象化的规律：（1）力量的节约，（2）行动的自由。"这是非常经典和高度概括的（战争指导规律），无疑是正确的。而"依照克劳塞维茨的想法，战略一共只有三条主要的规律：（1）努力的集中，（2）打击敌人的主力并在主战场中寻求决战，（3）若可能应采用防御攻势的战术……毛泽东也归纳出六条规律：（1）敌进我退，（2）敌退我进，（3）战略上一可敌五，（4）战术上却必须以五对一，（5）因粮于敌，（6）军民合作……而为我们所熟知的是毛泽东著名的十大军事原则。列宁和斯大林曾经建立了三条主要规律：（1）在总体战争时，国家与军队在心理方面必须团结成为一个整体，（2）后方非常重要，（3）心理行动应替军事行动铺路……《近代美国战略思想》也总结成了两条规律：（1）分层吓阻，

（2）弹性反应"。① 当然，美军现代创设的、以作战概念为先导的一系列作战理论都具有现代战争规律的特性和特点，而随着时间的推移，外国军事理论界将会有更多战争规律和战争指导规律推陈出新，我们不能机械地照搬照抄，而需要以批判的眼光去推敲研究，在实际运用中去寻找制胜之策。

中国军事科学院1987年版《战略学》中的"战略方针和战略作战原则"一章，总结归纳了十二条战略作战原则：（1）知彼知己，力求主观指导符合战争的客观实际；（2）力求以小的代价，实现战争目的；（3）依据战争情势，选定有利的作战形式；（4）正确选定主要战略方向，集中使用并正确部署兵力；（5）坚定灵活，力争和保持战略主动权；（6）坚持有计划有准备有把握的作战；（7）组织和保障各种武装力量的战略协同，协调一致地打击敌人；（8）巧妙运用战略核武器的威慑和破坏作用，遏制敌人的核威慑和袭击；（9）严密组织全军全民的防空防天斗争，保障作战和生产的顺利进行；（10）加强战争中的政治工作，发扬全体军民团结战斗的传统作风，保障战争胜利；（11）动员组织战略后方的人力物力，大力支援战争；（12）军事斗争与非军事斗争密切配合。

中国军事科学院2001年版《战略学》中专列"战略行动原则"一章，基本上是从战略作战行动方面研究论述的，共有五节：第一节 正确规定主要战略方向；第二节 力争以小的代价实现战略行动目标；第三节 不打无准备、无把握之仗；第四节 夺取和保持

---

① ［法］薄富尔著，钮先钟译：《战略绪论》，内蒙古文化出版社1997年版，导言，第22—23页。薄富尔在其正文第122页说毛泽东曾拟下七条规律当作游击战的基础，而实际上，这都是薄富尔根据毛泽东的《抗日游击战争的战略问题》一文进行的概括。毛泽东明确提出的"战争的基本原则是保存自己消灭敌人"，具体的原则有很多且不同时期有不同的表述。

战略主动权；第五节 关照全局，把握战略重心。

2010年王普丰所著的《战略的创新》中总结了"一般性战略作战原则"，列举了十二条：(1) 全局原则；(2) 慎战原则；(3) 备战原则；(4) 整体（包括综合、协调）原则；(5) 效益原则；(6) 信息原则；(7) 主动权原则；(8) 集中原则；(9) 重点原则；(10) 灵活原则；(11) 后方（保障）原则；(12) 政工原则。①

2013年寿晓松主编的《战略学教程》沿用了中国军事科学院2001年版《战略学》的说法。②

2015年肖天亮主编的《战略学》中写了"战略实施的原则"，共有四条：(1) 服从政略，积极作为（一是根据政治目的确定军事目标，二是根据政治需要严格控制战局，三是把服从政略化作军事上的积极作为）；(2) 充分准备，力争主动（一是周密计划，二是多手准备，三是量力而行，四是留有余地）；(3) 统一指挥，联合作战（一是建立统一的指挥机构，二是建立完善的指挥机制，三是建立联合的作战力量）；(4) 突出重点，统筹兼顾（一是总揽全局，二是把握重心，三是适时调整重心）。③ 这本书中提出的"战略实施的原则"，是目前战略指导原则中最新的提法。

总之，上面所列的这些战略作战原则，或曰战争规律、战争指导规律，都是各个学派专家在不同视角下对战争规律认知的思考，都有其合理的内核，也必然经过了一个艰苦的哲学思考和推理过程。正如科贝特评价欧洲大陆的战略家时所说，"由于他们都

---

① 王普丰：《战略的创新》，军事科学出版社2010年版，第215—232页。
② 寿晓松主编：《战略学教程》，军事科学出版社2013年版，目录。
③ 肖天亮主编：《战略学》，国防大学出版社2015年版，第84—89页。

是注重现实、经验丰富的战略者,他们的方法不是我们用自己的思维习惯就可以轻易掌握的"。① 我们在战争中要遵循这些原则,更要与实际情况相结合,要根据实际情况来活学活用这些原则,而不能死搬硬套。只有灵活运用原则,才能通向胜利的坦途,而机械地贯彻原则,必定跌入失败的深渊。历史上取得辉煌战果、堪称作战指导艺术大师的,无不是创造性地灵活运用作战原则的结果。"背水作战"是兵家大忌,但是韩信在攻赵的具体情况下,却运用了背水作战,起到了置于死地而后生的作用。这就是韩信结合具体情况灵活运用这一作战原则的结果。而赵括"纸上谈兵",只能归于失败,葬送赵国的国家安全,而成为后人的笑谈。

四、战争结局

战争的结局无非是胜利、失败或和解。战争的胜利于国家是国家地位的提升,于领袖是无上的威望和荣光,于政党则是挽救和盛极。而战争的失败于国家和人民则意味着屈辱,于领袖则是黯然神伤,于执政党则意味着下野或垮台。因为,战争是政治的继续,政治主张、政略是由领袖提出和选择的,代表了领袖、政党的意志。在国家间战争中,执政党领导政府,执政党、执政党领袖的意志代表了政府的政略选择,执政党和政府必须承担战争结局所带来的后果和责任。

二战将要结束时,随着苏联军队在欧洲战场的胜利,苏联政府决定在没有预先与西方盟国达成一致的情况下采取强有力的单

---

① [英]朱利安·S.科贝特著,仇昊译:《海上战略的若干原则》,上海人民出版社2012年版,第12、18页。

边行动。1945年6月7日，按照斯大林的指示，莫洛托夫在莫斯科召见了土耳其大使赛里姆·萨帕。苏联拒绝了土耳其提出的签订新同盟条约的建议，并要求在和平时期由双方共同保卫海峡，及在海峡与土耳其建立联合军事基地等。这就是二战结束后苏联和土耳其两国面对的结局，苏联是胜利国，很多的利益要照顾到它的意愿，而土耳其的利益在二战后的利益瓜分中被吞噬了。

第五章 军事战略之质

2013年7月15日,习近平对军事战略发表看法,他指出,"战略就其本来意义而言,就是毛泽东同志所讲的,是指导战争全局的方略。创新军事战略指导,必须紧紧抓住战争指导这个根本"。① 钮先钟在其《战略家:思想与著作》一书的前言中即明确表述,"战略的起点是思想,对所将面对的未来环境思考如何适应之道,即为战略。战略的终点是行动,能把思想化为行动,战略始不至于沦为空谈","必须思想、行动、计划三位一体,然后才是战略……因此,从事战略思考的人,拟定战略计划的人,采取战略行动的人,都可称之为战略家"。同时他指出,"专以思想为务者自可称之为战略思想家,专以行动为务者则可称之为'将'"。② 其在评论《史里芬(也译作:施利芬)计划》的引言中再次论述,"战略是一种思想,一种计划,一种行动。也可以说战略是始于思想,而终于行动,在思想与行动之间构成联系者则为计划。所以,凡是在战略思想、战略计划、战略行动三方面的任一方面能有相当成就或贡献的人,就都可以算是'战略家'(Strategist)……概括地说,在古代是立功重于立言,从古代流传

---

① 单劲松:《毛泽东打仗的办法:"你打你的,我打我的"》,人民网-中国共产党新闻网,2017年12月8日。
② 钮先钟:《战略家:思想与著作》,文汇出版社2016年版,前言。

下来的名著已非常稀少,而且往往残缺不全,但名将的功业还是有相当完整的记录的。到了近代,立言却似乎重于立功,而且二者之间也有日益分离的趋势,于是才有专业化的战略思想家出现。在我们今天公认的'大师'之中,一部分是历史上的名将,例如亚历山大、拿破仑,一部分则凭其著作以流芳百世,例如孙子和克劳塞维茨。换言之,或是以思想见长,或是以行动出众"。① 我们今天的研究,则主要是为立言,是要从战争史的战例中、从历史上战将的战法案例中,找出战争的规律,以形成指导战争的军事战略理论,以指导未来的战争实践。所以,我们从界定战略的概念开始,从剖析战略的要素入手,揭示战争的本质,找出战争的一般规律和特殊规律。

一、军事战略的定义

什么是战略?抗日战争时期毛泽东在谈到山东抗战时曾这样评价罗荣桓提出的"翻边战术",他说:"敌人蚕食了,是面向根据地,还是背向根据地?罗荣桓的翻边战术,不是战术,是战略。他掌握山东局面以后,敌人越蚕食,根据地越扩大。"② 这里毛泽东所谈的情况是在抗日战争时期山东抗日根据地,罗荣桓根据所面对的特殊情况,创立了针对日本侵略军的"翻边战术"的战略指导,从而有效遏阻和打击了日本侵略军的"蚕食"行动。这是对毛泽东游击战略的灵活运用、活的发展,为毛泽东所认

---

① 钮先钟:《战略家:思想与著作》,文汇出版社2016年版,第182页。
② 罗东进:《抗战最艰难时的沂蒙反"扫荡"》,载《参考消息》,2015年7月8日,第11版。

| 政略与战略论 |

可、所称赞，并向所有的八路军和新四军抗日根据地进行宣传、推广。日本侵略中国时在其占领的广大地区必然留有许多空虚之地，使游击战能在外线单独作战。于是中国的游击战便从战术范围跑了出来向战略敲门，要求把游击战争放在战略观点上加以考察。这是由抗日战争空间的广大和时间的持久这些条件决定的。① 而这正是毛泽东军事哲学、军事辩证法的思想实质之活的实践和运用。

毛泽东说："军事的规律，和其他事物的规律一样，是客观实际在我们头脑中的反映，除了我们的头脑以外，一切都是客观实际的东西。因此，学习和认识的对象，包括敌我两方面，这两方面都应该看成研究的对象，只有我们的头脑（思想）才是研究的主体。有一种人，明于知己，暗于知彼，又有一种人，明于知彼，暗于知己，他们都是不能解决战争规律的学习和使用的问题的。中国古代大军事学家孙武子书上'知彼知己，百战不殆'这句话，是包括学习和使用两个阶段而说的，包括从认识客观实际中的发展规律，并按照这些规律去决定自己行动克服当前敌人而说的；我们不要看轻这句话。"② 这些是战略问题，是战略必须研究的内容。

战略，它的本义是战争方略或曰军事战略。所以，军事战略的逻辑起点是战争，军事战略是研究战争规律和战争指导规律的科学。可是这些战争规律却是十分难把握的，是流动而变化的，是随着时代的变化、技术的发展、装备的进步在思想上和战争形态上有所颠覆的。正如薄富尔所言，"每逢到了转变的时代，这种

---

① 刘先廷：《论毛泽东军事哲学思想》，解放军出版社2015年版，第19页。

② 《毛泽东选集》（第一卷），人民出版社1952年版，第175页。

传统的传授手艺的方法就会变得不适用了","在文艺复兴时代,大家想要从费吉夏士和其他古代历史学家的著作内去寻找当代战争的秘密;到了十八世纪,纯粹理性主义又产生另一套思想方法,后来便为拿破仑所利用,而获得了辉煌的成就;十九世纪仍然受到拿破仑的影响,人们盲目地相信他的思想能提供所有问题的答案。不过在十九世纪,另有克劳塞维茨出现,而取得了一代大师的地位。他发表了一大堆的理论,那些理论一半像社会学,一半像哲学,似乎介于康德和马克思两种思想之间。造成二十世纪战争形式的主要原因之一,即为对于这种理论所做的过分浪漫性的诠释"。[①] 而拿破仑只是那个时代的战役战术大师,虽取得了70场战役的胜利,却也没有弄明白"战略"的意义。正如他本人所说:"关于'战略'这个词,我不太理解。不管我多么用心想弄懂其含义,但我还是只知道'战略地位'的意义。我甚至都很难听出'战略'这个词。约米尼在解释'战术'时,在其所加注解中对'战略'给出了更明确的定义,他认为战术是在一场战斗中指挥部队和集中战斗力的艺术,战略是在战役中调遣部队的艺术。这就是过去人们所说的大战术。约米尼的著作很优秀。"[②] 拿破仑的这些表述不能隐没其作为伟大军事家的光辉,只能说明战略的概念是不断演进的,战略的内涵是随着战争的演进而不断变化和充实的,需要我们作为后来者不断地研究它、充实它,并拓展其研究范围。

---

① [法]薄富尔著,钮先钟译:《战略绪论》,内蒙古文化出版社1997年版,第3—4页。
② [法]拿破仑·波拿巴著,[法]布鲁诺·科尔森编著,曾珠等译:《拿破仑论战争》,上海社会科学院出版社2016年版,第80页。

| 政略与战略论 |

小毛奇①说:"战略是一种随机应变的系统,而不仅限于知识,它是知识对实际生活的应用。它是一种具有创造性的观念,随着不断改变的环境而发展,它是在最困难条件压迫之下的行动艺术。"② 克劳塞维茨在其《战争论》中给战略下的定义是:"战略是为了达到战争目的而对战斗的运用。"哈特分析了克劳塞维茨定义的不足,认为它侵入了政治的范畴,而且把"战略"的概念限制得太狭窄了,只以单纯地运用战斗为限。在此基础上,哈特为战略下的定义是"为了实现政治目的而使用和分配军事手段的艺术"③,以及"战略是分配和运用军事工具,以来达到政策目的的艺术"④。哈特对战略的定义,以"艺术"之名将战略的具体内容虚化了,也虚化了运用的实际,因为战略太高深了,它艺术的成分确实是很浓厚的。薄富尔说,"这个经常被使用的名词,其原有的意义本来只是指一位统帅所实际使用的科学或艺术而言,那很明显的仅只是极少数人所关心的事情","依照军事战略的传统观念,它的意义应是运用军事力量以达到政策所确定之目标的一种艺术。这个定义是哈特在1929年所拟定的,与克劳塞维茨的定义并无太大的差异","我愿意将其改正如下:一种运用力量的艺术,以使力量对于政策目标的达成可以作最有效的贡献。不过这个定义还是有他的毛病,那就是范围太广泛,对于整个战争艺术都可以适用"。所以,战略的精确定义应该是

---

① 其为老毛奇元帅的侄子,全名赫尔穆特·约翰内斯·路德维希·冯·毛奇,德意志帝国大将,德皇威廉二世的侍从武官出身,后任德军总参谋长,因主持了一战初期的"施利芬计划"而出名。
② 钮先钟:《战略家:思想与著作》,文汇出版社2016年版,前言。
③ [俄] Э. Н. 奥日加诺夫著,聂品、胡谷明译:《政治战略分析》,武汉大学出版社2008年版,第5页。
④ [英]李德·哈特著,钮先钟译:《战略论:间接路线》,上海人民出版社2015年版,第277页。

| 第五章　军事战略之质 |

"两个对立意志使用力量以解决其争执时，所使用的辩证法艺术"。① 而辩证法艺术的加入是薄富尔的独特创新，被后来的战略家所推崇。

20世纪80年代，美国参谋长联席会议批准的军事战略定义是："军事战略是运用一国武装力量，通过使用武力或以武力相威胁，达成国家政策的各项目标的一门艺术和科学。"马克斯韦尔·泰勒上将1981年访问美国陆军军事学院时说，战略总是由目标、方法和手段几个方面组成的。他是从战略的要素来切入的，使战略的表述更加直观，其意义在于将战略逐步嵌入实际运用的可操作层面。

1914年根据俄国海军总司令部的指示，克拉多的《战略论》一书出版，该书将战略分为战略理论和战略实践，并称其为军事哲学。书中指出，战略理论的最终结果是制定战争准备及实施的原则。战略实践的任务是拟制国家根据态势准备和实施战争的计划。按照《苏联军事百科全书》的定义，军事战略，又称战略学，是军事学术的组成部分和最高领域，它包括国家和武装力量准备战争、计划与进行战争和战略性战役的理论与实践。军事战略理论作为一种科学知识体系，研究战争的规律和战略特点以及进行战争的方法，制订计划、准备和实施战争和战略性战役的理论原则。军事战略作为一个实践活动的领域，要解决的问题是：根据战争的具体条件确定武装力量的战略任务和完成战略任务所必需的兵力兵器；制定并实行有关国家武装力量、战区、经济和居民做好战争准备，以及有关拟制战争和战略性战役计划的措施；组织武装力量在实施战略性战役时的展开和指挥，以及研究预想敌

---

① ［法］薄富尔著，钮先钟译：《战略绪论》，内蒙古文化出版社1997年版，第3、7、24页。

| 政略与战略论 |

人进行战争和战略性战役的能力。军事战略与国家的军事学说有着密切的联系。军事战略在解决实际问题时要遵循军事学说的原则。而国家最高军政领导在制定军事学说时又要运用军事战略和整个军事科学所做出的结论和提出的建议。① 在索科洛夫斯基的《军事战略》一书中,战略学与军事战略的概念界定也是等同的。书中指出,"战略学是关于为一定阶级的利益服务的战争即武装斗争规律的科学知识体系。它在研究以往战争经验、军事政治形势、国家的经济和精神力量、新式武器和预想敌人的观点和力量的基础上,探讨未来战争的条件和性质、准备和进行未来战争的方法、各军种及其战略使用原则、物质技术保障原则、战争指导原则和军队领导原则","同时,这也是最高军事政治领导机关、统帅部和高级司令部实践活动的内容,是它们(在具体历史条件下)领导国家和军队准备和进行战争的艺术"。② 第一部分明显是战略学的定义、内容,第二部分更像是军事战略定义,其表述的却是战略学。由此可以看出,苏联军事概念体系中"战略学"与"军事战略"的一体混用特征。这是比较新奇的一种定义方式,但后来这种解释体系的权威性还是逐渐被俄罗斯军事学说所替代,而俄罗斯军事学说对战略的界定成为其"战略"概念的权威解读。俄罗斯军事学说一般被认为是其军事战略思想的权威表述,按照其军事学说给出的定义,军事战略是解决军事安全问题的基本指导思想和纲领,通常要回答的问题是:国家是否将战争作为实现自己政策的可取手段;威胁来自何方以及谁是直接或间接盟友;未来战争的性质和目的;为保障军事安全,需要一支什么样的武装

---

① 《苏联军事百科全书》总编译组:《战争与战略》,中国社会科学出版社1983年版,第95—97页。
② [苏]瓦·达·索科洛夫斯基主编:《军事战略》(上册),战士出版社1980年版,第25—26页。

力量；武装力量的任务；国家和武装力量的准备以及进行战争最可能采用的方法。但这也是从不同的角度进行的论述，可以互补，没有冲突。

在我国，战略亦称军事战略，近代以来有其历史演变的过程。在领袖层面，特别是毛泽东在其领导中国革命战争的军事实践中论述最多，也最具权威。毛泽东说，战略，是指导战争全局的方略，"战略问题是研究战争全局的规律的东西"，"研究带全局性的战争指导规律，是战略学的任务。研究带局部性的战争指导规律，是战役学和战术学的任务"，"战争的胜败的主要和首先的问题，是对于全局和各阶段的关照得好或关照得不好。如果全局和各阶段的关照有了重要的缺点或错误，那个战争是一定要失败的"。① 另外，关于战略的范围，毛泽东也对它有专门的界定，他说："只要有战争，就有战争的全局。世界可以是战争的一个全局，一国可以是战争的一个全局，一个独立的游击区，一个大的独立的作战方面，也可以是战争的一个全局。凡属带有照顾各方面和各阶段的性质的，都是战争的全局。"② 应该说，毛泽东对战略的定义是最全面、最深刻的，他不仅回答了战略的定义、范畴、规律，而且给出了战略与战役战术等的关系。所以，我国出版的各类战略学专著中对"战略"的定义都可以从毛泽东对"战略"的定义中找到根和源。

目前，在战略理论界，经过多年的论争，对"战略"一词概念内涵的认识已逐渐深化，并逐渐趋同。王普丰所著的《战略的创新》一书延展了毛泽东关于战略的概念，他对战略做了如下释义："战略，战争方略的简称，筹划和指导战争全局的总纲，是战

---

① 《毛泽东选集》（第一卷），人民出版社1991年版，第175页。
② 《毛泽东选集》（第一卷），人民出版社1951年版，第168页。

略指导者为实现战争目的对战争规律自觉能动性运用的反映。通常根据国际国内形势，综合衡量战争双方政治、军事、经济、科技、地理等各方面的情况，认清战争特点，预见战争发展进程，以战争力量为基础，做好战争准备，把握战略重点，合理巧妙地组织和使用武装力量。战略的职能是防止战争和赢得战争。"① 中国军事科学院所编《战略学》一书给出的定义是"战略是筹划指导以战争为核心的武装力量建设与运用全局的方针策略"，"对以战争为核心的武装力量建设与运用全局的筹划指导"。② 寿晓松主编的《战略学教程》与此定义保持了一致。③ 类似的是，在肖天亮主编的《战略学》中，其界定是"战略是对军事力量运用与建设全局的筹划和指导"，"军事战略作为国家军事领域的总方略，统揽一切军事工作，不仅指导军事力量的运用，而且指导军事力量的建设"。④ 并在其2017年版、2020年版中都延续了这一释义⑤，从而将战略研究的范畴统一于国家军事领域，包括了和平时期军事力量的建设与战争时期对军事力量的运用，并在国家安全战略和政略全局之下，服务、服从于国家安全战略和政略的指导。

---

① 王普丰：《战略的创新》，军事科学出版社2010年版，第46页。
② 军事科学院军事战略研究部编著：《战略学》，军事科学出版社2013年版，第4页。
③ 寿晓松主编：《战略学教程》，军事科学出版社2013年版，第10页。
④ 肖天亮主编：《战略学》，国防大学出版社2015年版，第13页。
⑤ "战略是对军事力量运用与建设全局的筹划和指导。在军事力量运用方面，既要筹划和指导战争，也要筹划和指导非战争军事行动；既要筹划和指导军事对抗，也要筹划和指导军事合作。在军事力量建设方面，既要筹划和指导军事力量的整体建设，也要筹划和指导军事力量各要素、各部分的建设；既要筹划和指导打赢战争能力建设，也要筹划和指导遂行非战争军事行动能力建设；既要筹划和指导当前建设，也要筹划和指导长远建设。"转引自肖天亮主编：《战略学》，国防大学出版社2020年版，第12页。

第五章　军事战略之质

二、军事战略的目的和任务

中国人民大学黄朴民教授对"战略"一词内涵的解释是,"战略有四层含义:第一,战略的核心问题,针对的对象是战争问题;第二,战略具有指导性、决定性、引领性的特质,起关键作用;第三,战略面对的问题是全局而不是局部,是长远而不是眼前,是根本而不是枝节;第四,战略是方略,是具有可操作性的方针和策略"。① 这段阐释中首先明确的就是"战略的核心问题,针对的对象是战争问题",这是一个基本方向、基本目的和任务,而非其他。而当下很多人对战略的认知,只片面地记住了其排在第三位的一点,即"战略面对的问题是全局而不是局部",须知这种概念的泛化对战略研究是非常有害的。

堀场一雄始终在策划侵华战争的核心机要部门担任要职,1937年至1939年在日本陆军参谋本部战争指导处工作,1939年12月至1941年7月在日本驻中国派遣军总司令部工作。在侵华战争结束后,堀场一雄苦苦思索日本侵华战争失败的原因,撰写成《日本对华战争指导史》一书,书中指出:"战争指导的要诀是,确立战争目的,规定进军极限和把握停战方针。"② 虽然堀场一雄在《日本对华战争指导史》一书中尽显其为日本帝国主义服务的反动政治立场,也难掩其作为帝国主义侵略者的本质特征,但从书中立论和陈述亦可透彻地窥见军事战略目的和任务的确立

---

① 黄朴民:《〈孙子兵法〉战略文化及现代启示》,载《孙子研究》,2016年第3期,第60页。
② [日]堀场一雄著,王培岚等译:《日本对华战争指导史》,世界知识出版社2017年版,第3页。

对实战中战争胜负的重要性。那么，军事战略的目的和任务究竟是什么呢？

薄富尔说："这是一致公认的说法：战略的目的即为对于所能够动用的资源作最好的利用，以来达到政策所拟定的目标。这个目标又可以有各种不同的性质，或是攻击性的（例如征服或强迫对方接受某种不利的条件），或是防御性的（例如保护某一地区或某种利益），也可能仅只是维持政治现状而已。"① 这当然是军事战略的政治目的，即政策所拟定的目标，当然也被细化为不同性质的军事目标，即或是攻击性的或是防御性的。王文荣主编的《战略学》一书中指出：战略的目的和任务，是国家（集团）为了实现总的政治目的而赋予军事斗争的基本使命，是在一定时期内军事斗争的基本指向。它从根本上规范军事斗争的基本内容和活动范围，规定军事斗争准备的进程和限度，决定军事力量建设和运用的方向和目标。战略目的是战略指导者在军事斗争全局上所要达到的最终结果，是国家（集团）一定历史时期内总的路线、方针、政策在军事上的反映，它既是制定战略的出发点，也是战略实施的归宿点。战略任务则是战略目的的具体化，既有很强的规定性，又有一定的操作性。它体现着总的战略企图，是达成战略目的的必须解决的重大问题。② 当然，在计划的执行过程中，任务量可以调整，任务完成的顺序、时限都可能会有所改变，但并不影响战略目的的达成。同时，要求军事战略的目的和任务必须符合客观实际，符合国际国内战略环境的条件和要求，否则，是无法达成战略目的的，甚至酿成不可预知的败绩。

---

① ［法］薄富尔著，钮先钟译：《战略绪论》，内蒙古文化出版社1997年版，第8—9页。

② 王文荣主编：《战略学》，国防大学出版社1999年版，第36页。

三、军事战略方针

王文荣主编的《战略学》中指出，战略方针是指导军事斗争全局的总纲领、总原则。它主要规定完成战略任务、实现战略目的的基本途径，明确斗争的重点、主要战略方向和相应的战略部署，是一定时期内或一次战争中指导军事力量建设和军事斗争实施的行动准则，是战略理论与战略实践联系的纽带和桥梁……是战略的主体和核心。① 战略方针在指导军事斗争过程中具有无可替代的关键作用。

清政府的甲午战争之败，首先就败在战略指导方针上。因为清政府已完全丧失了战略判断、战略决策、战略思维能力，它同日本军国主义打的是一场无战略指导的战略决战。而日本则截然相反，为了打赢这场战争，它确立了明确的战略指导方针，经过长期的战争准备，有明确的战略意图和战略目标，有周密的战略谋划和战略设计，更有高度集中统一的战略指挥。1868年，天皇睦仁登基伊始，就开始推动"武国"方针。1870年，日本就明确了建设世界上最强大海军的战略目标，规划20年内拥有大小军舰200艘、常备军25000人。甲午战争前10年，日本相继提出10年经济发展计划和8年扩军计划。在甲午战争前6年间，日本平均每年增添新舰2艘。甲午战争开战前，为了集中兵力，强化集中统一指挥，日本海军统一整合了舰队资源，组建了联合舰队；战争爆发后，为适应海上攻势的需要，将联合舰队再次改编，形成1个本队和3个游击队。而最关键的是，日本成立了直属天皇

---

① 王文荣主编：《战略学》，国防大学出版社1999年版，第42页。

的战时大本营，作为海陆军的最高指挥机构，形成了高度集中统一的战争指挥中枢。而清政府对日本的战略图谋却始终处于懵懵懂懂之中，没有做出任何正确的战略预判。清朝的海军建设完全是按照旧式外海水师分省布防的思路"分洋"建设的，从未实现过统一布局、统一指挥。在黄海海战的危急时刻，北洋舰队几次请调南洋海军各舰北上助战，皆被托辞拒绝。而最致命的是，清政府从来没有确定和形成真正的战略指挥中心，名义上的最高统帅是光绪皇帝，而实际上的最高统帅是既不懂政略也不懂战略、只会惯用权术的慈禧。而慈禧厌战主和，因此实际上将战争指挥大权完全赋予李鸿章一人之手。李鸿章则难以协调陆海军之间的行动，不能实施不间断的集中统一指挥。清政府前敌各军亦互不隶属、各行其是，形成了有将无帅、诸将并立的局面。战争打起来后，清政府对日军的战略进攻方向一再判断错误，两次大的抗登陆作战都没有事先在敌人可能登陆的地方布置防御力量，致使日军没有付出任何大的代价就轻易登陆成功。① 这都是清政府既不明确敌人的军事战略，也不清晰自己的军事战略指导，或者说根本就没有自己的军事战略指导方针，而且指挥混乱所造成的战争失败恶果，是清政府和国民不愿尝但又不得不尝的战败苦果。

　　抗日战争时期，毛泽东为八路军和新四军所制定的军事战略方针是"在整个战略方针下执行独立自主的分散作战的游击战争，而不是阵地战，也不是集中作战"②，但并不否认罗荣桓提出的"翻边战术"战略的具体化运用。1937年8月末，毛泽东在洛川

---

　　① 李洪峰：《以史为鉴，迎接新的世纪大考（上）》，载《参考消息》，2014年7月28日，第11版。
　　② 《毛泽东军事文集》（第二卷），军事科学出版社、中央文献出版社1993年版，第20页。

| 第五章 军事战略之质 |

政治局会议上做了一个军事主题报告。毛泽东强调,日本军队的军事能力无论如何不能低估。因此,游击战而不是正规战应该被当作同日军作战基本的战略。9月21日,毛泽东电告前线司令部:"今日红军在决战问题上不起任何决定作用,而有一种自己的拿手好戏,在这种拿手戏中一定能起决定作用,这就是真正独立自主的山地游击战(不是运动战)。要实行这样的方针,就要战略上有力部队处于敌之翼侧,就要以创造根据地发动群众为主,就要分散兵力,而不是以集中打仗为主。集中打仗则不能做群众工作,做群众工作则不能集中打仗,二者不能并举。然而,只有分散做群众工作,才是决定地制胜敌人、援助友军的唯一无二的办法,集中打仗在目前是毫无结果可言的。"[①] 在9月25日,当115师正在进行平型关战斗时,毛泽东发了一个电报。在电报中,毛泽东指示:"整个华北工作,应以游击战争为唯一方向。一切工作,例如兵运、统一战线等等,应环绕于游击战争。华北正规战如失败,我们不负责任;但游击战争如失败,我们须负严重的责任。"[②] 最终,在这一军事战略方针指导下的敌后抗日战争,既保存了自己,又消灭了敌人;在这一战略方针指导下的中国抗日军民在反侵略战争中取得了决定性的胜利,也为人民解放战争奠定了胜利的基础。

以上这些事实都清晰地告诉我们,军事战略方针是受战场环境的条件制约的,是由战争的目的所指导的,是与指导者的立场、观点和方法所一致的,而且,不同时期、不同条件下的军事战略

[①] 《毛泽东军事文集》(第二卷),军事科学出版社、中央文献出版社1993年版,第53—54页。
[②] 《毛泽东军事文集》(第二卷),军事科学出版社、中央文献出版社1993年版,第57页;杨炳章:《从革命到政治——长征与毛泽东的崛起》,中国人民大学出版社2013年版,第244—247页。

方针是不相同的。我军在不同时期的军事战略方针也是我军长期革命战争实践中创造和形成的不同时期的符合制胜规律的制胜法宝之一。

四、军事战略手段

科科申总结了老毛奇①在1870—1871年普法战争中战略的特点,同时指出,"普鲁士的敌人在战争开始前根本未察觉到这一点(总任务和作战部署的指令及行动),这在很大程度上决定了普鲁士的胜利。在后来的岁月中,直至1941年6月希特勒完成对苏联的入侵,德国一直保持并发展了实施秘密战略行动的传统"。而后来它发展成为一种作战样式——突击战,就是这种军事战略手段的成功运用,使德军在二战初期取得了战争的节节胜利,也为世界各国军队所推崇和效仿,成为一种从战略到战术各层次广泛运用的制胜范式。当然,军事战略手段是多种多样的,也可以选择多种不同的组合方式。所以薄富尔说:"战略的艺术就是要从所有可供使用的工具中,去选择某些最适合用的工具,并且还要加以巧妙的配合,以使它们产生一种心理性的压力,其强度足以造成我们所要求的精神效果。"②迫使敌人接受我们的要求,从而达成我们的战略目的。

王文荣主编的《战略学》中指出:战略手段,是为了达成战略目的而运用军事力量的方式和方法,主要解决用什么进行军事

---

① 其原名为赫尔穆特·卡尔·贝恩哈特·冯·毛奇,又称老毛奇,著名军事理论家,普鲁士元帅,德意志帝国总参谋长。
② [法]薄富尔著,钮先钟译:《战略绪论》,内蒙古文化出版社1997年版,第10页。

斗争和怎样进行军事斗争的问题。它是战略指导者根据既定的战略目的、任务和战略方针的要求，使用军事力量、开展军事斗争的具体行动。① 即军事力量所拥有的物质条件和方式方法的选择问题。这就要求战略运用的主体首先要具有完成任务的物质基础，即军事能力。2017年11月，美军参谋长联席会议主席约瑟夫·邓福德在马萨诸塞州塔夫茨大学弗莱彻法律与外交学院说，美国有两大优势：全球的盟友网络和美国在全球投射战力的能力，这是相互关联的两种能力。美国遭到"9·11"恐怖袭击后不到一个月，美国军队就踏上了阿富汗的土地，打击"基地"组织——与盟友的合作和美国在全球范围内部署军队的能力使之成为可能。"所以，这里存在两个问题。一个是我们履行对盟友承诺的能力。另一个是威慑力，这与我们盟友的信心息息相关。"② 约瑟夫·邓福德这里所说的就是当下美军所追求和具备的优势战力，是美军完成全球到达、全球制衡、全球作战的物质条件，或曰达成军事战略手段的物质基础。

除了具备物质条件，另一点就是方式方法的选择问题。例如，1948年3月，凯南在东京与麦克阿瑟将军讨论战略手段问题，麦克阿瑟提议建立一个包括众多岛屿在内的防线。他强调，冲绳是战略要点：从那里，他可以控制能发动两栖作战的所有亚洲北部的港口。他也同意凯南的观点，让美军永久驻扎在日本是不可取的，尽管他也的确认为保持菲律宾的克拉克基地是必要的。1949年夏，"环形防线"的概念在美国被广泛接受。同年6月，参谋长联席会议通报国安会："从军事角度看，美国同苏联在远东的最低

---

① 王文荣主编：《战略学》，国防大学出版社1999年版，第47页。
② 《美军参谋长联席会议主席邓福德称：美对中俄军事优势正在衰退》，载《参考消息》，2017年11月18日，第5版。

限度对抗要求我们至少维持对亚洲沿海岛屿链的现有控制。我们马上将被迫处于这样的境地。"同年11月，美国国务院的一份内部备忘录引用五角大楼权威人士的意见来证实其论点，"只要这些岛屿的安全得以继续保持，我们的地位就不会因为失去中国而受到直接威胁"。同年12月，美国国安会草拟的一份文件得出的结论是，保卫亚洲"对抗未来苏联入侵"的"最低限度"，要求"至少维持我们目前在亚洲沿海岛屿链的军事地位。一旦发生战争，该岛链不会落入共产主义手中"。1950年1月12日，美国国务卿比安迪·艾奇逊在全国报业俱乐部发表演说，宣称美国要采取"保卫沿海岛屿同时避免在亚洲大陆直接军事介入战略"。其"环形防线"的概念已经得到美国远东司令部、参谋长联席会议、国安会以及总统的赞同。① 这里选择的军事手段就是前沿兵力部署，以前沿兵力的部署形成军事存在，以军事援助达成军事联盟，共同的作用形成战略威慑之势，达成控局、慑战的目的。其后，仅6个月内，杜鲁门政府便对自己的战略做了彻底的改变：派出空军、海军和地面部队到韩国，加速了对法国在中南半岛地区的军事援助，并调遣第七舰队在台湾海峡巡逻……这当然是形势发展所迫之下的一种军事战略手段选择。

正如薄富尔所说："有一点是我们必须强调的，那就是战略并非一种单纯固定的教条，而是一种'思想方法'。其目的就是整理事件，将它们照着优先次序来加以排列，然后再选择最有效的行动路线。为了适应某一种情况，也就应有某一种特殊的战略；对于某种情况，某种战略也许是最适当，但换一种情况，却有可能会变成最不适当的。以上所云都是基本原理。……任何人都知道

---

① ［美］约翰·刘易斯·加迪斯著，潘亚玲译：《长和平——冷战史考察》，上海人民出版社2011年版，第93—95页。

今天的战争是总体性的,那也是公认的事实。换言之,战略方法必须在各个不同的领域中去进行,包括政治、经济、外交、军事等方面都在内。"① 我们绝对不能教条地去运用某一种单一的战略或战略手段。不把握具体的实际情况而照搬或照抄,即便是曾经指导取得某一巨大胜利的战略或战略手段,都将注定失败。

五、军事战略计划

卡尔大公认为,"战略"就是为整个战争制订出"战争计划",确定整个军事行动的进程。吴琼在《西方战略与〈孙子兵法〉》一书中将一章节的标题定为"战略的核心内容是制定战争计划并且实施战争计划"。② 说明其对"战争计划""军事战略计划"在军事战略中的重要性的认同。王文荣主编的《战略学》指出:"战略计划,是根据业已确定的战略决策,对军事斗争全局所作的预先安排。它是战略决策的具体化,是制定战略过程的最后一个环节。战略计划一经拟定,就成为统筹指导军事斗争全局的纲领性文件,成为一切军事行动的基本依据。"③ 军事科学院2001年版《战略学》更近一步细化指出:战略计划,是为达到一定的战略目的而对战略行动所预先拟定的具体方案,也就是在什么时间或阶段做什么、怎么做的行动预案。它是战略决策的具体体现,是将一定的战略意图和构想付诸于实施的中介环节,是全盘筹划指导战略行动的基本方法,目的在于避免和减少战略行动的盲目

---

① [法]薄富尔著,钮先钟译:《战略绪论》,内蒙古文化出版社1997年版,导言,第4页。
② 吴琼:《西方战略与〈孙子兵法〉》,中华书局2022年版,第33页。
③ 王文荣主编:《战略学》,国防大学出版社1999年版,第143页。

| 政略与战略论 |

性,确保战略指导更具有计划性、主动性和灵活性,使各个局部、各个环节的行动在统一计划下协调一致,形成整体优势。从层次上看,既有国家的全面战略计划("大战略"计划),也有武装力量的联合战略计划以及各战略方向、战略区和各军种、战略集团的战略计划;既有指导战争准备与实施全过程的总计划,也有各战略阶段、战局或各战略行动的计划,战略行动计划又可分为战争动员、战略展开、战略作战、战略协同、战略保障、战略指挥等相关计划。从种类上看,可分为全面战争计划和局部战争计划;核战争计划和常规战争计划;正规战计划、游击战计划和特种战计划;进攻性战略计划和防御性战略计划;等等。一般来说,战略计划包括战略判断、战略意图、战略任务、战略部署以及战略保障措施和战略后方工作等方面的内容。这些内容都是为贯彻落实战略决策的重要事项而采取的一些具体实施措施和办法,如规定战略行动的顺序、时限和方式,完成一定战略任务的力量、时限和方法,战略协同的力量、时机、地域和任务,各种战略保障和后方工作的时限、内容和方法,并集中反映在各种图表、文字等一些文书材料中。① 以上中国两部权威军事学教科书,都以明确无误的表述指出了军事计划是为达到一定的战略目的而对战略行动所预先拟定的具体方案,指出了其对军事战略决策执行的重要性。用钮先钟的话说,"战略是一种思想,一种计划,一种行动。也可以说战略是始于思想,而终于行动,在思想与行动之间构成联系者则为计划"。② 足见军事战略计划对战争胜利的重要性,它是思想落实为行动而通向战争胜利的桥梁和纽带。当然,作为战

---

① 军事科学院战略研究部:《战略学》,军事科学出版社2001年版,第187页。
② 钮先钟:《战略家:思想与著作》,文汇出版社2016年版,第182页。

略计划的下层计划还需要战役层、战术层的计划来做进一步的细化和落实。

薄富尔曾给出了战略计划的几种典型,他指出:(1)假使目标只具有轻微的重要性,而所能动用的资源却相当巨大(或者是所拟采取的行动,足以使强大的同盟资源也会被引入行动之中),那么也许只要以使用这些资源为威胁,即可能促使敌人接受我方所提出的条件。如果只想迫使他放弃其企图改变现状的努力,则可能更为容易。这种战略典型可称为直接威胁,在今天是最为流行的,也是核武器出现的结果。此为吓阻(威慑)战略的结构基础。(2)假使目标仍仅具有轻微的重要性,但所能动用的资源却不适当,不足以构成一种决定性的威胁,那么要想达到理想的目标,则必须采取比较隐蔽的行动,可能是政治性的、外交性的或经济性的。这种战略典型可称为间接压迫。当行动自由受到限制时,此种战略典型最为适用。(3)假使行动自由是受到限制的,所能动用的资源也是有限的,但目标却具有巨大的重要性,那么要想达到目标,则必须采取一连串的连续行动。在这些行动中是直接威胁和间接压迫兼而有之,此外还要配合有限度的武力使用。这种战略典型可称为一连串的连续行动。(4)假使行动自由很大,但所能动用的资源却不足以获致军事性的决定(胜利),那么也许就应该采用一种长期斗争的战略。其目的是磨垮敌人的士气(精神),使他感到厌倦而自动放弃。为了使这种斗争可以维持极长久的时间,所使用的资源必须是最原始化的,但其技术却是要迫使敌人做极大的消耗,以至于无法持久——通常就是一个以广泛使用游击战术为主的总体性战争。这种战略典型就是长期斗争,但是在军事方面却只保持着较低的热度(烈度)。(5)假使军事资源很充足,则可以透过军事胜利来寻求决定。这种冲突可能是很猛烈的,但却应使其时间尽量缩短。只要在会战中击毁敌方的主力也许就足够了，尤其是当所争执的对象对于敌人并非绝对重要时更是如此。假使还不够，则必须进一步占领其领土的全部或一部分，以使其人民认清失败的事实，并强迫他们接受我方的条件。假使胜利者早就埋伏了一支"第五纵队"在敌人后方，那么自然更易于促使失败者认输。① 这里，薄富尔的总结是按照战争目标的重要性和自身资源条件组合以区别缓急和规模的，现在看仍然是正确的，而且分析得十分透彻，是对克劳塞维茨"战争是政治的继续"的更深层次的理解和解读。世纪之交的海湾战争、伊拉克战争也都给出了符合这一理论的验证结论。

六、军事战略分类

军事战略的分类多种多样，一般而言：按军事行动的政治目的分，有扩张战略（进攻性战略）和自卫战略（防御性战略）等；按军事行动的基本样式分，有进攻战略和防御战略，或称攻势战略和守势战略；按军事行动的性质分，有歼灭战略、消耗战略、瘫痪（破坏）战略，以及竞争战略、遏制战略等；按军事行动的方式分，有实战战略、威慑战略，以及实战与威慑相结合的（震慑）战略等；按军事行动的持续时间分，有速决战略和持久战略等；按军事行动的规模和强度分，有全面战争战略和局部战争战略（或称有限战争战略），以及高强度、中强度和低强度冲突的战略等；按使用的武器技术分，有常规战争战略、核战争战略、核生化威胁条件下的常规战争战略和高技术战争战略、信息化条

---

① ［法］薄富尔著，钮先钟译：《战略绪论》，内蒙古文化出版社1997年版，第13—16页。

件下的战争战略、信息化战争战略等；按时间背景分，有平时战略、战时战略；按空间领域分，有总体战战略、陆战战略、空中战略、海上战略、太空战略等；按筹划的内容和功能分，有作战战略和发展战略等。① 各种分类不一而足，各种分类方法互有优长，对指导不同类型的战争实践或战争准备具有各自的策略、计划特点，这也是进行战略分类的意义所在，并且会随着社会的发展、战争样式的演进而不断发展演进。

七、军事战略本质

《战略的创新》一书指出，战争的军事本质是"保存自己，消灭敌人"，战略也是如此。战略通过一系列的对战争全局的运筹，以实现战争的军事目的来达成战争的政治目的，一切准备战争和实践战争的行动，都离不开这一本质。② 这是由于军事战略特有的属性决定的，是由它的特殊性决定的，即战略的军事性——能战方能止战。

战略的军事性是指其具有特殊的军事和战争属性，这是由军事力量建设和运用特有的规律，特别是战争特有的规律所决定的。战略具有指导全局的独立完整的系统使命与功能，并且有其自身形成、发展的历史与规律。它不仅从属和服务于政治，而且也积极影响政治，对政治有很强的反作用力。平时战略对政治起着积极的辅佐和促进作用，并为战时战略做铺垫和准备；战时战略的成败决定着战争的胜负，而战争的胜负又决定着国家、民族、政

---

① 肖天亮主编：《战略学》，国防大学出版社2015年版，第18—19页。
② 王普丰：《战略的创新》，军事科学出版社2010年版，第44页。

治集团的命运。在一定条件下政治可能会根据战略实践做出局部调整,在全面战争状态下战略甚至可能成为政治的主角。因为,在一定意义上政治要为战略创造有利条件,要能充分动员和综合运用人力物力资源来保证军事行动的实施,要善于在外交、经济和精神上为打赢战争凝聚最大的战略合力。① 1866 年 6 月 16 日,普奥战争以普鲁士军队入侵汉诺威、黑森和萨克森为开端,由于普鲁士军队的快速集结和展开得以保障,7 月 3 日,俾斯麦在萨多瓦城下向奥地利元帅贝内德克发起决定性交战,奥地利人遭到毁灭性失败。但是,据俾斯麦身边的人说,当天他口袋里装着毒药。俾斯麦自己说,假如此役普鲁士军队失败,他很可能在交战中结束生命。因为俾斯麦明白,一旦失败,他必须为这场不为众人接受而又未能获胜的战争付出代价,至少要永远告别政坛,而这对他来说无异于被终身剥夺公民权。而老毛奇所缔造和指挥的普鲁士军队为其赢得了这场战争。这场战争胜利的结局为俾斯麦赢得了政坛"铁血宰相"的荣誉,使俾斯麦成为博弈政坛的一面旗帜。朱启超在《中国跨越"陷阱"需建设一流军队》一文中,将中国必须把握的 21 世纪大国之间军事战略竞争的本质归纳为"具备强大的实战与威慑能力、发展先进军事科技防止对手战略突袭、军事能力建设走军民融合之路和通过持续改革适应时代变化"四个方面。② 其从技术层面的总结,完全符合习近平指出的"能战方能止战,准备打才可能不必打,越不能打越可能挨打,这就是战争与和平的辩证法",③ 这就是当今军事战略竞争的本质所在。归

---

① 寿晓松主编:《战略学教程》,军事科学出版社 2013 年版,第 9 页。
② 朱启超:《中国跨越"陷阱"需建设一流军队》,载《参考消息》,2016 年 9 月 16 日,第 11 版。
③ 朱启超:《中国跨越"陷阱"需建设一流军队》,载《参考消息》,2016 年 9 月 16 日,第 11 版。

结起来，这种为战争准备的军事战略本质就是为了"打得赢"，而在打赢的总目标下，战略的本质依然是"保存自己，消灭敌人"，"消灭敌人是主要的，保存自己是第二位的，因为只有大量地消灭敌人，才能有效地保存自己"。①

---

① 《毛泽东军事文集》（第二卷），军事科学出版社、中央文献出版社1993年版，第310页；《毛泽东选集》（第二卷），人民出版社1952年版，第472页。正如毛泽东在《论联合政府》中指出，"这个军队具有一往无前的精神，他要压倒一切敌人，而决不被敌人所屈服。不论在任何艰难困苦的场合，只要还有一个人，这个人就要继续战斗下去"。参见《毛泽东选集》（第三卷），人民出版社1953年版，第1039页。

第六章　政略与国家战略

1948年3月，美国国务院政策设计委员会主任乔治·F. 凯南在致国务卿乔治·C. 马歇尔的信中提出："制定某种包括军事和政治因素的全面战略（国家战略）是至关重要的。"同时他还提出如下几点作为"西太平洋地区最为可取的政治—战略概念"："（1）在尝试影响亚洲大陆事件以有利于本国安全的同时，我们不应当把所有大陆地区都视为我们的关键地区。相应地，要尽快撤离朝鲜。（2）日本冲绳可被当作我们在西太平洋地区进攻力量的中心。它将是构成U形美国安全带的核心的和最前沿的一点，这个U形安全带还包括阿留申群岛、琉球群岛、先前日本托管的岛屿，当然还有关岛。我们应当依赖以冲绳为基地的空军，加上我们先进的海军，来阻止任何两栖力量在……亚洲中东部或东北亚的主要港口集结和战斗。（3）日本和菲律宾应当置于这一安全地区之外。我们不应当试图在其领土上保留基地或军队，除非它们完全解除武装，且没有其他国家欲图在那里获得战略设施。因而，它们作为中立地区的地位仍将保持不变，享有完全的政治独立，紧靠我们的安全带的侧翼。"[①] 这段论述事实上说明，政略与国家战略的关系在美国政治家的心中也是有区别的，在一定

---

① ［美］约翰·刘易斯·加迪斯著，潘亚玲译：《长和平——冷战史考察》，上海人民出版社2011年版，第94—95页。

第六章　政略与国家战略

条件下才会成为一体的战略构想。但是，正如马克思所说，资产阶级政治家一般不承认其政党的阶级性，也因此其国家战略在表述中往往将军事和政治因素包容在国家战略的范畴之内，而混淆政略①与战略的从属关系，也就是将政略与国家战略等同了、模糊了、混为一谈了，这是有其资产阶级政治立场、政治目的的。乔治·F. 凯南提出的这一"西太平洋地区最为可取的政治—战略概念"作为一体化考虑和布局并无不妥，完全可以、也必须从国家安全战略的视角由政府来通盘考虑和运作，因为很多时候执政党和其执政的政府在理念、思想、路线、方针、政策上是相融通的。但政略和国家战略两者在本质概念上是不同的，同时，两者之间的关系是辩证的、微妙的和复杂的。

一、政党是有国家的

毛泽东历来认为：中国是中国人民的，中国共产党首先要研究解决中国的问题，思考分析中国的革命实践。对于处在被压迫被奴役地位的中华民族来讲，爱国主义和国际主义是一致的。"中国胜利了，侵略中国的帝国主义被打倒了，同时也就帮助了外国的人民。因此，爱国主义就是国际主义在民族解放战争中的实施。"丢失自己的利益而去援助别人，这实际上不是真正的帮助。因为既没有真正的帮助朋友，反而削弱了自己。② 从师哲的回忆录中可以看出，毛泽东在这里明确指出了中国共产党的立足点和出发

---

① 张继平：《历史的反思——第二次世界大战的战略与政略》，时事出版社1990年版，第64页。
② 师哲口述，李海文著：《在历史巨人身边：师哲回忆录》，九州出版社2015年版，第194—195页。

点,立足点和出发点都是在中国的土地上、中国的实际中,是从本国的利益出发的,依此才能得到人民的理解与支持,依此才能取得革命和建设的胜利。这才符合马克思主义的辩证唯物主义原理,也是马克思主义原理与政党国家的实际相结合的最好的产物。

事实上,相似的问题列宁也回答过。久加诺夫回忆说,1919年,列宁收到了关于匈牙利革命的第一批消息后,曾致电匈牙利新政府领导人库恩·贝拉。电报中说:"只是不要模仿我们,不要盲目地效仿我们,要创造性地运用我们的经验,利用我们革命首创精神,利用我们付出昂贵代价换来的成果。"① 其中的奥妙和机理就是,一个国家是否健康,除了日常秩序的维持,更重要的观测指标是社会危机发生之后,政党与人民间是否能够达成一致的共识,以及如何有效应对。

2017年3月17日,特朗普面对来美国访问的默克尔即提出批评,指出德国政府允许大量难民入境的政策将毁灭德国;默克尔则回应"欧洲人的命运掌握在自己手中"。外界评论二人的首次会晤是一次"美国优先"与欧洲"政治正确"的会晤。② 实质上,美德对话反映的是两种文化、两种利益的冲突与平衡,同时也反映出政党政治的本土特性、国家特性。德国政府的立场符合人道主义规范,也就是"政治正确"的内涵,但无疑特朗普在这一点上的立场更符合国家利益。政党的本质属性是国家的政党,而非全球的、全人类的政党,这一点毋庸置疑。

2016年11月9日,特朗普当选美国新一任总统,历史的现实再一次上演。美国情报部门指责俄罗斯政府向俄媒提供资金,并

---

① 胡晓光:《中国飞跃发展符合全人类的利益——专访俄共领导人久加诺夫》,载《参考消息》,2017年10月17日,第11版。
② 《美在G20财长会重挫自由贸易》,载《环球时报》,2017年3月20日,第16版。

利用俄媒影响美国选民。因此，美国要求"今日俄罗斯"电视台将其在美国公司登记为"外国代理人"。俄罗斯政府则一再否认曾干涉他国内政，并将美国的限制措施称为对言论自由的打压。同样，2017年11月25日，俄罗斯总统普京正式签署新法案，允许俄罗斯相关部门将外国媒体列为"外国代理人"。该法案规定这些媒体在发布新闻时必须提及自己的"外国代理人"身份，并披露其资金来源，以作为对美国向俄罗斯媒体施加前所未有压力的回应。① 这种两国政府间的尖锐对立做法，进一步佐证了政党的国家属性，也为当今国际社会各国政要所认同和遵循。其实道理很简单：政党是有国家的，是依托国家而存在的。

二、执政党的政略代表国家战略

列宁在《关于人民委员会工作报告》中指出："我们党的纲领不能始终只是党的纲领，它应当成为我们（国家）经济建设的纲领，不然它就不能作为党的纲领。"② 因为，执政党的政略代表国家战略，这是执政的苏维埃政党、政权应该做到，也必须要做到的。

2014年8月，习近平在纪念邓小平同志诞辰110周年座谈会上明确指出，"战略问题是一个政党、一个国家的根本性问题。战

---

① 《普京签署新媒体法报复美国》，载《参考消息》，2017年11月27日，第1版。
② ［俄］列宁：《关于人民委员会工作报告》，中共中央马克思恩格斯列宁斯大林著作编译局编译：《列宁选集》（第四卷），人民出版社1972年版，第398页。转引自张文木：《战略学札记》，海洋出版社2018年版，第250页。

| 政略与战略论 |

略上判断得准确,战略上谋划得科学,战略上赢得主动,党和人民事业就大有希望"。当然,这里的战略对一个政党来讲是政略——政治战略,对一个国家而言是国家战略,对军队而言恢复到战略的本意是政略层面之下的国家战略的一个侧面,即军事战略。作为一个执政党的政治战略,服务于国家、民族和广大人民的根本利益,统领着国家战略和军事战略。国家利益和人民群众利益是党的根基,是党的政略的基础,是产生政略的土壤、水分和营养,一刻也不能脱离,一刻也不容脱离。

2002年11月8日至14日,中国共产党第十六次全国代表大会在北京召开。江泽民作了题为《全面建设小康社会,开创中国特色社会主义事业新局面》的报告。江泽民在报告中指出,这次大会的主题是:高举邓小平理论伟大旗帜,全面贯彻"三个代表"重要思想,继往开来,与时俱进,全面建设小康社会,加快推进社会主义现代化,为开创中国特色社会主义事业新局面而奋斗。[①]在报告中,作为中华人民共和国执政党的中国共产党,既提出了自己的理论旗帜、重要思想,也为国家指出了建设目标、建设道路,表明了作为执政党的中国共产党的政略和国家战略是融合在一起的,也就是说政略和国家战略是融合一体的。同样,2012年11月8日至14日,中国共产党第十八次全国代表大会在北京召开,胡锦涛作了题为《坚定不移沿着中国特色社会主义道路前进,为全面建成小康社会而奋斗》的报告。大会的主题是:高举中国特色社会主义伟大旗帜,以邓小平理论、"三个代表"重要思想、科学发展观为指导,解放思想,改革开放,凝聚力量,攻坚克难,坚定不移沿着中国特色社会主义道路前进,为全面建成小康社会

[①] 叶永烈:《红色的起点——中国共产党建党始末》,四川人民出版社、华夏出版社2015年版,第395页。

而奋斗。① 这也是将中国共产党的政略与国家战略融合为一体的。2016年深秋，拥有8800多万党员的中国共产党以一次全会专题研究全面从严治党重大问题，习近平说："办好中国的事情，关键在党，关键在党要管党、从严治党。"这里清晰说明了执政党与国家的关系，执政党对国家建设发展的重要作用，说明了政略与国家战略的关系——因为"党是领导一切的"。② 2017年10月18日，中国共产党第十九次全国代表大会开幕，习近平代表第十八届中央委员会向大会作了题为《决胜全面建成小康社会，夺取新时代中国特色社会主义伟大胜利》的报告。2022年10月16日，习近平在中国共产党第二十次全国代表大会上所作的报告是《高举中国特色社会主义伟大旗帜，为全面建设社会主义现代化国家而团结奋斗》。③ 细数建国后中国共产党历次代表大会的报告及其主旨，都是以国家安全和发展为前提的政略，是与国家政府的政略高度融合的国家战略，体现了中国共产党作为执政党在国家政治生活中的领导地位。

三、执政党的政略是国家战略利益的体现

白威廉·奥尔森说，人性是光辉的，但政治中的人性从全球

---

① 叶永烈：《红色的起点——中国共产党建党始末》，四川人民出版社、华夏出版社2015年版，第396页。

② 《历史的选择，人民的期待——党的十八大以来以习近平同志为核心的党中央治国理政评述》，载《新华每日电讯》，2017年1月3日，第1版。

③ 中共中央党史和文献研究院、中央学习贯彻习近平新时代中国特色社会主义思想主题教育领导小组办公室编：《习近平新时代中国特色社会主义思想专题摘编》，党建读物出版社、中央文献出版社2023年版，第75、79页。

的高度认识却不见得是理智的。1954年3月,美国在比基尼环礁试爆了第一枚氢弹,其核爆威力是当年投放在广岛的那颗原子弹的500倍。由于美军低估了这枚氢弹的威力,也没有充分估计到核爆产生的飘落物的影响,因此,划小了危险海域的控制范围,致使在公海捕鱼的日本渔船受到了高能辐射,23名船员和船上的渔货全部受到了核污染,其中1名船员死亡。在此后的检测中,日本850余艘渔船上将近460吨的货物中也发现了放射性物质。这使人们意识到核试验也可能造成巨大危害。正是由于受到比基尼环礁氢弹试验的刺激,科学家们相继在1955年提出了三个著名的反核宣言①,以警告世人核战争所具有的危害,希望能使各国政府放弃对核武器的追求。其中《罗素—爱因斯坦宣言》最为著名,该宣言这样写道:"我们前面有源源不断的幸福、知识和智慧。切莫因执着于纷争而选择毁灭。作为人,我们要向全人类呼吁,记住自己的人性而忘却其余。若能如此,便可通向新的乐园;若不能如此,等待我们的只能是普遍死亡。"由于科学巨匠爱因斯坦的巨大社会影响力,也因为《罗素—爱因斯坦宣言》是他临终前签署的最后一份公开文件,因此这份宣言被世人看作是"来自象征人类智力顶点人的临终告诫"。它直接促成了普格瓦什科学与世界事务会议的兴起,一系列反对核战争、争取世界永久和平的运动也自此展开,这是人类理性的光辉体现。但对政治家、政党、政府而言,协议的达成却是要付诸艰难而曲折的谈判,是利益的争夺与再平衡,是一场场为国家利益而进行的战略博弈的结局。尼

---

① 这三个宣言分别是1955年4月12日由18位联邦德国物理学家联名发表的《哥廷根宣言》、7月9日由11位著名科学家联名签署的《罗素—爱因斯坦宣言》和7月15日由52位诺贝尔奖得主联名发表的《迈瑙宣言》。转引自[美]威廉·奥尔森等:《国际关系的理论与实践》,中国社会科学出版社1987年版,第287页。

克松、福特任期内,美苏双方经过激烈的讨价还价和互相让步与妥协,先后于1972年5月25日签署了《防止在海上发生意外事故条约》、1972年5月26日签署了《美苏关于限制反弹道导弹系统条约》《苏美关于限制进攻性战略武器的某些措施的临时协定》、1973年6月签署了《苏美防止核战争条约》、1974年7月3日签署了《限制地下核试验条约》、1976年5月28日签署了《关于核爆炸用于和平目的的条约》。① 这些都是在国家利益基础上国家政府对手间再平衡的阶段性结果,而且是伴随着新理念、新思想的出现和智慧的碰撞而产生的。

2018年,一份来自密歇根理工大学和田纳西州立大学撰写的研究报告证实,根据包括城市可燃材料情况的模型,科学家计算出核爆炸释放到空中的烟尘数量、由此造成的遮挡阳光的后果以及对大气造成的破坏,"核秋天"会让农业减产20%,甚至足以在地球另一端造成广泛的粮食短缺。这份报告提出的裁军方案是,全球核弹头总数可以裁减到900枚以下。报告撰写人之一乔舒亚·皮尔斯教授说:"拥有100枚核武器仍然可以获得核威慑,但可以避免'核秋天'可能带来的导致本国人民丧命的反冲。"从模型可以看出,如果美国发射1000枚核弹头,即便没有遭到核武器反击,在美国国内导致的死亡人数也会达到"9·11"事件致死人数的50倍。② 但是,作为政略博弈的结果,美俄时至今日并没有销毁核武器,而且还在不断地更新升级核武器,这是由于其国家利益、国家安全利益这个无形和有形的杠杆在支配着、支撑着、撬动着。

---

① 刘金质:《冷战史》(中),世界知识出版社2003年版,第862—863页。
② 《百枚核弹足以造成"核秋天"》,载《参考消息》,2018年6月15日,第6版。

| 政略与战略论 |

沃拉斯在其《政治中的人性》一书中指出:"事实上,种族间甚至帝国间的战争可被比作物种进化中必不可少的阶段。但是当代生物学家告诉我们,任何一个种族都可以从个人的自觉合作而不是盲目冲突中最有效地获得进步;整个物种的进步也会来自以承认种族及个人差异的价值为基础的自觉的世界性宗旨,而不仅仅来自斗争。"① 当前,合作使世界各国获得了巨大进步和财富,也成为世人之共识共求,但作为军事的功用主线仍然是斗争(这里主要是指和平时期为战争而进行的战争准备和由此而互动产生的威慑效应),甚至是战争。那么沃拉斯的这段话也就可以倒置叙述,即合作共赢将是世界的主旋律,但民族、国家之间的战争也是社会进步中不可避免的客观存在。而由于这种客观存在,我们就需要研究它、实践它,为国家生存和发展而进行斗争,并通过斗争为国际和平谋求福祉。

现实社会中这种案例比比皆是。2009 年,为应对乌克兰石油天然气公司未经许可截留过境乌克兰输送给欧洲国家的天然气,俄罗斯天然气完全停止过境乌克兰,乌克兰最终不得不付出 30 亿欧元罚款并蒙受信誉损失。② 2014 年 6 月,俄乌第三次天然气争端最后一次谈判破裂,俄罗斯宣布从莫斯科时间 16 日 10 时开始对乌克兰停止天然气供应,迫使乌克兰石油天然气公司只能通过预付款的形式获得俄罗斯天然气。并且,从当月 16 日开始,俄罗斯开始禁止进口乌克兰的农产品,这对动荡中的乌克兰无异于雪上加霜。当月 17 日,乌克兰天然气管道意外发生爆炸,虽然尚未搞清楚爆炸原因,但"断气"后的乌克兰总理亚采纽克要求能源

---

① [英]格雷厄姆·沃拉斯著,朱曾汶译:《政治中的人性》,商务印书馆 1994 年版,内容提要,第 11 页。
② 《俄对乌"断气"让欧洲再度紧张》,载《参考消息》,2014 年 6 月 18 日,第 3 版。

部和司法部立即制定能源领域进入紧急状态的法案,做好"进入最复杂局势的准备"。同日,乌克兰代表团启程前往匈牙利首都布达佩斯,呼吁欧盟国家划出一部分从俄罗斯进口的天然气供乌克兰"救急"。但俄罗斯天然气工业公司对此警告:"这种输送是非法的,欧洲公司没有权力把从俄罗斯经乌克兰输送到欧洲的天然气再回流到乌克兰。"① 这一件件案例都说明,资本主义国家政府也是在国家利益原则下选择政略路线、方针和政策的,在这一点上,并不因为制度不同、意识形态差异而有所差异。同时,经济也是受政治因素制约的,是服从政略需求的,现实中的政略永远是国家战略利益的体现。

四、政略决定国家战略的取向

在地缘政治学家看来,"地理位置决定国家的战略取向,这是地理环境对战略的制约。但在地缘战略中,国家权力是主导因素,地理环境只是被动因素。地缘战略发展的过程,同时也是随着技术发展、社会进步、时代变迁,不断克服地理障碍、利用地缘条件进行主动谋划的过程。同样是国土辽阔、东西两洋屏障,为什么美国和加拿大的战略取向却大相径庭?主要原因不在客观,而在主观的战略谋划,在于国家目标选取的不同"。② 也就是说,是政略决定国家战略的取向。

1897—1914年英德海军竞赛中,德国的失败并不完全是实力

---

① 《输欧管道意外爆炸,多国担心寒冷冬天——乌克兰求欧盟"拨气救急"》,载《环球时报》,2014年6月18日,第2版。
② 郎丹阳、刘分良:《海陆之争的历史检视》,载邓晓宝主编:《强国之略·地缘战略卷》,解放军出版社2014年版,第26页。

不足的原因。德国的失败，败在海军发展与社会利益需求的脱节，败在内向型的经济政策和大力发展海军这个自相矛盾的国家战略思路，即政略选择上。德国海军发展计划的出台以及中道夭折，是国内社会利益需求矛盾的结果。第二次工业革命后，德国国力强盛，已经具备了发展海权的物质基础。1890—1914年德国的经济增长速度远远超过英国，1913年德国的能源消耗、工业潜力和世界制造业的份额均大大超过英国，其中钢铁产量是英国的2.5倍，并且在化工、电力、机械等具有军事意义的部门优势明显。当时，德国国内容克集团和工商业集团争夺主导权。容克集团代表自给自足的内向型经济，反对发展海军，而工商业集团代表海外贸易的外向型经济，希望通过海军建设推动外向型经济的发展。海军计划的出台是两大集团的妥协，为了获得容克集团的支持，德国在发展海军的同时，一直实行高关税等一系列内向型经济政策，这就造成海军发展与社会利益需求严重脱节。而由于实行内向型经济政策，海军发展并没有带来海外贸易的繁荣，相反，高额投入加重了社会的经济负担。[①] 这种矛盾的结局就是西方政治民主的弊端，是德国两股政治力量角力的结果，而非其他，是政府政治取向决定了国家战略取向，决定了国家战略利益的取向。

西方社会的痼疾、弊端，近几年尤为明显：政治上陷于瘫痪，社会为分裂所破坏，经济上遭遇困境。西方发达经济体在二战后第一次看起来这么衰弱，缺乏自信，对未来充满悲观。美国总统特朗普被认为具有孤立主义倾向，但这毫不妨碍他对中东倾注得格外多，他不仅将上任总统后的外交首秀选在中东，而且大幅逆

[①] 郎丹阳、刘分良：《海陆之争的历史检视》，载邓晓宝主编：《强国之略·地缘战略卷》，解放军出版社2014年版，第27页。

转了奥巴马时期的政策：积极介入叙利亚战事，增兵阿富汗，对伊朗虎视眈眈……这些调整确实取得了显著效果，一年前还处于低谷的美国—以色列、美国—沙特关系相继回暖。① 在 2017 年 10 月 19 日这一天，美国前总统小布什和奥巴马罕见同时发声，一个抨击孤立主义，一个批评美国"政治分裂"，是因为资本主义政党在现实社会中看不清社会的主要矛盾，找不到解决当下社会问题的良方，资本主义政党"政治分裂"，"民族主义扭曲成了本土主义"（小布什语）。② 政党失去了对社会发展的引领作用、对民心的凝聚作用，国家才走向混乱，这也是扭曲的资本主义政党政略决定国家战略所引发的社会矛盾痼疾。

1940 年 7 月 22 日，近卫文麿第二次组阁，由松冈洋右任外相，东条英机任陆相。27 日，近卫文麿召集了长期以来一直延期未开的大本营政府联络会议，仅 90 分钟的会议就决定了其新的国家政策，形成新"国策"文件。即，利用德国在欧洲的胜利所带来的国际体系中政治结构及政治力学上的变化达成侵华目的。时间虽然短暂，但是它基本表明了日本国家战略选择的外在基础、选择依据、操作过程，并通过御前会议将"天皇意志"（政略理念）合法地转换为"国家意志"，达成"政略"与"国家战略"的统一。③ 同时，日本帝国主义为了实现其扩张的政治战略，当日本挤进资本主义的行列之后，一面对外武装侵

---

① 袁野：《土耳其与美国决裂是"历史的必然"吗》，载《青年参考》，2017 年 10 月 19 日，第 A02 版。

② 《小布什罕见发声抨击孤立主义》《奥巴马公开批评美国"分裂政治"》，载《参考消息》，2017 年 10 月 21 日，第 2 版。

③ 森山优：《日美开战的政治过程》，日本吉川弘文馆 1998 年版，第 53 页。转引自［美］赫伯特·比克斯著，王丽萍、孙胜萍译：《真相——裕仁天皇与侵华战争》，新华出版社 2014 年版，第 200、229 页。

略，一面进行着海外移民扩张。这是由日本帝国主义政府的侵略政策所决定的，是政略决定国家战略的一个国家战略移民实例。

同样，当欧洲战争快要结束时，在雅尔塔会议对波兰问题的争论中，英苏双方对波兰卢布林临时政府的合法性持截然不同的态度。丘吉尔建议在三大国监督下建立一个新波兰政府。但斯大林对波兰问题所持的态度非常明确，他一再说："我知道波兰对英国来说是个面子问题，但对苏联来说，波兰不仅是面子问题，而且是个生死攸关的问题。"因为仅在短短30年间，波兰成了敌人两次入侵苏联的"走廊"。[1] 罗斯福说："美国政府不能经常百分之百地按自己的意志行事……苏联人或不列颠人也是一样。对复杂的国际争端，通常找不到理想的解决办法，尽管我们决心继续拼命努力工作。但是，我敢肯定雅尔塔取得的协议，会使欧洲有一个更加稳定的政治局面。"[2] 就这样，大国的政治意志决定了波兰的国家战略走向。可见，大国意志既决定了本国的战略取向，又左右和决定了弱小国家的政略和战略取向，这就是"大国是棋手，小国是棋子"的根本原因所在。

五、政略的基础是民意

1934年7月，在国民党第五次疯狂"围剿"的严峻形势下，红军北上抗日先遣队成立。在抗日先遣队组成几天后，中华苏维

---

[1] 张继平：《历史的反思——第二次世界大战的战略与政略》，时事出版社1990年版，第338—340页。
[2] 张继平：《历史的反思——第二次世界大战的战略与政略》，时事出版社1990年版，第342页。

埃政府在瑞金发表了一项庄严声明:"我们不会放弃通过与国民党反动派无数次流血斗争建立起来的反帝革命根据地,这一点不容怀疑,然而另一方面,苏维埃政府和红军也决不能坐视中国落入日本帝国主义分子手中,不能坐视中国人民遭受帝国主义者的杀害和奸淫,也不能坐视东北抗日义勇军孤军奋战,因此,尽管我们面临与数量上占优势的国民党反动派的决战,尽管有各种艰难困苦,苏维埃政府和红军已以最大之决心组织抗日先遣队北上抗日。"① 这一声明举起了中华民族抗日的正义旗帜,是中国共产党在抗日问题上政略的选择,代表了最广大的中国人民的意志,为中国共产党赢得了最大的政治得分,也为中国共产党的生存奠定了坚实的群众民意基础。

2016年6月12日,美国《新闻周刊》用《美国新危机:政治失灵》为题,来评价美国政府的无能、分崩离析。文中指出:"自1776年建国以来,我们按照平等、自治和社会流动的原则建设国家。那些原则也许在21世纪的美国人看来无足轻重,但在250年前确实是非同凡响的……在过去的两个半世纪里,我们坚守自己的原则,在改善美国人的生活方面取得了进步。就像一美元纸币上未完工的金字塔,美国作为一个国家在不断努力完善自己,不断成长演化以应对每个新出现的挑战……然而今天,我们站在美国历史的一个拐点上……我们的政治失灵不仅影响着美国在世界上的地位,还妨碍着我们践行国家理想。"政府"由于缺乏政治上的勇气和富有意义的行动,美国的种种难题发展到了几乎失控的程度……公共债务和政府津贴赤字如今约为每个美国家庭50万美元。而且,虽然我们作为一个国家花的钱越来越多,普通

---

① 杨炳章:《从革命到政治——长征与毛泽东的崛起》,中国人民大学出版社2013年版,第86—87页。

美国人却比以往任何时候都更难以取得进展"。① 这是资本主义政治的没落,是由资本主义固有本质所导致的民意不满,最终让高喊"美国第一"的特朗普上位成为美国民意选择,也就顺理成章了。

但是,民意又是很容易波动的,也就是说,在一定场合是很不稳定和不确定的,这需要政略坚强的领导、引导,否则极易出现民意的最终背离。2016年6月24日,英国"脱欧"公投计票工作全部结束,结果显示,"脱欧"阵营以52%的得票率获胜。这一结果引发海内外舆论高度关注,并在资本市场掀起一场腥风血雨。英国首相卡梅伦宣布辞职,这是卡梅伦政府政略的失败,因为民意是最大的政治,民意这匹脱缰的政治野马制约了英国的国家利益,给英国带来的将是巨大的损失。在公投过去24小时后,随着民调和投票情况的波动,全球金融市场动荡不已,英镑兑美元暴跌超过10%,日元兑美元升破100:1,黄金价格飙升。至于全球股市,特别是交易中的亚洲股市更是大幅波动。即使美国总统奥巴马2016年4月访问英国,曾想阻止英国"脱欧"的进程,为卡梅伦政府站台,但也是无功而返。用英国《金融时报》的话说:"在此之前,从未有过在任总统为影响一场投票而出访兄弟民主国家,也从未有过13名美国前国务卿和国防部长以同样动机冒险给外国选民写信。这样做的还有8名前财政部长以及5名北约前最高指挥官。"② 英国"脱欧"是在英国、欧盟实力下滑,西方政治模式走衰的大背景下发生的。这也是极端民主化的怪病,在关系国家命运的大是大非上,英国政治精英群体不敢承担责任,

---

① 《美国新危机:政治失灵》,载《参考消息》,2016年6月20日,第10版。
② 《英国"脱欧公投"引发全球冲击波》,载《环球时报》,2016年6月24日,第16版。

而是"交给"民众公决,而民众的决定又是极端情绪化的、非理性的。

六、执政党意志与国家意志转换需要正确的政略指导

2017年12月,在特朗普政府公布其首份《国家安全战略》报告之前的12日,美国总统国家安全事务助理麦克马斯特就该报告进行"吹风",称新战略将确认美国的全球利益和威胁,并称这个战略将谋求团结美国盟友和伙伴应对共同威胁。可见,国家利益主导下的国家意志对政党意志的导向作用,而且,这二者之间的转换有时是频繁的,特别是在遭遇"特朗普主义者"时更是如此,但特朗普之流的政略转换正确与否又另当别论了。

加迪斯在考察冷战史后总结说:"我们两个国家(美国和苏联)的敌对,最经常是因一方设法改变另一方的内部制度而起,而不是由我们内部制度的差异所致,尽管这些差异是实际存在的,双方在过去都曾做出过此类努力:美国以普遍关切人权的方式,苏联则以号召世界革命的方式。就实现这些野心勃勃的目标而言,没有一方是成功的或看似成功的。"① 而这种事情在半个多世纪后依然持续着,因为其与资产阶级政党执政的美国政府与其资本主义国家制度的美国国家意志相契合。加迪斯在总结美国对对手苏联的分化时说:1950年之前,在证明向苏联和欧洲共产党之间打入"楔子"的战略(政略)的正确性问题上,杜鲁门政府所遇到

---

① [美]约翰·刘易斯·加迪斯著,潘亚玲译:《长和平——冷战史考察》,上海人民出版社2011年版,第16页。

的困难相对较少。两党合作仍在很大程度上使在那一地区的外交不受国内政治的干扰,而那时对东亚政策施加了严重限制的"麦卡锡主义"还未出现,它的成功或至少部分成功很快就能看得到。而马歇尔计划实施的结果的确如同计划预期中的一样,迫使法国、意大利及西欧其他地方的共产党不得不在继续跟随莫斯科和争取在国内获取政治权力的希望之间做出选择;由于他们大多数仍旧保持忠诚,结果是其公众影响力遭到严重削弱。① 这表明两个问题:一是美国民主党、共和党两个资产阶级政党在对待苏联的政策上是调和的、统一的,政党意志统一于美国的国家意志,或曰统一于美国的国家利益;二是美国政府的政党政治战略在对苏联政策上取得了成功,成功地分化了苏联领导下的社会主义阵营,影响了共产主义政党治下的国家意志,阻断了这些国家执政党意志与国家意志的转换,起码在当时的美国政府看来是满意的。

2016年的美国大选落下帷幕,围绕大选结果的争论与斗争却久久没有平息。2017年1月5日,围绕大选结果的重新计票以特朗普的绝对优势落下帷幕。但在1月6日,美国中央情报局、联邦调查局和国家安全局三大情报机构在一份有关美国大选"遭网络袭击"的调查报告中指出:俄罗斯通过诋毁希拉里的方式使特朗普占据优势地位,并试图帮助特朗普在大选中获胜。报告指控俄罗斯军方情报部门是匿名黑客实体以及解密网站背后的操纵者,并将从知名民主党人那里窃取的资料转交给了"维基解秘"网站,以此直接指控俄罗斯试图帮助特朗普赢得大选。报告进一步指出,俄罗斯还开展了一场宣传运动,包括散布"假新闻",以及由一众

---

① [美]约翰·刘易斯·加迪斯著,潘亚玲译:《长和平——冷战史考察》,上海人民出版社2011年版,第212页。

职业互联网"水军"在社交媒体上散布"假消息",① 从而帮助特朗普赢得了美国总统大选。这其中的真真假假难以分辨,但美俄国家意志、政党意志、政党意志主导下的国家意志博弈从来没有停止、永远也不会停止却是不争的事实。

七、错误政略指导下的国家战略必将走向失败

1868年8月7日,日本天皇睦仁即位,标志着日本政体推翻幕府、天皇重新掌权的开始,也标志着正式实施1868年4月21日制定的《政体书》精神,正式建立了王政复古式的天皇统治模式,也是日本近代史上明治维新的开始。1868年3月,睦仁所制定的政纲是:"继承列祖列宗伟业,不问一身艰难困苦,经营四方,按抚亿兆,冀终开拓万里波涛,宣布国威于四方",为日本军国主义的发展提出了理论基础,奠定了政略方向。借此,明治政府实行一系列资产阶级改革,贯彻执行"富国强兵""殖产兴业""文明开化"三大基础国家战略。而国家战略的实施步骤正如当时日本思想界权威人物吉田松阴所主张:"我与美、俄的媾和既成定局,不可由我方断然背约,以失信于夷狄。但必须严守条约、敦厚信义(此当然是对美俄帝国主义强国),乘机养蓄国力,割取易取的朝鲜、'满洲',在交易上失之于美、俄的,应在以朝鲜和'满洲'的土地求得补偿。"这正是以天皇睦仁为首的日本政府贯彻的国策。而战略上,采用冒险发动战争的手法,进行先发制人、

---

① 《特朗普矢口否认获普京"助选"》,载《参考消息》,2017年1月8日,第1版。

突然袭击、不宣而战等一套卑劣把戏①；战术上，则实行速战速决、以快取胜的战法；指挥上，1894年9月14日，其参谋本部在甲午战争爆发前一天，即前往广岛，靠前指挥，天皇睦仁也同步赶到广岛大本营，直至翌年4月26日才回宫，共在前线直接指挥日军侵略作战7个半月之久。但毕竟日本是岛国，1894年发动甲午战争、1900年参加八国联军侵略中国、1904年发动日俄战争、1910年吞并朝鲜半岛、1914年对德宣战参加一战、1918年出兵西伯利亚、1927—1928年三次出兵侵略中国山东、1931年制造九一八事变侵占中国东北、1937年制造七七事变发动全面侵华战争、1941年偷袭珍珠港挑起太平洋战争等，② 这一系列战略举措的实施表明，日本军国主义政府错误地选择了发动连续性大规模侵略战争的政略，不断地对东南亚各国发起侵略战争，致使日本经济上经不起长期战争的消耗，必将导致其走向衰亡。

北京大学历史系钱乘旦教授曾将英国的国家制胜谋略归纳为三大原则：英国利益至上、没有永恒的朋友和敌人、打击最强国。他还认为，二战后美国承袭了英国的外交手腕，苏联、日本、欧盟先后被美国视为对手或潜在对手，并以不同的方式被整治下去，现在轮到的是中国。③ 柯春桥总结了历史上大国崛起走过的三条道路。一是"对抗式"道路。全面挑战现有国际秩序，推倒重来，对抗性地崛起。典型代表是一战前的德国，二战前的德国和日本，

---

① 在甲午战争时，日本先设计外交圈套诱使中国清政府向朝鲜出兵，乘机派兵大打出手。1894年7月25日，日本先发制人向中国舰队发动突然袭击，而8月1日才向中国宣战，已是战后6天。日俄战争时，日本也是先偷袭旅顺口以后，才向沙俄宣战。

② 王天平：《日本三代天皇操纵侵华战争内幕》，辽宁人民出版社2013年版，第33、76—77页。

③ 钱乘旦：《拨开"崛起综合症"经验教训》，载《参考消息》，2016年8月24日，第11版。

结果都遭到了惨败。二是"依附式"道路。在霸权国的羽翼下发展壮大，经济实力突飞猛进，但政治发展受限，国家主权和安全受制于人，崛起不完整。典型代表是二战后的日本和德国。三是"协调式"道路。不挑战霸权国确立的国际秩序、国际规则和国际体系，在与霸权国保持协调的同时，充分利用国际矛盾，利用霸权国的困境，逐步扩大影响力。典型代表如二战初期美国利用英国的困难，以50艘旧军舰换取了英国在大西洋上的多个海军基地，一举实现了多年梦寐以求的控制大西洋的梦想。[①] 他认为美国这一政策是成功的，实现了国家的崛起，为美国赢得了荣誉，为美国人民获取了利益。事实上，这只是当时美国政府的一种策略选择，并不代表其完整的政略或国家战略，充其量是一种阶段性国家战略的成功。

[①] 柯春桥:《大国应对"修昔底德陷阱"迷雾》，载《参考消息》，2016年8月25日，第11版。

第七章　政略与战争

历史学家吴连海在研究中国近代史的过程中发现：1894年甲午战争进入最胶着的状态时，中日两国战力都已近枯竭。而日本因侵略的不义、道义的缺失，比之清朝更加不济，如清朝奋起一搏则日本必败，战后的格局将截然不同。但事实却是，在1895年《马关条约》谈判之前，光绪皇帝精神先垮，指示李鸿章："宗社为重，边徼为轻"①，说明光绪皇帝采取了妥协议和的政略选择，而对议和过程中的策略选择，清政府内部也经过争论，最终达成共识，承认此次议和，即承认《马关条约》。而日本政府最关注的问题是割地，如清政府始终拒绝这个要求，那么日本政府就始终不同意开议，日本军队也就不同意停止进攻。以现在情势论，"宗社为重，边徼为轻"，利害相悬。② 清政府认为割地为"边徼"，

---

①　吴连海：《李鸿章与〈马关条约〉》，载《赤峰学院学报（汉文哲学社会科学版）》，2010年6月第31卷第6期，第3页。1895年3月初，清军在辽东全面溃败。光绪皇帝为形势所迫，考虑到"现在勉就和局，所最注意者，惟在让地一节，若驳斥不允，则都城之危即在指顾。以今日情势而论，宗社为重，边徼为轻，利害相悬，无烦数计"。又，李鸿章于1895年3月26日所上《钦差大臣李鸿章奏中日会议合约已成折》中回溯他出使时所得训令，要他"以宗社为重，边徼为轻"。转引自房德邻：《康有为与公车上书——读〈"公车上书"考证补〉献疑（一）》，《近代史研究》2007年第1期。

②　马勇：《〈马关条约〉：中国吞下甲午惨败苦果》，载《参考消息》，2014年8月8日，第11版。

实质上是精神支柱垮了，战略上也就只有缴械投降了。甲午战争伊始，清政府从政略上先失一筹，从政略源头上没有给军事继续"一搏"的机会，也就从根本上失去了赢得战争胜利的机会。

一、战争的缘起是由政略诉求引发的

1894年3月27日，日本陆奥宗光外相在给驻伦敦公使青木周藏的信中写道："日本国内政治形势变得越来越紧张，政府如不能做出一番令人震惊的大事，就无法使这种慌乱的人心安定下来。但是毫无借口就发动战争也是不可能的。唯一的目的（方法或途径）只有修改条约了。"藤原彰在其所著《日本军事史》一书中考证说：此时，国内藩阀政府与反对党间的斗争已达到白热化，暗藏着重大的政治危机。要想将国内危机转嫁到国外，最好的方法就是发动战争。而且，自1882年以来的12年间，以对清朝战争为目标的陆海军扩军都已完成，军队已做好战争准备。现在，唯一缺乏的只是一个开战理由，因为"无缘无故地发动战争"会受到国内外指责。① 这就是甲午战争的真正起源，即起源于日本国内政治矛盾的不可调和与政治危机转嫁意愿。

哈特有句名言："想要和平，就要研究战争。"② 而国际关系学研究同样也有很多案例在不同层面、用不同视角解构战争的缘起。其中古典现实主义认为，由于均势可以抑制侵略行为，因而只有当一个国家拥有压倒性优势时，大战才有可能发生。新现实

---

① ［日］藤原彰著，张冬等译：《日本军事史》，解放军出版社2015年版，第58—59页。
② 朱启超：《中国跨越"陷阱"需建设一流军队》，载《参考消息》，2016年9月16日，第11版。

主义也承认这一点,但却强调两极体系似乎要比多极体系更稳定,这主要是因为两极体系迫使各国更加自觉地维持均势。霸权稳定论则否定了古典现实主义的假设,认为各国之间的平等是危险的,因为那些正在崛起而力量大致相当的国家会采取攻势,以获得为原有秩序所不容的利益。因此,只有当一个超级大国在致力于维持和平时,整个体系才是稳定的。戴尔·科普兰在动态差异理论中总结了以上三种理论,他认为找到了更好、更准确解构大战起源的理论,即大战主要是由那些处于优势地位却害怕明显衰退的军事大国发动的。这正如当下众多国际关系学者所认定的那样,未来美国这个处于优势地位却害怕明显衰退的军事大国会发动大战,世界战争的源泉是美国霸权主义。[①] 当前国际安全环境的动荡形势、处处燃起的战火,无处不倒映着美国的影子,就像美国无处不在的枪支一样,全球每一处战场都有美国军火的踪迹,都是在美国政府的干预下点燃和助燃的,其目的就是在全球掠夺利益。

王湘穗教授在《世界失序更显中国"仁智"思维价值》一文中指出,"大国仁而小国智"是中国古代先贤孟子对国际关系之道的最初思考。大国以仁保天下稳定,而小国则以智保国家安宁。在这种仁智思想的指导下,"厚往薄来"的"朝贡体系"维系了东亚地区不同文明国家间上千年的总体稳定关系,实现了区域的长期发展……而以资本持续积累为基本目标的全球竞争中,主权国家必然陷入锱铢必较的无序竞争……军备竞赛成为全球现象,越来越多的军费没有给世界带来安全感,反而让全球成为一个大的火药桶。排他性增长导致文明的冲突,更让国家和非国家的恐怖主义蔓延成危及全球的癌症。世界一定程度上坠入了"他人即

---

① [美]戴尔·科普兰著,黄福武译:《大战的起源》,北京大学出版社2008年版,第2—3页。

地狱""他国即对手"的普遍困境。① 所以,王湘穗给出的方案是超越威斯特伐利亚体系,恢复"仁智体系"。但这种体系的选择谈何容易,只能是一种美好的"空想主义"期望。它的实现牵涉到整个世界文化、文明的治理。而对主权国家政府和执政党而言,其处理国际关系的政略则应该是求同存异、调和矛盾、避免战争,为国家选择和平、谋求和平与发展,远未涉及到整个世界文化、文明治理的深层次和统御层面。

事实上,早在战国初期,中国古代的战略理论家们就已经给出了很好的解决争议以致避免战争的答案。著名军事家吴起在其所著的《吴子》一书中,鲜明地提出了"内修文德,外治武备"的思想。意思就是说,贤明的君主必须对内修好政治,引领道德,以安众人;对外必须加强武备,以防御制衡敌人。这两方面都是国家安全所必需的,既包含了国际关系学派所定位的传统国家安全观,也包容了现代的新国家安全观。战国时期政治家、军事家商鞅在《商君书·战法》中说:"凡战法必本于政胜,则其民不争。不争则无以私意,以上为意。故王者之政,使民怯于邑斗,而勇于寇战。"意思就是说,用兵作战的道理,主要是在政治上获得人民的拥护,英明的政治措施,在于使人民不争私利,不以个人的意志为意志,而以国家的意志为意志,进而能够勇于参战。战国时期齐国大将司马穰苴撰写的《司马法·仁本第一》提出:"古者,以仁为本,以义治之之为正。正不获意则权。权出于战。"就是说,古代治理国家的人,一般是以仁爱为根本,用正常的政治方法来治理国家,而当用正常的政治方法达不到目的时,就必须使用特殊的手段,即战争。这也是现代人所说的,战争是

---

① 王湘穗:《世界失序更显中国"仁智"思维价值》,载《环球时报》,2017年10月25日,第14版。

政治的继续。当政治冲突无法以通常的方式解决时，双方往往诉诸于战争。但是，在一定的条件下，又可以用非战争的方式达到预期的目的。这就是政治与战争的辩证法，体现的也是政略与战略选择的辩证关系。

二、战争的性质是由政略属性决定的

克劳塞维茨在其《战争论》中指出，"战争是政治的继续，是实现政治目的的工具"，成为公认的揭示现代社会战争规律的至理名言。一方面，参战国国内政治气候多样化，政治认同感出现差异，政府或执政党为了发起战争或尽快结束战争，需要加大战争投入和国民支持，不得不动用舆论宣传。另一方面，信息社会的完善，国民意识的加强，表达意志意愿的强烈，给战后检讨创设了宽松的民意舆论环境。伊拉克战争结束后，美英国内关于政府是否利用或制造假情报误导国家投入战争的质疑声四起，就十分明显地影响到政府的可信度及其执政地位的稳固。[1] 但是，这并没有影响从海湾战争到伊拉克战争中，美国政府不遗余力地建立广泛的联盟，希望最大限度地争取到支持者，建立起政府的"权威"[2]，维护政府的合法性和获得民众的信任感。英国舆论也认为："伊拉克危机证明了多边机构对于全球舆论的非凡影响。一个

---

[1] 姚有志主编：《战争战略论》，解放军出版社2005年版，第44页。
[2] ［美］安东尼·M.奥勒姆、约翰·G.戴尔著，王军译：《政治学与社会》（第五版），中国人民大学出版社2017年版，第3页。上述著作解释称：按照政治学与社会学的观点，权威常常指自身运行于其中的一套制度以及制度化的安排；而权力通常指一个人或集团和机构操控并塑造人们观点和行为的能力。

| 第七章　政略与战争 |

又一个国家的民意调查表明，如果联合国安理会通过第二份决议，舆论就会有30%到40%倾向于支持军事行动。由于美国的立场明显缺乏国际合法性，因此美军无法从土耳其领土上开辟第二条战线，而战争费用很可能主要落在美国头上。"① 这样就增加了战争的耗费，降低了战争效益、效率。这些理论和实践都说明，战争的性质是由政略决定的，政略的选择甚至影响到战争的效益和效率。

1915年，列宁在《第二国际的破产》中指出："辩证法（普列汉诺夫为了取悦于资产阶级而无耻地将他歪曲了）的基本原理运用在战争上就是：'战争不过是政治通过另一种（即暴力的）手段的继续'。这是军事史问题的伟大著作家之一、思想上曾从黑格尔受到教益的克劳塞维茨所下的定义。而这正是马克思和恩格斯始终坚持的观点，他们把每次战争都看作是有关列强（及其内部各阶级）在当时的政治的继续。"② 1916年，列宁在《论面目全非的马克思主义和"帝国主义经济学主义"》中指出，"怎样找出战争的'真正本质'，怎样确定它呢？战争是政治的继续。应当研究战前的政治，研究正在导致和已经导致战争的政治。如果政治是帝国主义的政治，就是说，它保护金融资本的利益，掠夺和压迫殖民地以及别人的国家，那么由这种政治产生的战争便是帝国主义的战争。如果政治是民族解放的政治，就是说，它反映了反对民族压迫的群众运动，那么由这种政治产生的战争便是民族解放战争"，"被压迫者（例如殖民地人民）为反对帝国主义列强即实行压迫的大国而进行的战争，是真正的民族

---

① 姚有志主编：《战争战略论》，解放军出版社2005年版，第45—46页。
② 高民政、薛小荣主编：《军事与政治要论——马克思主义军事政治学经典论述与基本观点》，时事出版社2010年版，第9页。

战争"。① 毛泽东说，"战争——从有私有财产和有阶级以来就开始了的、用以解决阶级和阶级、民族和民族、国家和国家、政治集团和政治集团之间、在一定发展阶段上的矛盾的一种最高的斗争形式"②，"战争就是政治，战争本身就是政治性质的行动"③。这些都是从政略与战争的关系上说的，也就是说，战争就是政治斗争的最高形式。不管是阶级和阶级、民族和民族、国家和国家，还是政治集团和政治集团之间，战争都是其在一定发展阶段上的政治矛盾的一种最高的斗争形式，一种最残酷的斗争形式，这是马克思主义辩证法观点，是无产阶级革命家的认识和判断。

钮先钟说，战争是政治的继续，所以战争不能与政治问题绝然划分，战争时期的政治也绝然不能与战争划分。诚如克劳塞维茨所指出的，战争并非独立的实体，而是国家政策的表现。当国家的性质改变了，其政策会随之改变，而其战争也会同样地改变。④ 毛泽东说："战争本身就是政治性质的行动，从古以来没有不带政治性的战争。""政治是不流血的战争，战争是流血的政治"，要"贯彻战争的政治目的"。⑤ 当然，这些论述都是从战争的政治属性来讲的，即战争绝然不能与政治问题分开，战争的性质是由政略属性决定的。

---

① 高民政、薛小荣主编：《军事与政治要论——马克思主义军事政治学经典论述与基本观点》，时事出版社2010年版，第10—11页。
② 《毛泽东选集》（第一卷），人民出版社1952年版，第164页。
③ 张树德：《国外毛泽东军事思想研究》，军事科学出版社1998年版，第109页。
④ 钮先钟：《历史与战略——从十六则历史实例看见战略的艺术与智慧》，文汇出版社2016年版，第262页。
⑤ 《毛泽东选集》（第二卷），人民出版社1991年版，第479—480页。转引自王普丰：《战略的创新》，军事科学出版社2010年版，第38页。

| 第七章　政略与战争 |

三、战争只不过是政略的工具

克劳塞维茨说,"战争是由政治诱导的,政治是头脑,战争只不过是工具,不可能是目的"①,"作为战争最初动机的政治目的,既成为衡量战争行为达成任何目标的尺度,又成为衡量应使用多少力量的尺度"。② 所以说,先有政略,后有战争,战争是由政略导演的,战争由政略的决策而突发,因政略的调整而变化,也由政略的决策调和而戛然而止。

克拉克是1999年科索沃战争的美军最高指挥官,在2003年伊拉克战争结束后评价说,就这些任务来看,消灭敌方力量"为胜利创造了必要的但非充足的条件";在这种情况下,"胜利与其说意味着击溃敌军,毋宁说意味着把事情进行到底,也就是达成战役目的"。科科申指出:"早在伊拉克战争结束之前就有许多征兆,美英入侵伊拉克的政治结果将完全不像这场战争的谋划者起初所预想的那样,所取得的军事结果并未转化成政治上的胜利。"所以,看似伊拉克战争结束了,美军却陷入了伊拉克民族战争的泥淖,很难拔出腿来。正如2017年美国《外交》双月刊网站的文章《俄罗斯的战争艺术——塑造国家形象的另一种手段》中所指出的,俄罗斯总统热衷于"混合战争",即将传统军事手段与操纵信息相结合,以达到战略(应是政治或政略)目的。可见,俄罗斯从军事上体现了该国政府证明其超级大国地位的愿望,即"俄

---

① 王普丰:《战略的创新》,军事科学出版社2010年版,第54—55页。
② 克劳塞维茨:《战争论》,商务印书馆1978年版,第33页。转引自高民政等:《军事政治学导论》,时事出版社2010年版,第17页。

罗斯是一个有着全球实力和抱负的大国"。① 2015年5月25日，于北约"2015年北极挑战"演习开演之时，普京下令俄罗斯中部军区及防空兵同一天开始举行为期4天的大演习——"战备状态突击检查"。时任俄罗斯副总理罗戈津说："我们不应看任何人的脸色行事，该干什么就干什么。我们是一辆巨型阿玛塔坦克。……（俄罗斯的）坦克不需要签证。"② 罗戈津在言语中明确表达出俄罗斯军事演习是普京政府表达其政略取向的方式，用"坦克不需要签证"这种强硬表述方式说明：俄罗斯是用军事实力在国际政治舞台上说话的。

四、战争的分类是由政略取向决定的

克劳塞维茨坚持认为政治必须永远起主导作用，因此政治家和将军们首先需要运用自己的判断力做出的最重要和最紧迫的决策，就是判定战争的性质，以确保既没有误解为其他性质，也没有理解为从其固有条件来看决不可能出现的性质。他宣称："在所有战略问题中这是最为重大的问题。"克劳塞维茨战争理论的首要价值在于，它指明了一条清晰的逻辑思维路线，我们可以根据这条逻辑思维路线判定将要参加的战争的性质，并且确保不会只是因为某些作战手段在另外一种性质的战争中取得胜利，就把它们运用到当前性质的战争中去。他坚称只有不把战争视为独立的事物而将其视为政略工具，我们才能正确地认识历史教训，才能理

---

① 《俄通过战争重塑国家形象》，载《参考消息》，2017年2月10日，第6版。
② 《俄用超大军演向北约亮拳》，载《环球时报》，2015年5月28日，第1版。

第七章　政略与战争

解为什么从现实指导来看，由于战争产生的动机和客观条件不同，战争的性质也一定会有所不同。克劳塞维茨声称，该思想是引导人们通向正确认识战争理论、对战争进行分类、将一种类型的战争从另一种类型的战争中区别开来的第一道光辉。和克劳塞维茨同一时期的约米尼完全同意这一观点。约米尼在其著作《战争艺术》的第一章中专门论述了"政治与战争"，他根据政治目标将战争分成九类。他提出的一个基本命题是："不同类型的战争将或多或少地影响达到预定目标所必须采取的作战行动的特点，影响到必须发挥出的能量的大小，影响到我们必须执行的任务的强度。"① 现在，这一论点已被广大的政治家、战略理论家所认同、所接受，并在战争计划制订、战争实施的过程中被遵循。

克劳塞维茨在其《战争论·第八卷》之《论战争计划》中，不断坚持两个重要观点：战争是政治的一种表现形式，作为政治形式的战争可以是有限的也可以是无限的。② 他认为，相对于建立在把战争目标分为主动性和被动性基础上的第一种分类方法而言，第二种分类方法即是将战争分为有限战争和无限战争的方法，这种方法更为重要。如果是无限战争，那么主要的战略进攻行动应当以敌人的武装力量为直接作战目标；如果是有限战争，即便战争的目标是积极的，也没有必要这样做。如果情况对己方有利，以预定目标本身作为主要战略进攻行动的目标就足够了。③ 克劳塞维茨在《战争论》中还指出了一条关于政略与战争最重要的

---

① ［英］朱利安·S. 科贝特著，仇昊译：《海上战略的若干原则》，上海人民出版社2012年版，第21—22页。
② ［英］朱利安·S. 科贝特著，仇昊译：《海上战略的若干原则》，上海人民出版社2012年版，第37—38页。
③ ［英］朱利安·S. 科贝特著，仇昊译：《海上战略的若干原则》，上海人民出版社2012年版，第33—34页。

| 政略与战略论 |

真理——有限战争并不取决于交战双方的武装力量有多大，而是取决于它们在面临决定性问题时能够投入或愿意投入的力量有多大。① 而约米尼沿着不同的道路研究得出了几乎相同的结论。约米尼指出："战争的目标有两类，一类可以称之为领土的或地理性的'维护权利的进攻性战争'……相反，另一类则仅包括摧毁或瓦解敌人的军队而不涉及任何领土要求。"约米尼在第一大类即"维护权利的进攻性战争"的第一个类别中，论述了克劳塞维茨所谓的"有限战争"，他将腓特烈大帝以征服西里西亚为目的的大战作为典型的战例。他说："在此类战争中……进攻性行动应当与预定目标相适应。首次行动自然应以占领提出领土主张的地区为目标。"② 而科贝特理解得更为深入，他指出，负责战争规划任务的军官当然会要求确立以下倾向或观点：政治不应当同置于他职权范围内的军事手段发生矛盾。然而，无论这种要求在某些特殊情况下可能对政治产生多么强烈的影响，军事行动依然仅仅被视为政治的表现形式。战争永远也不可能取代政治。政治永远是目标，战争只不过是达到目标的手段，手段总是要与最终目标保持一致。存在于政治概念之外的一切事物——专属于陆上或海上军事行动的一切手段——只是我们用以达到政治目的的途径。因而，战争计划的首要条件就是使手段尽可能少地与作为战争本源的政治条件相冲突。当然，从整个人类关系的角度看，手段与结果、政治急需与军事急需之间实际上会达成妥协。③ 科贝特还认为，根据战

---

① ［英］朱利安·S.科贝特著，仇昊译：《海上战略的若干原则》，上海人民出版社2012年版，第45页。
② ［英］朱利安·S.科贝特著，仇昊译：《海上战略的若干原则》，上海人民出版社2012年版，第34—35页。
③ ［英］朱利安·S.科贝特著，仇昊译：《海上战略的若干原则》，上海人民出版社2012年版，第20页。

争是政治的继续的理论,一个简单而熟悉的分类方法,即根据战争的政治目标是主动还是被动来进行分类:如果是主动的,即如果我们的目标是要从敌方夺取某些东西,那么我们的战争从主要方面来看就是进攻性的;反之,如果政治目标是被动性的,即如果我们只是试图防止敌人夺取某些会给我们带来危害的利益,那么我们的战争就是防御性的。① 这种战争的分类方法,主要被资产阶级战略理论家所推崇,也为世界军事理论界所认可和通用。

毛泽东以无产阶级革命家的立场观点和方法对战争分类方法做出了科学的界定。他指出:"历史上的战争,只有正义的和非正义的两类。我们是拥护正义的战争反对非正义的战争的。一切反革命战争都是非正义的,一切革命战争都是正义的。"② "人民战争,就是广大人民群众为了反抗阶级压迫或民族压迫而组织和武装起来进行的战争。人民战争必须具备两个条件:一是战争的正义性,二是广泛的群众性。"③ 而革命的战争就是群众的战争。从军队的属性来讲,军队是执行统治阶级政治任务的武装集团。所以,军队的战略行动,归根结底是在用一种特殊的方式执行一项特殊的政治任务。这也就决定了军事战略的政治属性,这种属性规定了战略的正义性或非正义性,规定了战略所选择的基本作战类型是进攻型还是防御型。而通常帝国主义国家的战略具有侵略性和进攻性,被侵略国家的战略具有反侵略的正义性和防御性。这种分类方法当然是由政略的取向决定的,也就是由马克思主义的无产阶级立场、观点和方法所决定的。

---

① [英]朱利安·S、科贝特著,仇昊译:《海上战略的若干原则》,上海人民出版社2012年版,第23页。
② 《毛泽东选集》(第一卷),人民出版社1952年版,第167页。
③ 《毛泽东选集》(第一卷),人民出版社1952年版,第167页。

五、政略与战争法

1945年在美国旧金山诞生了《联合国宪章》，其第二条第四项规定："各会员国在其国际关系上不得使用威胁或武力……侵害任何会员国或国家之领土完整或政治独立。"第二条第七项又规定，"本宪章不得认为授权联合国干涉在本质上属于任何国家国内管辖之事件"。这是《联合国宪章》原则的最核心部分，是人类深刻反思惨绝人寰的两次世界大战并试图避免类似悲剧再度发生的共同心声，也是防止大国强国对弱小国家寻找借口滥用武力、维护国际和平及安全的法律保障。

1894年春，朝鲜发生声势浩大的东学党起义，动摇着李氏王朝统治。李氏政府请求清政府派兵协助平息动乱。日本政府也依据1885年日本和清政府谈判签订的有关朝鲜的条约派兵进驻朝鲜。但是，日方却没有严守该条约中"日后朝鲜若有变乱或重大事件，两国或一国派兵，彼此应先行知照，事定仍即撤回"的规定，没有在事态平息后撤回驻军，对此清政府也没有追责，以致同年7月23日日军突袭朝鲜王宫，挟持朝鲜国王高宗及掌握实权的闵妃，扶植以兴宣大院君为首的亲日傀儡政府。两天后，日方未经宣战即挑起甲午战争。同年9月底，战事不利的清军退回鸭绿江北岸，从而日军完全控制了朝鲜。[①] 这时的"大日本帝国"绝没有把国际法、战争法放在眼里，也没有把与清政府签订的条约放在心中，而是完全根据其政治意愿、政略规划灵活变通，有

---

① 高全喜：《〈马关条约〉中的"朝鲜问题"》，载《报刊文摘》，2017年3月13日，第3版。

第七章　政略与战争

预谋地伺机发动侵略战争，从而达成了侵略霸占朝鲜的初步政略目的。可见，战争法在帝国主义侵略者眼中根本不算什么，只是其政治权术的玩偶而已。

然而，事情至此并没有完结，单纯就清朝和日本双方战场上的较量来说，日本完全可以挟节节胜利之威风，一举霸占朝鲜。但是，日本帝国主义政府也认识到它的羽翼并没有完全丰满，已经逐渐吃透西方列强那一套游戏规则的日本政府显示出精明狡诈的一面，这时它又引用所谓"国际法"为其侵略扩张行径背书。其一，1894年8月，日方强迫朝鲜傀儡政府签订了《大朝鲜大日本两国盟约》三条，开宗明义第一条就是："以撤退清兵于朝鲜国境外、巩固朝鲜国独立自主而推进朝日两国所享利益为本。"其二，次年4月清政府与日本签订《马关条约》，第一款即规定："中国认明朝鲜国确为完全无缺之独立自主国。故凡有亏损其独立自主体制，即如该国向中国所修贡献典礼等，嗣后全行废绝。"两条对比，不难发现，日本借"国际法"之助，予"朝鲜独立"之名，而行伺机吞并朝鲜之实，实现其一以贯之的政治图谋。合其意则用之，不合其意则废纸不如。"国际法"只是助其实现帝国主义侵略政治目的的一个幌子，充分体现了日本帝国主义侵略的本质与反动伎俩，也是二战后日本身败名裂、令国际社会唾弃的客观史实所在。

第八章 政略与军事战略

《左传》载："国之大事，在祀与戎。"《管子·霸言》云："明王所重者，政与军。"① 《尉缭子·兵令上》曰："兵者，以武为植，以文为种；武为表，文为里；能审此二者，知胜败矣。"即认为军事是骨干，政治是根本；军事是表象，政治是本质。② 诸葛亮兵法《便宜十六策·治军第九》中说："治国以文为政，治军以武为计。"这里所说的"政"，就是指政略；这里所说的"计"，就是指战略。③《管子·重令篇》指出，"凡国之重也，必待兵之胜也，而国乃重。凡兵之胜也，必待民之用也，而兵乃胜"。④《商子·战法篇》认为，"凡战法必本于政"。⑤《淮南子·兵略训》认为，"兵之胜败，本在于政。政胜其民，下附其上，则兵强矣，兵胜其政；下畔其上，则兵弱矣。为存政者，虽小必存；为亡政者，虽大必亡"。⑥ 这是我国古代战略家对政略与战略关系辩

---

① 邱复兴主编：《孙子兵学大典》（一），北京大学出版社2004年版，第2页。

② 黄朴民、魏鸿、熊剑平：《中国兵学思想史》，南京大学出版社2018年版，第146页。

③ 王珲、师金：《战略与政略相融会的兵典：诸葛亮兵法》，军事科学出版社2005年版，第54页。

④ 金玉律：《政略与战略》，国家图书馆馆藏1939年版，第4页。

⑤ 金玉律：《政略与战略》，国家图书馆馆藏1939年版，第4页。

⑥ 金玉律：《政略与战略》，国家图书馆馆藏1939年版，第4页。

证论述之一斑。事实上从先秦的《三略》等著作就开始强调"政略"高于"兵略",① 即"政略"高于"战略"。《左传》更吸收了春秋时期的"民本"思想,提出了"无民,孰战"的基本观点。② 中国古代这些对"政略"与"战略"辩证关系的论述不可谓不深刻、不透彻。

在西方国家,"政略"与"战略"一直被称作国家"霸术"的两面,以马基雅维利所著《霸术》最为著名,被后来的政治家和军事家所推崇,而最经典名句莫过于"为国者宜兼用野兽竞争之术,……效野兽之行,莫若兼效狮与狐。狮勇矣,而不知有陷阱;狐智矣,而不能御狼。是以宜效狐以知其陷阱,宜效狮以使狼畏"。③ 在抗日战争之初,我国翻译出版了日本东瀛战史研究部所写的《现代政略与战略的关系》一书,书中绪论即借用吐拉纠克的话指出:"战争系最高级政略,国民之发展,端赖战争以达成。"它为日本帝国主义设计了赤裸裸的侵略逻辑,以侵略为目的、以战争制胜为条件谋求霸权(或曰"霸术"),反映的只是政略和战略关系的一个侧面,即战略反作用于政略的侧面,而且是不全面的一个侧面,只是政略与战略的关系在侵略者思想体系中的异化表现。其立场观点是错误的,但其对政略与战略关系的认知却是客观存在的事实。

美国陆军军事学院所编《军事战略》中指出:"美国的战略中最不成功的地方以及(二战)战前战略理论中最不清楚的地方,是战争同政治和外交的关系,这是大战略问题,而不是军

---

① 黄朴民、魏鸿、熊剑平:《中国兵学思想史》,南京大学出版社2018年版,第10页。

② 黄朴民、魏鸿、熊剑平:《中国兵学思想史》,南京大学出版社2018年版,第47页。

③ 金玉律:《政略与战略》,国家图书馆馆藏,第2页。

事战略问题。"这里的"大战略"是国家战略,包括政治、外交和军事,当然也是政略所要研究和解决的问题。也就是说,美国陆军军事学院认为,美国战前战略理论最不清楚的地方不是军事战略,而是国家战略出了问题,包括政治与外交。而作为资本主义国家执政党其政略就应该理解为国家战略,这里是通用的,也就是美国政府的政略出了问题,其二战前的政略是最不清楚的地方,也包括没有梳理清楚政略与战略的关系。当然,政略也包括军事政策,或者说军事政策是政略的一个组成部分。这一关系在1946年3月27日美国《国务院—战争部—海军部协调委员会第282号文件——制定美国军事政策的基础》中说得很清楚,文件开头第一款就指出:"保持美国军事力量的根本目的是为我们提供安全,支持我们的国家政策,无论是国外的,还是国内的。我们的军事政策的要素是由我们的国家政策所决定的。"①

必须说,在国家利益面前政略和战略是相得益彰的。美国特朗普政府的首任国防部长詹姆斯·马蒂斯是以军中鹰派著称的。在2013年担任美国中央司令部司令时就曾对国会议员称:"如果你们没有为国务院提供充足的资金,那我们就需要购买更多弹药。"此话所表达的正是政略的作用。政略的正确可以有效地避免战争的爆发,从而节约大量的资金,更可以使人民免于战争的灾难和苦痛。在詹姆斯·马蒂斯的主导下,2017年2月27日,白宫公布2017财年预算案,美军军费计划增长540亿美元,增至6030亿美元。白宫的预算草案提议将国务院支出削减30%,以助抵消540亿美元的军费增长。事实上,整个国务院的预算只有约

---

① 周建明、王成至主编:《美国国家安全战略解密文献选编(1945—1972)》(第二册),社会科学文献出版社2010年版,第539页。

500亿美元左右，还不及特朗普试图给五角大楼增加的预算多。①当然，这反映的是另一个侧面，并被称作"美国从'软实力'转向'硬实力'"的实证。

一、政略与战略不应分立，是千古不变的原理

现代学术界研究政治和军事的著述众多，而以塞缪尔·亨廷顿为代表，研究视角是政治学中的军政关系，多出自于英文 civil-military relation，译作中文后多为"军政关系"（陈明明语）、"军民关系"（日本学者语），其意思"在广义上是指所有军人与非军人之间的关系"（俞可平语）。当然，正如高民政所总结指出的：不同政治学者之间对"军政关系"或"文武关系"在实体内容与研究兴趣上也有不同的侧重。不管是塞缪尔·亨廷顿认为"文武关系内涵主要是军队的上层组织军官团与国家尤其是代表国家的文人政府的政治关系"，即"文武关系最基本的焦点是军官团与国家的关系"，还是海瑞斯·詹金斯认为"文武关系总结存在于军队中各个机构和民间社会里各个部门之间的政治利益的复杂网络传统上假定的一系列的制衡"也好，他们都认同"军政关系""文武关系""民军关系"和"军民关系""在广义上是指所有军人与非军人之间的关系"，在国内视角属于军事社会学特别是军事政治学研究的范畴，在国际视角主要属于国际关系和世界政治研究范畴，是平行层次之间的交互关系，是两个割裂的个体之间的对立

---

① 《美国从"软实力"转向"硬实力"》，载《参考消息》，2017年3月3日，第10版。

关系。①"实质上就是从政治角度研究军事事务和军事政策,也就是军事政治现象的研究。"②所以,高民政从政治学的角度指出:"国家间的军政关系中,军事决定政治,政府从属于军队而为军队服务。"③但从总体上、本质上而言,军事永远是为政治服务的,军队永远是政治的工具,不仅在国内,也延展到与国际的交往或战争中,即便是所谓的"偏态"也不应如此。当然,高民政也看到了这一点不足,其指出:二战前,日本的"政党对藩阀""政党对军部",互为"天然的敌人"的格局,抑或是日本作为军事专业主义的意识形态具有防御政治干预功能的"统帅权独立",在二战后现代政党政治的体制下已经瓦解。从逻辑关系上讲,不仅仅是"支持一种国内政治的军事政治学的逻辑在于:军队只是功能性的,因而受控于性质国家"④。也如阿特和杰维斯所指出,国家间关系中,"性质国家"是军队功能的逻辑起点,而民族国家间"武力是政治互动的内在所需成分","置身于各国中间的国家是在暴力的血腥阴影中操作本国国务。由于任何时候都可能有某些国家使用武力,因而所有国家都必须准备这么做。否则就任凭它们在军事上被更有力的邻国摆布","武力不仅充当最后手段,而且确实是头号工具和常在依靠"⑤。但这里与政治学研究的军政

---

① 高民政主编:《国家兴衰与军政关系纵论——大国崛起中的军事与政治》,时事出版社2011年版,第29—31、131页。

② 高民政等:《军事政治学导论》,时事出版社2010年版,第2页。

③ 高民政主编:《国家兴衰与军政关系纵论——大国崛起中的军事与政治》,时事出版社2011年版,第48—49页。

④ 高民政主编:《国家兴衰与军政关系纵论——大国崛起中的军事与政治》,时事出版社2011年版,第42页。

⑤ [美]罗伯特·J. 阿特、罗伯特·杰维斯编,时殷弘、吴征宇译:《国际政治——常在概念和当代问题》(第七版),中国人民大学出版社2007年版,第43、50、233页。转引自高民政主编:《国家兴衰与军政关系纵论——大国崛起中的军事与政治》,时事出版社2011年版,第44—45页。

关系不同，是从军事战略学的传统认识出发，研究的是政略与军事战略的关系，是一种上下层面之间、指导与被指导之间、服务与被服务之间的关系，是"政略与军事战略"统一体之内部相似于大脑与四肢之间的关系，遵循战略服从政略的本质要求，是统一的、一体的、完整的、指导逻辑关系清晰的整体。

时任日本内阁总理山县有朋在日俄战争前向政府提出的意见书《政战两略概论》中阐述"政略"和"战略"说，政略是规定战斗（战争）的目的、范围和限度，活用作战成果，实现国家目标的国家政策；战略意味着遵循政略规定的目的和限度，制订作战计划，实施作战过程。[①] 其认识的基本点是战略从属于政略，这是正确的。但日本在制度设计上，天皇具有统合一切的权力，而却很少使用政治权力，也不具备政党所必须具备的统合政战两略的能力。所以，堀场一雄在其所著的《日本对华战争指导史》一书中，一直抱怨日本统帅部不能统合政战两略，或者战场指挥官多有越权统帅机关的政略设计，而使政略陷于被动，无法如期完成侵华战争的进程。

当然，战略必须服从政略主要是从政治目标和军事目标来讲的。哈特强调，在讨论战争的目标时，重要的是明确而清醒地了解政治目标和军事目标之间的差别。军事目标只是达到政治目标的一种手段。因为，军事战略的最终目标也就是国家政策目标。用美国总统罗斯福的话说："我们的行动原则除了胜利别无其他选择。"而按照西方军事家的理解，所谓"胜利的概念，就其本身作为一个目标来说，就是用最稳健的军事方法，尽可能迅速地取得

[①] 高民政主编：《国家兴衰与军政关系纵论——大国崛起中的军事与政治》，时事出版社2011年版，第238页。

胜利"。① 也就是使敌人屈服,这就是军事的胜利,并以军事的胜利推行其政治的诉求,达成其政治的目标。

提到战略与政略的关系,运用最好、借鉴最多、被世人广为推崇的是俾斯麦领导普鲁士王国用"铁与血"实现了德意志统一。在通向德意志统一的道路上,它先后经历了对丹麦(联合奥地利)、对奥地利(在法国、俄国保持中立和意大利支持的情况下)和对法国(在奥地利和俄国保持中立的情况下)进行政治孤立和军事打击的过程。这是俾斯麦首创的有限战争,他具有严格规定的政治目的和由这一目的转化而成的军事战略方针与实际战斗行动,俾斯麦竭尽全力将其置于政治监督之下。这是战略与政略完美的结合,是政略目标完美的实现,是战略在政略的监督下严格履行政略的规定而取得的军事胜利,更是以实现国家统一战争为政治目的的完美政略体现。

老毛奇认为,"政治无法与战略割裂开来"。"政治可被战争用来达成自己的目的并对战争的开始和结束产生决定性的影响",但"政治不应该干预作战"。(军事)统帅任何时候都不应该只追求政治目的,而应把战争的胜利放在首位。如何利用胜败"与(军事)统帅无关,这完全是政治的事情"。俄国军事理论家马丁诺夫还为此专门著有《政治对战略的责任》(1899年在圣彼得堡首次出版)一书,他的论断是:"政治应该确定战争的政治目标,然后再给战略以完全的行动自由。"卡夫塔拉泽有根据地指出,在战争过程中,"政治不可能退出"与军事战略的"密切互动",而把一切交由政治操纵;不仅如此,"通常正是在战争过程中政治对战略的影响才具有特别重要的甚

---

① 张继平:《历史的反思——第二次世界大战的战略与政略》,时事出版社1990年版,第239—240页。

至决定性的作用"。真正是仁者见仁，智者见智。而政略与军事战略关系的运用之妙，在立场、观点、方法上，甚或在实际的把握上却是非常微妙和错综复杂的，用"治大国如烹小鲜"来形容掌握战争的制胜规律、来把控战争的节奏、来选择战略的方法和时机一点也不为过。因为，政略和战略都统一于国家利益这一根本要求之下，这一点一以贯之，从始至终从未改变，也不会改变。

蒋百里在政略和战略的问题上很赞成克劳塞维茨的观点。蒋百里在其《国防论》一书"政略与战略（敌与兵）论战志之确定"一章中指出："曰兵者，以战为本，战者以政为本，而志则又政之本也。国于世界，必有所以自存之道，是曰国本。国本者，根诸民族历史地理之特性而成，本是国本，而应之于内外，周围之形势，以策其自存者，是曰国是。国是者，政略之所从出也。战争者，政略冲突之结果也。军队者，战争之具，所用以实行其政略者也，所用以贯彻其国是者也，所用以维持其国之生存者也。故政略定而战略生焉，战略定而军队生焉，军者国之华，而未有不培养其根本，而能华能实者也。战争为政略冲突之结果，是为近世战之特性。日俄之战，俄罗斯之远东政略，与日本相冲突也。今日之欧战，德国之世界政略，与英俄相冲突也。庸讵不可以交让乎，借曰政略可以交让也，国是而可以交让乎，国本而可以交让乎；不可以让，则彼此各以威力相迫，各欲屈其敌之志以从我。近世兵学家下战争之定义曰，战争者，政略之威力作用，欲屈敌之志，以从我者也。夫曰屈其志，乃知古人攻心之说，真为不我欺也。"[①] 在"国力与武力与兵力"一章中又指出："近百年来，为一切政治之原动，而国制组织之根本者，则立宪制度是也。为

---

① 蒋百里：《国防论》，岳麓书社2010年版，第43—44页。

一切军事之原动,而国军组织之根本者,则义务征兵制是也。新国家有是二者也,犹若车之有两轮,鸟之有两翼,而二者之间,尤有至深至密切之关系。"[1]

1939年版《政略与战略》中言:老将有叹,"国家养兵数十年,而大功乃出一儒生","期间胜败关头,端在政战两略之配合与运用,尤须深切了解主从之别,盖政略为主,战略为从;政略为目的,战略为手段。书生明此,始可称为国士;军人明此,始可称为儒将。……我国古籍上所称道的儒将,实集儒家、兵家、纵横家、道家之长的标准经世人才。……和战是非,颇难定论;胜骄败坠,均为险着!若不明白时间与空间的决定条件,不了解政战两略的配合与运用则主和主战,均是误国;而非和非战,态度模棱,举棋无定,畏难就易,急事而不断,时至而迁延,则尤为民族罪人!揆诸史例,彰彰可考:秦桧之罪,不在其主持和议,但私欲太甚,使'固本保邦'的空头支票不能兑现,仍不能不说是误国。韩侂胄之误国即在巧借口实,毫无准备而轻启战端。至于贾似道则非和非战!掩耳盗铃,欺君瞒国,罪不容诛;盖误国必致殃民,一误已甚,岂可再乎?"[2] 此言即出,发人深思,令人警醒。

毛泽东在中国革命战争的实践活动中非常重视处理政略与战略的关系,是一代政略与战略辩证运用的大师。他在《论持久战》中指出:"一句话,战争一刻也离不了政治,抗日军人中,如有轻视政治的倾向,把战争孤立起来,变成战争绝对主义者,那是错误的,应加纠正。但是战争有其特殊性,在这点上说,战争不即等于一般的政治。'战争是政治的特殊手段的继续'。政治发展到

---

[1] 蒋百里:《国防论》,岳麓书社2010年版,第48页。
[2] 金玉律:《政略与战略》,国家图书馆馆藏,第49—50页。

第八章 政略与军事战略

一定阶段,再也不能照旧前进,于是爆发了战争,以扫除政治道路上的障碍。例如中国的半独立地位,是日本帝国主义政治发展的障碍,日本要扫除它,所以发动了侵略战争。中国呢?帝国主义压迫,早就是中国资产阶级民主革命的障碍,所以有很多次的解放战争,企图扫除这个障碍。……因此可以说,政治是不流血的战争,战争是流血的政治。"[①] 由此可见,政治领袖对军事战略的关注之深,也更深刻地揭示出军事战略对政略的重要性,彰显出政略与战略的不可分割性。

科科申说,政治对军事战略的领导作用决定了军事战略决策也是政治决策(或政治—军事决策)的产物。只是整个军事领域的决策特别是战略领导决策,与政治其他领域的领导决策不同,其区别恰恰在于,它决定着数十万人乃至数百万人的生死存亡。在现代核条件下,它甚至决定着数亿人、数十亿人的生死存亡。这些决策是不可逆转的,整个机制一旦因这些决策而运转起来便无法停止下来。

由于军事战略的政治性,军事战略不是无源之水,它的源头在于政治,也就决定了战略判断的前提在于政治,战略时机的判断在于对政治形势变化的把控。而政治形势的变化不再是天子震怒的随意为之,它有一个过程,这个过程就为战略准备预留了时间,如果再考虑国土的战略纵深,战略准备的时间就是可以预估的。薄富尔说得很直接、很概括,他说:"战略不过是一种达到(政治)目的的手段而已。替战略决定目的的是政策,而政策又是受到一种基本哲学思想的支配,那种思想也就是我们所希望能看

[①] 《毛泽东军事文集》(第二卷),军事科学出版社、中央文献出版社1993年版,第307—308页。转引自高民政、薛小荣主编:《军事与政治要论——马克思主义军事政治学经典论述与基本观点》,时事出版社2010年版,第16页。

| 政略与战略论 |

到它发扬光大的。"① 薄富尔在这里所指的政策不过是政略的局部或政略的阶段内容而已，相对于在基本哲学思想支配下、依据对国际政治环境的判断而形成的一整套思路完整的政略而言，仅仅是一个节点、一个环节。也就是说，战略所要发扬光大的是政略、是政略的要求。

毛泽东指出："中国的问题离开武装就不能解决。"②"中国人民要自由，要统一，要联合政府，要彻底地打倒日本侵略者和建设新中国，没有一支站在人民立场上的军队，那是不行的。""没有一个人民的军队，便没有人民的一切。"③ 这是中国共产党人政略与军事战略之物质基础的明确关系。胡乔木在《毛泽东与中国新民主主义革命》一文中论述道："在1936年冬，毛泽东同志写了关于《中国革命战争的战略问题》一书，总结了1927年至1936年的革命战争的经验，阐明了中国革命战争的特点，有系统地批判了'左'倾分子和右倾分子的军事路线错误。这是世界共产主义运动中最优秀的马克思主义的军事著作之一。实际上这部书不但是一部重要的军事著作，而且因为它深刻地分析了整个中国革命的规律，深刻地分析了战争的胜利和失败的根源，战争规律和战争规律的认识过程，它又是一部重要的政治著作和哲学著作。"④ 也就是说，胡乔木认为《中国革命战争的战略问题》既是世界共产主义运动中最优秀的马克思主义军事著作之一，也是一部光辉的政略论著。胡乔木深刻而辩证地道出了毛泽东对政治理

---

① ［法］薄富尔著，钮先钟译：《战略绪论》，内蒙古文化出版社1997年版，导言，第43页。
② 《毛泽东选集》（第二卷），人民出版社1991年版，第544页。
③ 《毛泽东选集》（第三卷），人民出版社1991年版，第1072、1074页。
④ 胡乔木：《胡乔木回忆毛泽东》（增订本），人民出版社2014年版，第585页。

论与军事理论、政略与战略之间逻辑关系的深刻认识之奥妙。

二、政党与军队的关系从组织形式上决定了政略与战略的关系

1924年6月16日,黄埔军校开学典礼上,孙中山就明确阐明了"革命军"对革命党的重要性及其关系。他说,同样是革命,为什么"我们革命的时期比较俄国要长一半,所遇的障碍又不及俄国的大,弄到至今革命还是不能成功呢"。其中的"一个大教训""就是俄国发生革命的时候,虽然是一般革命党员做先锋,去同俄皇奋斗,但是革命一经成功,便马上组织革命军;后来因为有了革命军做革命党的后援,继续去奋斗,所以就是遇到了许多大障碍,还是能够在短时间之内,大告成功。中国当革命之时,在广东奋斗的党员,最著名的有七十二烈士,在各省舍身奋斗的党员也是不少","但是后来没有革命军继续革命党的志愿,所以虽然有一部分的成功,到了今天,一般官僚军阀不敢明目张胆更改中华民国的正朔,至于说到民国的基础,一点都没有。这个原因,简单的说,就是由于我们的革命,只有革命党的奋斗,没有革命军的奋斗;因为没有革命军的奋斗,所以一般官僚军阀便把持民国,我们的革命便不能完全成功。我们今天要开这个学校,是有什么希望呢?就是要从今天起,把革命的事业重新来创造,要用这个学校内的学生做根本,成立革命军"。[①] 这里需要指出的是,在孙中山领导革命以前的封建社会,军队是私人的财产,忠

[①] 林尚立:《当代中国政治:基础与发展》,中国大百科全书出版社2017年版,第173—174页。

于个人，忠于君王；而西方资本主义国家的军队忠于其资产阶级的政党，为资产阶级制度服务。黄埔军校的成立，革命军的建立，自然是要为革命党服务的。

马克思在总结巴黎公社的经验教训时提出，"无产阶级专政的首要条件就是无产阶级的军队"。① 针对无产阶级军队如何组织、听谁指挥的问题，1850年3月，马克思、恩格斯在《共产主义者同盟中央委员会告同盟书》中提出，无产阶级要"设法组成由他们自己选出的指挥官和自己选出的总参谋部来指挥独立的无产阶级近卫军"。② 毛泽东在抗日战争时期就告诫全党："共产党员不争个人的兵权，但要争党的兵权，要争人民的兵权。现在是民族抗战，还要争民族的兵权。在兵权问题上患幼稚病，必定得不到一点东西。""每个共产党员都应懂得这个真理：'枪杆子里面出政权'。我们的原则是党指挥枪，而绝不容许枪指挥党。"③ 这些领袖的论断中都明确认识到政党要取得革命的胜利从组织原则上就必须掌握军队的领导权。

格里菲茨说美国政府"做出相当大的努力使士兵不过问政治，甚至做出更大的努力使政治不触及士兵"，是因为美国资产阶级文化中强调军队对政府命令的严格执行、绝对服从的超前教育。一旦有逾越这种教育的言论，美国政府会进行多方干预和打压。格里菲茨的说法正是资产阶级的伪善性、伪命题之一。2017年，西点军校毕业生、少尉斯潘塞·拉波内在互联网上上传了手持的军帽内写有"共产主义必胜"标语的照片。第二天，西点军校官员

---

① 《马克思恩格斯全集》（第十七卷），人民出版社1963年版，第468页。
② 《马克思恩格斯全集》（第一卷），人民出版社2012年版，第560页。
③ 《毛泽东选集》（第二卷），人民出版社1991年版，第546—547页。

就表示正在调查,并说斯潘塞·拉波内的行为"绝不是美国陆军军官学校价值观的反映"。① 因为,西点军校是为资本主义制度服务的,服从于资本主义国家政党的政治需求,听命于资产阶级政府的指挥,所以,他们不允许这样的言论出现,这也从另一个角度表明了资产阶级的军队也是有政治倾向的、是讲政治的,他们是属于资产阶级国家和政党的。美国宪法规定总统为最高军事统帅(第Ⅱ条第2款),国会负责为其建立的武装力量进行组织和提供资金,并通过有关武装力量要做什么以及如何对军事力量进行管理的法律(第Ⅰ条第8款)。国会掌握宣战的权利,并可以在必要时通过立法和拨款程序影响军事行动。② 而总统和国会都是代表资产阶级政党的政府组织形式和机构。美国1947年的《国家安全法》也规定,参谋长联席会议只履行专业军事功能。该法律将参谋长联席会议安排在把国防部长作为总统的首席国防顾问的国防体制当中。参谋长联席会议在这个体制中处于总统和国防部长的"权威与指示"之下,是一个独立的机构——作为总统、国安会(高级文官组成)和国防部长的顾问。③ 而国防部长负责政策与战略。这就从体制上、立法上规定了资产阶级政权治下的美国的政略与战略的关系。2011年1月11日,法国军队总参谋长弗朗索瓦·勒库安特发表文章说,法国军队的纪律是:"武装部队是国家的力量,人们不应当——哪怕一秒钟——怀疑他们希望摆脱合法政治权力的束缚。他们因此严格和完全地服从于这种

---

① 《"亲共照"令西点紧张》,载《参考消息》,2017年9月29日,第6版。

② [美]阿伦·米利特、彼得·马斯洛斯基、威廉·费斯著,张淑静等译:《美国军事史(1607—2012)》,解放军出版社2014年版,第3页。

③ [美]塞缪尔·亨廷顿著,李晟译:《军人与国家:军政关系的理论与政治》,中国政法大学出版社2017年版,第382—384页。

政治权力。"① 这一表述再直白不过了,任何一个政府都没有放弃对军队的控制。

老毛奇把战略看成是"一位统帅为了达到赋予他的预定目的而对自己手中掌握的工具所进行的实际运用"。哈特认为,老毛奇给"战略"所下的定义比较清楚和准确,这一定义明确指出了一位军事指挥官对于政府所应负的责任,因为他是受政府雇佣的。军事指挥官的职责就是要在战场上使用那些委托给他控制的兵力,即为了最高军事政策的利益而最有效地使用这些兵力。军事指挥官有权因拨归指挥的兵力不足而与政府据理力争,但是不可以强迫政府一定要把多少兵力拨归他指挥,因为那便是超出了他的权力合理限度。从另一方面来说,政府既然具有决定军事政策的全权,就必须使它的政策适应战争中经常变化着的条件。因此,军事政策决不可以僵化而导致丧失弹性。政府有权干预每个战役中的战略指导,不仅可以撤换已失去信任的指挥官,而且可以修正他们的目标,调整他们的任务,以适应军事政策的需要。但对军事指挥官如何指挥军队作战,却不宜加以干涉。可见,战略并不一定只有一个单纯的目标——消灭敌人的军事力量。当政府看到敌人具有总的军事优势,或在某一战区内具有军事优势时,它便可以采取有限规模(战争)的战略。从上述出自美国陆军军事学院所编《军事战略》的论述可知,这是现代资本主义民主政治社会中政治首脑和军事首脑分立的结果。事实上,不管政治首脑和军事首脑分立与否,在作为一个整体的国家利益或政治集团利益目标下,政治对军事战略的领导作用都是必然的,只是它们之间的关系用这

---

① 法国军队总参谋长弗朗索瓦·勒库安特在美国《防务新闻》周刊网站发表了题为《法国正在采取行动,以保障在面临生存威胁时能够生存下去》的文章。转引自《法国军队总参谋长:致力于"军队独特性"》,载《参考消息》,2021年1月16日,第5版。

种分立状态来讨论更方便、更容易理解、更容易操作而已。

2017年7月30日,中国人民解放军建军90周年,朱日和大阅兵庄严隆重,高扬的党旗、国旗和军旗代表了中国共产党对政略、国策和战略的认知,也昭示了中国共产党领导下的国家政治体制。正像习近平主席铿锵的话语中指出的那样,"历史充分证明:我们的人民军队不愧是听党指挥的英雄军队……全军将士们!你们要坚定不移坚持党对军队绝对领导的根本原则和制度,永远听党的话、跟党走,党指向哪里、就打到哪里"。① 这是中国共产党从组织形式上对其领导下的军队的要求,也是这支军队永远不变的军魂。

三、战略必须服从政略的现实需求

现代战争中的政略指导在战争中的运用与中国先秦时期已经完全不同。2017年,黄朴民做客武汉"名家讲坛"进行了一场讲座。在讲座中,他讲述了中国春秋时期战争中崇尚"军礼"战争指导规则:其战争规模有限,程度上较为节制,手段上较为温和,且战争多为贵族包办,多少带有一定游戏的性质。如晋楚邲之战中,交战双方于阵地刀刃交锋之际,居然还教对手如何摆脱困境遁逃,但却遭到对手的奚落,自讨一番没趣。黄朴民指出,在当时这完全符合"军礼"。以军事威慑和外交谋略迫使对方接受己方的条件而屈服,是当时普遍存在的战争指导原则。如春秋五霸之一的齐桓公,在位43年,参与战争20多次,但真刀真枪的开战次数

---

① 《习近平:在庆祝中国人民解放军建军90周年阅兵时的讲话》,新华社2017年7月30日,第2版;《有信心有能力打败一切来犯之敌!》,载《武汉晚报》,2017年7月31日,第2版。

不多，他几乎是凭借着军事威慑来达到预期的目的，正所谓"九合诸侯，不以兵车"。因为，当时指导战争的"军礼"精神具体表现为：一是关于战争的目的，是征讨"不义"；二是军事行动有着"不加伤，不因凶"的限制；三是战场交锋要光明正大，不使狡诈；四是战争的善后措施要有宽容的态度。① 这才是真正意义上战争的"慈化"，从理念到行动指导相一致的战争的"慈化"现象，与今天战争的"慈化"不可同日而语，不是同一个概念。当然，这只是黄朴民研究所得之理念。事实上，春秋后期兵家是讲"诡道"的，因为"兵以诈立"才是兵家之道，而"兵以诈立"是以执行政略的思想、贯彻政略的需求为原则。克劳塞维茨认为，抽象的绝对战争有三个条件：一是战争是突然发生的孤立的行为，同国家的历史没有任何关系；二是它局限于一种解决方案；三是战争的结局是完善的、最后的、绝对的和明确的。辛普森也认为，是政治目的把抽象的绝对战争变成了由现实的人和事组成的现实世界的战争。因此，军事力量必须能够产生令人满意的、显著的政治效果。而军事战略存在的意义就在于使建立和使用军事力量变得有意义，且具有鲜明的政治意义，能够达成政治目的。

张继平在其《历史的反思——第二次世界大战的战略与政略》

---

① 《中国历史上的"另类"战争》，载《武汉晚报》，2017年2月28日，第11版。这是"古司马兵法"阶段的兵学思想，其主要特点是在战争观、治军理论、作战指导思想原则上，充分反映和贯彻"军礼"的基本精神，提倡"以礼为固，以仁为胜"，主张"九伐之法""不鼓不成列""不杀黄口，不获二毛"，贵"偏战"而贱"诈战"，"结日定地，各居一面，鸣鼓而战，不相诈"。转引自黄朴民、魏鸿、熊剑平：《中国兵学思想史》，南京大学出版社2018年版，第28页。《老子·六十七章》指出："夫慈，以战则胜，以守则固。"即所谓，统治者如能做到谦恭自律，以宽容、仁慈的态度对待臣民、士卒，就会赢得他们的信任，获得他们的支持。这样，无论进攻抑或防守，都能应付自如，无往而不利。转引自黄朴民、魏鸿、熊剑平：《中国兵学思想史》，南京大学出版社2018年版，第53页。

一书中指出：马克思主义者一直认为战争是为政治服务的，所谓战争是政治的继续，它不仅在目标上是政治的继续，而且在方法上、性质上也是政治的继续。政略在一定程度上决定战略，在一定情况下影响着战略，两者之间的关系应该说是一种辩证的关系。在战争进行中，如果政略随着战争形势变化而发生变化，战略应随着政略的变化也发生变化。当然在战时特殊条件下，这种变化并不是机械性、被动式变化，而要考虑战略本身有无变化的能力与可能。由于每个国家制定的政略不同，各个国家在战争进程中体现的战略当然也就完全不同。不过二战交战双方进行的战争，都不是单纯由一个国家对一个国家的战争；为取得战争的胜利，无论在总的方面或在局部方面，在整个战争进程中或在战争某个发展阶段中，交战国在政略和战略上都没有一个比较一致的或统一的政略和战略（模式或范式）。但从总体上看，政略决定战略，反过来在一定条件下战略也影响着政略。即当战争顺利进行时，不需要改变原来制定的政略，一旦战争处于失利或严重溃败时，原定的政略不能适应或达到进行战争的目的，就必须根据战略需要改变原来的政略，也就是说，在一定条件下战略对政略的影响是不可轻视的。[①] 如果政略的制定与战略的实际执行存在偏差，政略的现实需求判断存在误差，需要进行修正，那么战略必须随着政略的修正而修正。

二战中，罗斯福主张在1942年秋天开辟第二战场，斯大林也要求1942年在欧洲开辟第二战场，这是美苏基于国内国际形势判断下的政略需求。在这两股有形无形力量的压力下，丘吉尔的态度多少发生了动摇，不得不表面上同意实现他与莫洛托夫初次见面时已做出的许诺。而事实上他依然考虑按英国的实力，能否应

---

① 张继平：《历史的反思——第二次世界大战的战略与政略》，时事出版社1990年版，第196—197页。

付或充当开辟第二战场的主要角色。丘吉尔想在第二战场开辟过程中,为恢复或巩固大英帝国在欧洲和中东的势力范围寻找机会。这是他与斯大林和罗斯福不可避免地在政略上发生分歧,致使行动上拖延开辟第二战场的原因。故此,他借口多种不同的原因,拒绝于1942年秋天开辟第二战场。而且,1942年6月,丘吉尔连续两次致信罗斯福,强调:"对9月初安排在法国北部沿海登陆6个或8个师,英国政府绝不同意,因为肯定它们会带来一次失败的战斗(战役)。因而它不会帮助苏联,反而它会招惹对法国军民进行报复,而且会拖延1943年的主要军事行动,我们强烈坚持这种看法,除非我们停止行动。在这一年内,不会在法国有实质性的登陆行动。"① 而罗斯福被丘吉尔的雄辩所触动的同时,更担心如果1942年无所作为,就会造成国内压力,并危及政府动员国内力量进行全面战争的能力。所以,他于1942年7月做出两项重大的决定:派遣美国作战师同英军一道开赴法属北非,在南太平洋发动有节制的反攻。实际上,罗斯福的决定也就意味着盟军在1944年前不会在法国发动大规模的登陆作战行动。这符合了丘吉尔的设想,也为罗斯福在国内共和党和新闻界打下了政治基础。② 这一案例充分体现了战略必须服从政略现实需求的根本原则要求。同时,这种国家间政略的不一致,导致开辟第二战场的登陆行动一再推迟,代号"霸王行动"的诺曼底登陆于1944年6月6日才正式发起。

二战即将结束的时候,美国已经制造出了原子弹。格罗夫斯说,马歇尔将军对面对中国的日本港口城市感兴趣,目标规划委员会建议的每一个目标都是一座城市,而杜鲁门批准了每一个目

---

① 张继平:《历史的反思——第二次世界大战的战略与政略》,时事出版社1990年版,第275—277页。

② [美]阿伦·米利特、彼得·马斯洛斯基、威廉·费斯著,张淑静等译:《美国军事史(1607—2012)》,解放军出版社2014年版,第343、344页。

第八章　政略与军事战略

标。轰炸时间定在8月6日和9日，已由总统和陆军部长明确授权。而亨利·史汀生作为陆军部长成功阻止了对东京都的核攻击，这是从即将到来的战后政治需求高度来考虑的。亨利·史汀生否决轰炸东京都的理由主要有二：一是东京都是古都、历史名城，对日本人有着巨大的宗教意义；二是他表示战后美国将占领日本，这个历史性的地位应对其决定起主导作用。当然，用原子弹轰炸日本是罗斯福和杜鲁门反复申明的压倒一切的目的——尽快取得胜利结束战争——这是"最不令人反感的选择"。之所以没有用原子弹轰炸天皇，"因为如果他决定投降，他是唯一可指望控制全日本部队的力量"。① 现在回过头来看，不能不承认亨利·史汀生的政治头脑是敏锐的，他深谙战略对政略的服从关系。而他的预测更是准确的，既体现了对历史的负责，更促进了战后美国利益的拓展、维护新秩序的建立与稳定。相反，2003年美国国防部长拉姆斯菲尔德却将本该由政府高层负责制定的伊拉克战争后从战争向和平过渡的规划制定任务交给了一个不怎么受重视的军事小组——凯文·本森小组，其所确定的十三条战争结束后的"优先事项"大多数是不可行的。② 军事战略对政略的服从和支持，体

---

① ［美］麦乔治·邦迪著，褚广友等译：《美国核战略》，世界知识出版社1991年版，第83、94、96、107—108、111、117页；［美］肯尼斯·加尔布雷思著，王宏林编译：《核击日本》，北京联合出版公司2014年版，第58页。

② ［美］弗雷德里克·W. 卡根著，王春生等译：《寻找目标——美国军事政策的转型》，军事科学出版社2009年版，第220—224页。其十三条"优先事项"为：（1）挫败小规模抵抗；（2）保护关键基础设施；（3）看押敌军俘虏；（4）找到/看护大规模毁伤武器，利用敏感场所；（5）提供紧急人道主义援助；（6）协助管理流离失所者；（7）为维护公众秩序和安全提供支持；（8）在地方实施军事管制；（9）为恢复关键公用事业/基础服务提供支持；（10）为维持人道主义援助提供支持；（11）修复必需的交通线；（12）"授权"给选举产生的各级伊拉克官员（临时委员会）；（13）开始重组伊拉克军队。但其中有多少是由军队必须领导执行的让人生疑。

现了资本主义国家军事战略对政略服从的认同。

法国是北约的创始国之一,也是北约军力的一个重要支撑。1958年,民族意识强烈的戴高乐出山执政,法国与北约的关系发生巨变。戴高乐的外交政策目标是确立法国的大国地位,希望法国能在西方世界中成为同美国和英国并列的大国,享有决策参与权。戴高乐认为,美国和英国在北约体制内过于占主导地位,而且一旦同苏联开战,美国不会履行其"保卫"欧洲的承诺。从1958年9月到1960年6月,戴高乐曾三次向美英两国提出法国要享有参与大西洋联盟的领导与决策权要求。然而,戴高乐的要求一再遭受美英的拒绝。为此,1959年3月,戴高乐宣布法国地中海舰队退出北约军事组织,他的理由是法国需要维持独立的军事战略。没过多久,法国又要求美国从法国领土内撤走所有核武器。1965年后,戴高乐开始为退出北约军事组织造舆论和做准备。1966年2月21日,戴高乐通过新闻发布会对外宣布,法国退出北约军事一体化组织。3月7日,戴高乐致函美国总统约翰逊,正式通告他这一决定。两天后,法国政府向全世界宣布了这个决定。根据该决定,法国驻联邦德国军队从此不再受北约欧洲盟军最高司令部指挥;法国撤回在北约各防务机构的全体军事人员;北约撤走设在法国领土上的一切军事指挥机构;法国的所有盟国都需撤走在法国领土内不受法国控制的军队和军事设施。在戴高乐宣布一年内必须执行这一决定的严令下,1967年北约欧洲盟军最高司令部被迫迁出巴黎附近的罗屈昂库尔,迁至比利时蒙斯市以北的卡斯特乌。需要指出的是,法国退出的是北约军事一体化组织,它仍然保留北约政治成员身份。法国虽继续留在北约框架内,但成了北约内一个"不完整的成员"。而直到2009年4月,法国总统萨科齐才在庆祝北约成立60周年的峰会上宣布法国

第八章 政略与军事战略

重新加入北约军事一体化组织。[①] 戴高乐所做的这一决定，就是对其政略在无法制约北约军事战略参与决策权、无法正常行使对法国自身军事战略决定权时的一种反制措施。为了保护法国的国家利益，他需要将军事力量的指挥权掌握在法国政府手中，让战略时刻服从政略，这一点是非常清晰的。

美国陆军史研究中心首席历史学家莫里斯·马特洛夫博士在论述核时代的军事战略问题时直截了当地说："今天，几乎每一个军事问题都伴随着政治和经济问题。制定战略再不像两次世界大战之间那样只是制订军事计划就行了。"他还诘问道："军事战略脱离国家战略、国家战略又脱离全球战略（环境）的现象还能继续下去吗？战略和政治还能截然分开吗？"同时，他还认为："在核时代，按照在政治上对战争的新看法，'胜利'和'打赢'已经有了与传统概念不同的含义。人们不得不有节制地使用武力。克劳塞维茨的如下观点又重新得到了印证：一场战争的政治目标（发动这场战争就是为了实现这些政治目标）如果是通过适当的手段并以适当的代价取得的，那么这场战争便是成功的战争。"事实上，这种认同并不是从这一刻被认识到的，克劳塞维茨关于"战争是政治的继续"的论断从来没有被精明的政治家、军事家们所抛弃或曲解。美军1986年版的《作战纲要》也明确提出，一切军事行动均谋求达到政治目的，并受政治目的的支配。2017年8月21日晚，美国总统特朗普在弗吉尼亚州阿林顿迈尔堡军事基地宣布，他已改变了对阿富汗战争的立场：今后美军将加大在阿富汗的军事存在，而不是撤出。因为，如果美军撤离阿富汗，"伊斯兰国"和"基地"组织会迅速填补这个真空，使该国重新回到

[①]《强调法国平等地位，不满美国决策霸权——戴高乐一度甩开北约闹"独立"》，载《环球时报》，2017年6月6日，第13版。

· 219 ·

| 政略与战略论 |

"9·11"事件发生之前的状态,"我们不能重复美军撤出伊拉克的教训"。① 这是现代版战略必须服从服务于政略的实践表现。因为只有战略服从政略,才能构建起大众动员的政治—军事战略的最适当的框架。布兰特利·沃马克在研究中国革命,特别是毛泽东早期的革命实践后得出结论:1935年中国共产党的统一战线战略是大众动员的政治—军事战略的最适当的框架。② 这一结论是正确和透彻的。

四、政略决定战略,一定程度上也决定战略的成败

薄富尔说:"法国人虽然放弃了其非洲殖民地,并自动撤出摩洛哥和图尼西亚(突尼斯),但对于阿尔及利亚却还是紧抓着不放手。这也犯了同样的(指违反间接路线战略)错误。所以对于政策路线的选择,就整个行动的成败而言,实为具有决定性的基础。"③ 薄富尔所表达的意思清楚地指出:政略决定战略,一定程度上也决定战略的成败,法国人撤出摩洛哥和突尼斯的政略在当时是正确的,但由于殖民主义思想根深蒂固,帝国主义掠夺的本质不会改变,以致将阿尔及利亚这个烫手山芋紧紧抓在手里不放就成为

---

① 《措辞强硬公布南亚战略,拉拢印度敲打巴基斯坦——特朗普让美军留在阿富汗》,载《环球时报》,2017年8月23日,第1版。
② [美]布兰特利·沃马克著,霍伟岸、刘晨译:《毛泽东政治思想的基础(1917—1935)》(插图本),中国人民大学出版社2013年版,第178页。
③ [法]薄富尔著,钮先钟译:《战略绪论》,内蒙古文化出版社1997年版,第118页。

政略的缺点，终致成为军事战略失败的死点，最后导致在这一事件中政略和战略的双双失败。

日本《现代政略与战略的关系》中提到，1877—1878年发生的俄土战争，俄国于开战时，军事行动所以"不彻底"者，缘于政战两略不协调及决心不坚决，以致徒耗巨额财产与众多生命，结果不免失败。因为，"俄国已察知土耳其具有巩固决心，并知其必有顽强抵抗，欲达成其政策之目的，大军应以迅雷疾风之攻势动作，侵入土耳其国内，以击破其武力。然俄国虽有以上之（政略）决定，而作战行动却颇迟缓，不能与政略目的相一致，仅以四十六万军队动员输送于欧亚两战场，而用于主要战场——巴尔干方面之作战军超出国境者，不过十五万而已，盖不以军事威慑敌国使之屈服则已，苟有此目的，一旦敌国出真意以抵抗，而单以军队动员集中于国境，不即时开始作战，岂止无战胜效果可观，反多招暴露弱点之不利，且为敌人得我内部弱点存在之证据也。"是曰："不以充分之军事准备，而欲达成政略之目的，岂不戛戛乎难哉。"① 也就是说，这首先不是俄军战略作战的错误，而是政略没有为战争中的军事做好必要的准备，没有准备足以威慑和战胜敌军的军事力量，而造成军事战略上以卵击石的政略必然是自取灭亡的。俄国政治军事战略理论家阿布什金在一战后总结说，德国的军事学说确保了德国对世界大战的充分准备。该学说为德国在战争陷入艰难的政治、经济和战略条件下仍能在3年多的时间里保持胜者的地位提供了可能。如果说最终还是给德国带来了灾难，那么，这并不是军事学说的原因，而是德国给自己提出的政治任务违背了历史的合理性。这又是一例政略误判导致的战略失

---

① ［日］东瀛战史研究部著，何成璞编译：《现代政略与战略的关系》，国家图书馆馆藏，第34、38页。

败，结果是给德国人民造成深重的灾难。

1945年2月，雅尔塔三国首脑会议时，美国估计最后彻底打败日本帝国主义恐怕将在两年以后，美国占领日本本岛，可能付出巨大的人力物力。为缩短战争时间，减少美国人的牺牲，罗斯福以牺牲中国的利益为代价，与苏联签订了出兵东北的秘密协定。从秘密协定内容来看，美国主动要求苏军在法西斯德国投降后三个月内将主力转向远东，在大陆消灭日本的关东军。张继平评价说：美国急于要求苏联参加对日作战，是罗斯福政略中带有重要战略意义的决策。要求苏联参加作战的目的，主要是为美国的长远利益服务，也是为建立战后亚洲和远东和平与霸权服务。罗斯福是一位野心勃勃的政治家，也是美国利益的忠实维护者。他不希望美国本土陷入战争的泥淖，给美国人民造成巨大的灾难。所以罗斯福从战略（笔者注：这里的意思应是从国家利益需求出发，这是其最大的、最高的政治目标，是其政略的出发点）的层面讲："如果我们参与战争就要尽可能使战争远离我们的海岸，而且要争取尽可能多的同盟国，不论他们的意识形态如何，也不论在共同的敌人被消灭后，他们可能采取什么样的态度。"[①] 这就是罗斯福所要的胜利。因此，罗斯福选择让美国本土避免战争侵扰，而让苏联在远东地区参加战争的政略，无疑最符合美国的国家利益。但二战结束前适时出现的原子弹研制成功使美国有能力依靠自身的实力迅速战胜敌人，快速实现其战略目标，因而杜鲁门政府适时调整了其政略。

克劳塞维茨指出："作为战争最初动机的政治目的，既成为衡量战争行为应达到何种目标的尺度，又成为衡量应使用多大力量

---

① 张继平：《历史的反思——第二次世界大战的战略与政略》，时事出版社1990年版，第237—239页。

的尺度。"此时,政治目的也是战争目的,也是军事战略要达成的目标、目的。苏联奥加尔科夫元帅在论《苏联的军事战略》时指出,苏联军事战略在卫国战争(1941—1945年)期间充分证明了其对法西斯德国军事战略的全面优越性,并最终赢得了胜利。苏联军事战略的发展充分体现了政治的主导作用,反映了军事战略与经济社会政治制度的相互关系。苏联最高统帅部在确定战略(政略)目的时是以当时的具体条件、敌我双方的经济实力、精神政治实力和军事实力为出发点的。奥加尔科夫所言深刻揭示了政略决定战略,在一定程度上也决定战略成败的道理。

五、战争的胜利是政略与战略的完美结合

战争的胜利是政略与战略的完美结合,既体现于政略的正确,也体现于战略对政略的完美执行。

在苏联卫国战争期间,外交上的努力,加上军事战略的密切配合——红军对法西斯德军和罗马尼亚军队实施了歼灭性突击,并使它们面临军事崩溃的危险,保障了最后的胜利。[1] 同时,在战争过程中,布尔什维克党遵照保卫社会主义祖国的原则,正确地设定了反对法西斯德国战争的军事政治目的,组织和鼓舞了苏联人民和军队参加这一正义战争,在战争中把政略和战略统一起来,并在"一切为了前线,一切为了胜利"的口号下巧妙地运用了国家的一切资源以战胜这个强大而危险的敌人。[2]

---

[1] [苏]瓦·达·索科洛夫斯基主编:《军事战略(上册)》,战士出版社1980年版,第42—43页。
[2] [苏]瓦·达·索科洛夫斯基主编:《军事战略(上册)》,战士出版社1980年版,第323页。

| 政略与战略论 |

堀场一雄在其所著的《日本对华战争指导史》一书中指出，1937年11月20日，日本设立大本营，梯次走上了全面侵华战争的道路，但"大本营的设立，在现实情况下并没有多大效果，主要是为了缓和陆军省和参谋部之间特别是陆、海军间的思想矛盾，及随之提高国民斗志。战争指导当局拟使之成为政战略统一机关，但未能实现"。12月13日，日军第一线部队攻占南京城，"从大局上看，未使之停止在城外则是统帅之缺乏气魄。因此也就丧失了直接谈判的机会和与陶德曼交涉的作用。应该说作战之独断专行和轻举妄动之弊已达到极点"。而"作战当局并未意识到按兵不动正是政略与战略的结合运用，尽管战线的停止已有青岛作战的前例。甚至举出最近在塘沽协定前，在平津不仅停止而且实行撤退的典型的统帅实例加以说明，（前线指挥官）也没有能够理解"。[1] 这虽然是侵略者的反动立场决定的战争逻辑，即使其战略没有侵犯政略的权限，由于其侵略的本质属性也就注定侵略战争必然失败，但是堀场一雄所表述的政略与战略的统一原理是正确的，也是被历史所佐证了的。

《第二次世界大战的起源》一书中指出：1938年9月26日，法西斯德国对捷克斯洛伐克的侵略迫在眉睫，英国首相张伯伦派出特使威尔逊会见希特勒，但并没有产生任何结果。恰恰相反，那天晚上希特勒发表了一篇演说，宣布其决心于10月1日占领苏台德地区。因此威尔逊奉命递交一封专函，他的心情是"悲痛多于愤怒"：如果德国进攻捷克斯洛伐克，法国将认为它必须履行其条约义务。……如果这意味着法国部队积极参加对德战争，英国政府将不得不支持它。但是希特勒却倒打一耙，声言受到这一所

---

[1] ［日］堀场一雄著，王培岚等译：《日本对华战争指导史》，世界知识出版社2017年版，第53、55页。

| 第八章　政略与军事战略 |

谓的威胁的"凌辱"。这样说并不当真。结果是，英国政府正劝告法国人即使捷克斯洛伐克遭到侵略的话，也不要采取攻势，这将"自动开始一场世界大战，很不幸对拯救捷克斯洛伐克不会产生任何作用"。因为，"法国……将无心参加绝望的对德进攻战，因为它对此没有准备"。即使各国向希特勒发出的呼吁纷至沓来，张伯伦还是发出新的呼吁：法国保证德国可以在10月1日获得至少3/4的苏台德地区；最后，9月28日，墨索里尼也发出呼吁。对这一最后的呼吁，希特勒给予了赞同的回答：他将住手24小时，允许在慕尼黑举行一次四国会议。① 但是，没有军事的支持，即使捷克斯洛伐克被大多数人视为被压迫的人民，和平的、正义的力量只能是一阵应急的、无助的、任人宰割下的呐喊。② 捷克斯洛伐克人缺少强大的军事力量支撑下的战略决战能力，支持它的各国并未真正地投入军事力量以支持它，多国联合下的正确的政略也只能是"和平的、正义的力量"的"一阵应急的、无助的、任人宰割下的呐喊"，这种政略和战略是悲惨的，也是注定要失败的。

毛泽东强调战争的本质和目的是"保存自己，消灭敌人"，在敌强我弱的情况下，"赌国家命运的战略决战应根本避免"，以中国军队的技术条件，无论是防御还是攻击，阵地战"一般都不能执行"。具体可至淞沪战役。王奇生在《抗战第一年的政略与战略》一文中说，淞沪战役是八年抗战中最大规模的一次阵地战，历时三个月，国军伤亡三十三万，完全是以劣势装备凭血肉之躯拼死抵抗。就政略而言，淞沪抗战对鼓舞国内民心，赢得国际同

---

① ［英］A.J.P.泰勒著，潘人杰、朱立人、黄鹂译：《第二次世界大战的起源》，上海辞书出版社2013年版，第181—182页。
② ［英］A.J.P.泰勒著，潘人杰、朱立人、黄鹂译：《第二次世界大战的起源》，上海辞书出版社2013年版，第205页。

| 政略与战略论 |

情,收效甚大,但从战略上看,则有失算。[1] 日本《现代政略与战略的关系》一书中指出:战争为继续贯彻国家政策者,故决定和战,与决定战争目的,及其指导方针,均有政略方面任之。为此种决定时,须详细军事上之情况,参考统帅当局之意见,算定彼我之兵力、素质、装备、教育训练程度、及精神物质准备之程度等价值,与胜败预断之数,以为判断之基础为要。战略在政略下以行动为本则,则政战两略彼此宜各守限度,不相侵犯,然后可以圆满进行战争也。然此不过属于原则之区别而已,就事实上以各个保守协调,乃为至难之事,并为古来战史所证明者。[2] 王珲和师金认为:诸葛亮兵法之《草庐对》中提出的"谋取荆益,联孙抗曹,鼎足三分;内修政理,外结孙权,西和诸戎,南抚夷越;尔后待机而动,兵分两路,兴复汉室"的军事战略,从本质上说是政略与战略已融于一体了。从这个战略的近期目标"鼎足三分"和远期目标"兴复汉室"来看,既是军事目的,也是政治目的。[3] 应该说,《草庐对》中的这段分析,主要谈的还是政略,"鼎足三分"和"兴复汉室"是政治目的,都属于政略的范畴;"待机而动,兵分两路",是军事战略的筹划,是军事服从政治需求下的任务规划,是军事战略的具体内容,是包含军事战略成分的政治战略细化落实,所以王珲和师金认为"从本质上说是政略与战略已融于一体了"。

现代战争中政战两略有机统一运用的典型案例莫过于1990年8月发生的海湾战争。8月2日,伊拉克军队入侵科威特。8月8日,布什发表讲话,确定了他认为美国参与这场战争应达成的政

---

[1] 王奇生:《抗战第一年的政略与战略》,载《读书》2015年第9期。
[2] [日]东瀛战史研究部著,何成璞编译:《现代政略与战略的关系》,国家图书馆馆藏,第39、40、45页。
[3] 王珲、师金:《战略与政略相融会的兵典:诸葛亮兵法》,军事科学出版社2005年版,第54页。

· 226 ·

治目标：（1）伊拉克军队撤出科威特；（2）恢复科威特的主权；（3）波斯湾的安全与稳定；（4）保护美国人的生命安全。根据这些政治目标，时任美国空军负责计划与作战的副参谋长迈克尔·杜根上将特别助理沃登提出了四点军事战略目标：（1）迫使伊拉克军队撤出科威特；（2）降低伊拉克的进攻能力；（3）保护石油设施；（4）使萨达姆失去领导能力。所以，沃登及其工作班子最初制订的"迅雷"行动计划根本没有直接打击在科威特的萨达姆部队，甚至认为不一定要取得科威特的制空权。该计划设想，一旦作为一个整体系统的伊拉克遭到破坏，萨达姆将被迫从科威特撤出剩下的部队，并且将破坏其与人民的关系，确保将其赶下台，也由此增强该地区的稳定。这一点施瓦茨科普夫也认同：（四点军事目标达成后）即便是萨达姆仍然掌权，剥夺萨达姆构成地区超级大国威胁所需要的工具（系统），或萨达姆下台与否就不具有压倒一切的重要性。① 这就是美国取得海湾战争胜利的政治标准。而战争的结果是，空中战略打击了伊拉克指挥、控制、通信与后勤系统的关键节点，破坏了电网；使萨达姆失去了调动其大部分军队的能力，并彻底压制了伊拉克空军；严重削弱了战场上伊拉克战斗部队的战斗力，包括部分共和国卫队的战斗力，极大地打击了伊拉克正规部队普通士兵的士气，致使其成群地弃阵而逃，而不与打过来的联军部队交战；使伊拉克军队失去了在具有作战意义的距离上调动大批部队的能力，因此，萨达姆不能集中相当数量具有凝聚力的部队来对抗联合国军的地面进攻。② 由此，在海湾战争中，美国以联合国军的名义取得了道义、政治和军事上的多重胜利，这是政略和战略

---

① ［美］弗雷德里克·W. 卡根著，王春生等译：《寻找目标——美国军事政策的转型》，军事科学出版社2009年版，第87页。

② ［美］弗雷德里克·W. 卡根著，王春生等译：《寻找目标——美国军事政策的转型》，军事科学出版社2009年版，第93—94页。

完美结合的胜利,也是美国为数不多的值得称道的胜利之一。

2001年9月11日,恐怖组织袭击了美国世界贸易中心,小布什政府确信是本·拉丹及其"基地"组织发动的袭击。美国政府多年来一直在跟踪该组织,小布什在袭击发生之前曾收到几份关于该组织将给美国构成巨大危险的简报,知道该组织的总部设在阿富汗。小布什把握了"9·11"事件这个契机,决心立即向本·拉丹发起反击,并尽可能快速且引人注目地给"基地"组织造成尽可能大的破坏。然而,发起攻击之前,小布什政府大多数高级决策者却几乎不了解阿富汗国内情况及其历史,只有国家安全顾问康多莉扎·赖斯作为苏联问题专家对其有些了解。这种不了解就导致了诸多错误(的政略)假定,而这些假定对战役计划的形成产生了重大的不利影响。即小布什政府并不清楚,自己的政治目标仅仅是摧毁"基地"组织,推翻塔利班政权,然后听凭阿富汗自生自灭,还是控制这个国家,并努力在较稳定的基础上对其进行重建。因此,在军事行动开始之前,战争的真正目标从未真正地得到确定或阐明,特别是战后重建与稳定行动,也就未能给军事行动确定一个清晰的目标。没有人意识到这是一个严重的问题。高级官员们有时说要推翻塔利班政权,有时又说要推翻塔利班领导人毛拉·奥马尔,并在塔利班以某种形式"交出""基地"组织的情况下,允许经过改革的塔利班继续掌权。直到当年的10月4日,小布什在国安会会议上还在问"谁来管理这个国家"。[①] 在这样的情况下,派遣军只能像一只无头的苍蝇到处乱撞。所以说,小布什政府的这种政略的错误选择带来的结果是恶劣的,给美国的国家利益带来的损失是无法弥补的。因此,到

---

① [美]弗雷德里克·W. 卡根著,王春生等译:《寻找目标——美国军事政策的转型》,军事科学出版社2009年版,第192—198页。

| 第八章　政略与军事战略 |

2001年11月底,美军只完成了它在阿富汗应该完成的三个主要目标中最不重要的一个——推翻了塔利班政权。但它既没有在阿富汗消灭足够多的"基地"组织武装实体,也没有为建立起一个取代塔利班政权的新政权创造出有利的前提条件。因为,小布什政府发动战争的初衷违背了战争的胜利必须是、也必然是政略与战略的完美结合的原则。

诚然,战争的胜利是政略与战略的完美结合,既体现于政略的正确,也体现于战略对政略的完美执行,还体现于正确的政略为战略的执行提供民众基础。1945年,在中国共产党第七次全国代表大会上,朱德总司令作了关于军事形势的报告。朱德称,他的军事报告就是根据"毛泽东同志这个政治报告(笔者注:《论联合政府》)的精神及其方针"而作的。他频繁提到,毛泽东重要的理论贡献不仅体现在政治层面,还体现在军事学上,中国共产党的新军事理论不是基于外国"一成不变的教条";相反,它"吸收各国军事理论与经验",并"合乎中国人民需要"。"毛泽东同志的许多军事著作"便是这种新军事学的代表作品,"所有部队、军事院校、军事训练班,都必须以毛泽东同志的军事学说作为基本教材,作为教育的灵魂,以便于在思想上加强武装自己战胜敌人"。[①] 西方学者雷蒙德·F.怀利也在对中国共产党及其领导的军队所进行的革命战争研究中得出了同样的结论,这是中国革命战争和毛泽东思想之所以被全世界各国学者研究的魅力所在。

郭伟涛和朱绍鹏在其《战争·战略·军队》一书中论述我国的积极防御战略方针说:"一个战略思想能够历经80多年而

[①] [美]雷蒙德·F.怀利著,杨悦译:《毛主义的崛起——毛泽东、陈伯达及其对中国理论的探索(1935—1945)》,中国人民大学出版社2013年版,第227—228页。

不衰,这本身就已经是个奇迹",更何况在这80多年中,我们经历了土地革命战争、抗日战争、人民解放战争以及抗美援朝战争四场性质不同、对手不同、战争力量对比也截然不同的大战;"进入和平时期后,也经历了美国为主要威胁、美苏共同威胁、苏联为主要威胁以及应对现代条件下局部战争威胁的不同时期。积极防御战略之所以能在不同的历史时期引领我们的军事斗争走向胜利,是因为它包含了一个非常简单却又反映了战争基本规律的道理——后发制人";"后发而又制人,政治上的有理原则与军事上的胜利原则高度地统一在一起,构成了积极防御战略思想的核心"。① 积极防御的军事战略指导就是政略与战略的完美结合、高度统一。

六、政略规定了军事战略的运用

美国陆军军事学院所编《军事战略》中明确指出:在和平时期,作为政治这个上层建筑的经济基础为未来可能进行的战争建立必需的军事技术和实力基础,决定着武装力量装备技术水平和规模,从而构成和影响着战斗力水平;在战时,经济实力决定武装力量可能担负任务的性质和范围,决定军事行动可能的规模和紧张程度。忽视国家实际军事经济能力的军事战略是冒险的战略,通常是会遭受失败的。这明确地表达出资产阶级国家政府和军队对政略规定军事战略关系的认识,即作为上层建筑政略基础、下层建筑经济基础和技术基础从根本上决定着军事战略的选择和成

---

① 郭伟涛、朱绍鹏:《战争·战略·军队》,军事科学出版社2010年版,第109—110页。

败，即经济基础和技术基础决定作为上层建筑政略选择，并最终决定军事战略的选择与运用。在这一点上，与马克思主义的观点是一致的。毛泽东在《中国革命战争的战略问题》一文中就深刻指出："军事家不能超过物质条件许可的范围外企图战争的胜利，然而军事家可以而且必须在物质条件许可的范围内争取战争的胜利。"① 对于1942年的作战计划而言，在罗斯福看来，他对"第二战场"（笔者注：这里应指"亚洲太平洋战场"的对日作战）所承担的义务势必会对盟国的持久的战斗意志有所影响，而且无论是在进行战争时还是在规划和平蓝图时，他对盟国间的团结都十分重视；他的政治—战略观是合乎逻辑的，比其他军事顾问们的观念高出一筹。②

（一）政略决定战略的阶级本质

1928年8月27日，日本成为《关于废弃战争作为国家政策工具的一般条约》签署国，此条约被西方称为"凯洛格—百里安条约"（或称"巴黎条约"），在日本被称为"不战条约"。条约中规定，条约签署国声明放弃把战争作为"国家政策的工具"，承诺通过和平方式解决所有争端。对日本来讲，签署了"凯洛格—百里安条约"，也就标志着日本政府接受了国际法中"侵略战争"属于犯罪的概念。然而，条约立即与日本在中国东北出现的危机发生冲突。天皇裕仁接受了他的外交和国际法教师立作太郎的建议，当机立断表示出对条约意图和意义的反对。③ 这说明，天皇裕

---

① 《毛泽东军事文集》（第一卷），军事科学出版社、中央文献出版社1993年版，第702页。
② ［美］阿伦·米利特、彼得·马斯洛斯基、威廉·费斯著，张淑静等译：《美国军事史（1607—2012）》，解放军出版社2014年版，第343页。
③ ［美］赫伯特·比克斯著，王丽萍、孙盛萍译：《真相——裕仁天皇与侵华战争》，新华出版社2014年版，第129—130页。

| 政略与战略论 |

仁的帝国主义政治本质决定了其军事战略的侵略本质，也决定了其军事战略会导致出现南京大屠杀式的反人类本性。天皇裕仁的帝国主义政治本质并不为一纸条约所束缚，也不会被一纸条约所束缚，只会由其政治本质所决定和左右。而这时，在世界各地，一战后的和平运动、人类文明的进步使得侵略战争违法的思想深入人心，所以此条约受到了知识分子阶层和公众的广泛支持，也由此导致全世界人民看清了日本帝国主义的侵略本质，从而积极地反对日本帝国主义发动的侵略战争。

美国陆军军事学院所编《军事战略》中认为，战略服从政治（政略），两者是密切相关的。这种关系是由战争的本质决定的，而战争是阶级或国家的政治通过暴力手段的继续。政治对于军事战略的主导作用在于：政治规定战争的目的，确定进行战争的方法，提出军事战略的任务，动员必要的人力和物力资源来保证战争的需要，从而为完成战争的任务创造条件。苏联时期的军事战略反映的是苏联共产党和苏联政府的国防政策，是以苏联宪法确定的武装保卫社会主义成果的任务为出发点的，是为最先进的社会主义制度服务的。苏联军事战略的原则是在马克思主义理论的基础上形成的，在马克思列宁主义关于战争和军队的学说基础上制定的，其目的是在具体的军事政治条件下巩固苏联和社会主义各国的国防。正如《列宁传》中所言，"在他的著作和关于军事的指示中，提出了同社会主义国家军队即新型军队的性质和任务相适应的新的苏维埃军事科学的基本原理。他解决战争的战略问题，是从政策出发、从共产党的战略（政略）和策略出发，同时又考虑到战争的特殊规律的"。[1]

---

[1] 马京、华国译：《列宁传》，生活·读书·新知三联书店1960年版，第501页。

同样，资本主义国家的军事战略反映的是资本主义统治集团的政治，是为资产阶级利益服务的，是以资产阶级思想为理论基础和哲学基础的。

马克思主义经典作家在对战争本质认识不断深化的过程中，至少为我们揭示了三个方面的战争本质，即战争的经济本质、政治本质和军事行动本质。列宁曾说过："怎样找出战争的'真正实质'，怎样确定它呢？战争是政治的继续。"① 这是从战争的政治本质来论述的。政略决定战略的阶级本质属性，是从战争的政治本质属性来论述的。从战争的物质基础来讲，战争的经济目的是为了维护自身的经济利益，而且经济是战争暴力的物质基础，也是政治的物质基础和基本目标。军事行动本质是打赢战争，为政治目的开路。人们通常所讲的"军事战略服从服务于政略"就是从战争的政治本质角度或政治本质根源性来说的。

（二）战略必须服从政略的目标

美国政府在大陆扩张和海外扩张时期，战略选择之所以在目标、对象选择上都比较成功，原因就在于战略很好地服从了政略的目标。其一，美国发动美墨战争的目的不是征服墨西哥，而是运用武力强迫其割让土地，以扩大美国的版图。为适应这一政略目标，美国提出了一项有限战争战略：迅速占领墨西哥的部分领土，必要时直接攻占首都墨西哥城，尔后通过谈判，迫使墨西哥签订割地条约。这种有限战争战略的一个主要特点是战争手段有节制。美国认识到，任何违背有限战争原则的行

---

① 列宁：《论面目全非的马克思主义和"帝国主义经济主义"》，载中共中央马克思恩格斯列宁斯大林著作编译局编译：《列宁全集》（第二十八卷），人民出版社1990年版，第122页。

为都有可能激起墨西哥国民的反抗，从而把一场以夺取部分领土为目的的战争变成一场民族之间的生死存亡的决战。因此，在战争之初，前线指挥官就接到明确指令，尽量降低战争的残酷性和减少伤亡，尽量保护居民，保护敌国文化、宗教和建筑，禁止战争扩大化。由于采取的战略适当，美国很快达到了自己扩张领土的目的。通过这场战争，美国国土从大西洋沿岸扩展到太平洋沿岸，成为连接两洋的大国，政略目标达成。其二，19世纪末期，美国已成为新兴的帝国主义国家，但以其实力还不敢打英法等一流强国的主意。根据对自己实力的客观评估，美国在选择重新瓜分世界的首战对象时，把目光投向了已处于日薄西山、风雨飘摇之中的老牌殖民帝国西班牙。美国发动美西战争，其政略目标不是征服西班牙，而是从西班牙手中夺取它在太平洋和加勒比海的属地，建立海外基地，向海外扩张。因此，美国采取外围战略，不攻击西班牙本土，而是攻击西班牙帝国势力范围的边缘。由于作战对象选择和战略运用得当，美国仅用3个多月就实现了其第一步海外扩张计划，夺取了向拉丁美洲和亚洲太平洋地区扩张的前进基地。① 这些战略的连续实施，使美国的国家利益得以延展，其政略目标顺利达成。这也是战略服从政略成功的例证，更体现战略必须服从政略目标的根本要求。同样，1940年6月，罗斯福断定，如果他能慑止日本不向盟国在东南亚的殖民地区推进，他就能维护美国的利益。罗斯福正确地猜测出日本对亚洲的石油和原料垂涎三尺，会把欧洲战争视为难以抵御的诱惑。因此，他下令（太平洋）舰队进驻夏威夷瓦胡岛珍珠港尚未竣工的基地。当指挥舰队的海军上将提出抗

---

① 赵丕、李效东主编：《大国崛起与国家安全战略选择》，军事科学出版社2008年版，第106—107页。

议，认为永久性进驻珍珠港实际上会降低舰队的战备程度时，罗斯福就撤换了他。① 因为这是政略的目标要求，战略必须坚决服从，创造性地服从。

科贝特在其所著《海上战略的若干原则》中举了一个极其普通却很有典型意义的例子："海军或陆军参谋部受命准备一个对某国作战的战争计划，并就使用何种手段提出建议。对认真考虑此类问题的任何人来说，很显然他们必定会提出另外一个问题——将要进行的这场战争是什么样的战争？如若对该问题没有明确的答案或其他备选答案，参谋部除了忙于尽可能使国家能够负担得起的军队提高作战效率以外，将很难有其他作为。他们在进一步采取可靠的步骤之前，还必须了解许多事情。他们必须知道自己受到的期望是从敌人那里夺取某些东西，还是防止敌人从自己手中或其他国家夺取某些东西。如果战争的目的是防止敌人对其他国家的掠夺，采取何种措施将取决于该国的地理条件以及该国海上和陆上的相关力量。即便目标已经清楚，也有必要搞清楚敌人对要争夺的东西重视程度有多大。敌人为了得到这种东西是有可能决一死战，还是在面临较轻的抵抗时就会放弃？如果是前一种情况，那么不彻底摧毁敌人的抵抗力量就没有取得胜利的希望；如果是后一种情况，那么以代价和危险较小的事物为目标就已经足够了，最好是在我们的手段力所能及的范围之内。所有这些都是负责国家外交政策的大臣们需要考虑的事情，只有当外交大臣们解答完这些问题之后，参谋部才能够继续着手制订战争计划。"最后，他借用克劳塞维茨在《战争论》中的话总结说：简而言之，参谋部必须向他们（政府）询问：本国外交所追求的政策是什么；

---

① ［美］阿伦·米利特、彼得·马斯洛斯基、威廉·费斯著，张淑静等译：《美国军事史（1607—2012）》，解放军出版社2014年版，第336页。

从何处预测这些政策会破产,从而被迫采用武力。当外交手段无法达到目标时,参谋部就要开展实际工作,采取何种手段将取决于目标的性质。至此,我们概略地阐述了我们的理论,即战争是政治的继续,是一种通过战斗(战争)而不是递交外交照会来实施的政治斗争方式。① 这里必须指出,回答参谋部对政策或政略所要达成的目的的质询是英国政府必须要尽到的职责,也是作为参谋部向政府核实战略意图的必需步骤和意义所在,是打赢所要面临战争的必备的前提条件。

1942年12月4日,丘吉尔在写给斯大林的私人绝密信中,就提出了他对德黑兰会议的目的、要求和希望。他写道:"我们必须尽早决定1943年,以一切可能力量在欧洲打击德国的最好办法。只有各国政府首脑和高级专家一起商谈,才能作出决定,只有举行这样的会议,才能使战争的全部负担,根据可能和现有的力量来分担。即通过会议确定军事战略和共同路线。"② 这里,丘吉尔再明确不过地说明,政略决定军事战略,当然也包括决定其他的共同路线,即便是国与国之间联合实施的军事战略行动的确定方式,也必须遵守这一原则。这也为二战的军事战略、为二战的胜利寻找和开辟了政治解决问题的方案。

而国与国之间政略的形成往往是妥协的结果,特别是在实力相当的大国之间更是如此。正如罗斯福所说的那样:"美国政府不能经常百分之百地按自己的意志行事……苏联人或不列颠人也是一样。对复杂的国际争端,通常找不到理想的解决办法,尽管我们决心继续拼命努力工作。但是,我敢肯定雅尔塔取得的协议,

---

① [英]朱利安·S.科贝特著,仇昊译:《海上战略的若干原则》,上海人民出版社2012年版,第12—13页。
② 张继平:《历史的反思——第二次世界大战的战略与政略》,时事出版社1990年版,第317页。

会使欧洲有一个更加稳定的政治局面。"[1] 其实，德黑兰会议也是这样妥协的结果。1943年11月，美英苏三国首脑第一次在德黑兰会议中将有关军事行动的全面计划在三国间公开，这是美英苏三国政治妥协的胜利，"这是我们相互之间第一次交换军事情报。第一次为英美军队的行动和在东部战场的计划，作了战略上相互支援的具体安排"。迪安说："在德黑兰会议上，斯大林对红军的军事行动作了引人注目的详细介绍。以前，我们对德军的战斗实力并没有清晰的了解……经斯大林证实，德国有260个师。第一次知道苏联有330个师用于反击德国法西斯……斯大林害怕德国的防守兵力会成功地削弱苏联的优势，希望西方盟军开辟欧洲第二战场，为苏德前线牵制德国法西斯更多的兵力。"张继平评论说：这是苏联卫国战争爆发以来，除1941年霍布金斯在莫斯科会见斯大林、具体了解苏联军事实力和战略计划外，三国首脑第一次相互将自己的战争实力和情况做出明确的介绍，为尔后盟国的军事合作，为最后彻底打败德国法西斯，建立了更加巩固的基础。它的重大影响是，三国在军事上取得了进一步的配合与合作：1943年12月14日，苏军开始发动冬季攻势。24日，罗斯福、丘吉尔宣布任命艾森豪威尔为盟军远征军最高统帅，指挥"霸王计划"战役。1944年1月，苏军跨过波兰西北和基辅地区向德军发动进攻。2月2日，苏联为美国远程轰炸机提供着陆基地，为实施穿梭轰炸计划达成了协议。苏联初步同意美国150—200架飞机在苏联领土着陆，对德军进行猛烈轰炸。（由于政略的沟通协调妥协而达成一致）在军事战略方面，美苏英三国真正构建形成了全新的战略格局，使三国在政治、

---

[1] 张继平：《历史的反思——第二次世界大战的战略与政略》，时事出版社1990年版，第342页。

经济方面的合作有了更大的发展。① 接下来,1945年2月4日至11日的雅尔塔会议取得成功,既是政略上的成功,也影响和决定了军事上的协作成功。三国首脑会议取得的成功直接和间接地鼓舞了前线的士气,使盟国在欧洲的军事行动迅速地向前推进。2月13日苏军解放布达佩斯,14日美军迫近奇格菲防线;3月7日艾森豪威尔统率的部队跨过莱茵河占领科隆,29日占领法兰克福,30日苏军占领布兰登堡,进入奥地利;4月9日盟军在意大利开始发动最后的进攻。为了加强美苏合作,1945年3月28日迪安给斯大林转交了一封艾森豪威尔的信,信中讲:"美军在北边和南边的当前目标是包围鲁尔,希望这两支部队在德国卡塞尔会师,时间大概在4月底;鲁尔包围战胜利后,第二步行动就是与苏联红军携手将德国分为两部。""为要完成这个行动,我会使主攻方向沿着埃尔富特—莱比锡德累斯顿一线前进。我建议第三步向南方推进,可望与雷根堡—林茨地区的苏军汇合。"斯大林立即给艾森豪威尔写了一封复信:"……你的计划与苏军的作战计划是不谋而合的。红军主要进攻目标直指德累斯顿,形成一个连接点,第二步红军准备向林茨发动进攻,希望在那个地区与西方盟军会师。"这些都是雅尔塔会议上制定的战略战术。正如罗斯福所说的那样,"我们可以说,这是由于思想(政治)上取得一致,而得到融洽相处"的结果。② 这是政略为军事战略运用进行规定的又一个成功的典型案例,为二战的胜利奠定了坚实的基础,加快了二战战略决战的节奏,大大提高了二战胜利的速度。

二战中后期,盟军进入战略反攻阶段。1943年1月,卡萨布

---

① 张继平:《历史的反思——第二次世界大战的战略与政略》,时事出版社1990年版,第332—333页。
② 张继平:《历史的反思——第二次世界大战的战略与政略》,时事出版社1990年版,第355—356页。

兰卡会议决定夺取北非后即在西西里岛登陆。在做出这一决定之前，曾进行过激烈争论。罗斯福的军事顾问们坚持在法国登陆，尽快在欧洲实施主要突击。他们认为任何其他战役都会不适当地偏离基本目标和牵制兵力，这种牵制同他们的计划是相矛盾的。丘吉尔则相反，他确信首先必须保障地中海的海上交通安全可靠，并且认为要做到这点，首先必须攻占潘泰莱利亚（即班泰雷利亚）岛和西西里岛。美国也不能不对政治上的原因加以考虑，同样认为应该实施这一战役。当时，在意大利人民和有影响的人士中间，不愿继续进行战争的情绪正在增长，因此，夺取西西里岛和威胁意大利陆地部分，势将产生推翻墨索里尼的最后推动力。对丘吉尔的计划起着不小作用的还有另外一些想法，这就是：不要进攻法国，而要通过向南欧和东南欧实施新的突击来结束战争。英国地中海政策的传统和敏锐的嗅觉使丘吉尔意识到，要尽量使苏联人离东南欧远些。① 政略再一次对军事战略、军事战略的方向选择起了作用。战后人们不得不承认丘吉尔有更高的政治智慧，考虑得更长远，为战后格局提前做好了预谋。他始终将英国的利益放在首位来考虑和处理问题，而将法国、盟国的利益放在了次要位置，将苏联看作了未来敌对的一方。

1962 年发生的古巴导弹危机是大家都熟悉的事件之一，在爆发剧烈的冲突之前，美国中央情报局已经有一些琐碎的消息来源，但认识是不统一的，也可以说在高层领导中的认识是不够深刻的。其中，国防部长罗伯特·麦克纳马拉在事件刚开始（10 月 16 日第一晚的讨论中）即认为苏联在古巴的导弹部署几乎没有军事意义，而肯尼迪采纳了这样一种宽泛的全球政治假说。但随着事态

---

① ［德］K. 蒂佩尔斯基希著，赖铭传译：《第二次世界大战》，国防大学出版社 2001 年版，第 400—401 页。

的发展，肯尼迪认识到问题的严重性，他说，"我说我将不会（允许这种情况发生）。我上个月应该说我们不在乎。但当我说我将不会（允许这种情况发生），他们却继续前进并越过了界限。如果我们对此什么反应也没有，我认为那时我们的危险将增加……毕竟，这既是一场军事斗争也是一场政治斗争"。① 这实际上说明，肯尼迪对苏联在古巴部署导弹问题有一个认识逐渐深化的过程，在这个过程中，肯尼迪逐渐认识到这不仅仅是军事威胁，而是对美国国家利益的严重威胁和侵害。在这场美苏在美洲的战略博弈中，如果允许苏联在古巴部署导弹，那么美国在美洲的战略优势将被弱化，甚至逆转，这将是对美国对外政略的最大威胁。这轮博弈中，军事斗争和政治斗争二者之间的关系是如此紧密、如此纠缠，这就是辩证关系。但毋庸置疑，二者之间的关系是明晰的，即军事战略服务和服从于政治战略，即战略服从政略。

科科申在其所著《军事战略新论》中论述道，德国鲁登道夫在其《战争与政治导论》一书中提出"一切政治都为战争服务"的口号，很具有迷惑性。而小毛奇说出了真相：事实上，在法西斯总体战争的口号中，准备为夺取新的世界疆域而进行掠夺战争和建立对人民残酷的恐怖制度，才是其政治的核心和基础。资产阶级政治家和军事家们言论的迷惑性就在于此，目的仅仅是为了迷惑人民、迷惑政敌。

（三）战略要有能力服从政略

战略对政略的服从，还表现在战略要有能力服从、有能力完成

---

① ［美］格雷厄姆·艾利森、菲利普·泽利科著，王伟光、王云萍译：《决策的本质——还原古巴导弹危机的真相》，商务印书馆2015年版，第111、118页。

第八章 政略与军事战略

政略所赋予的任务。1871年，统一后的德国虽变得比原来的普鲁士强大得多，但并没有变得更加安全，仍不得不在强敌环伺下时刻警惕"他国结盟的噩梦"。为此，俾斯麦采取离间德国东西两侧大国的政略（原文译作"战略"），利用矛盾使其无法结成反德同盟，同时奉行和平外交政策，努力维持欧洲的现状。① 这就是当时刚刚实现统一后的德国的处境，即必须以政略的纵横谋略之术补救其军事能力的不足。所以，在人们赞誉铁血宰相俾斯麦"铁与血"的成功政略时，人们并没有忘记老毛奇的名字同样如雷贯耳，他领导下的参谋部——从普鲁士总参谋部到德国总参谋部——领导普鲁士武装力量在1866年对战哈布斯堡帝国军队、在1870—1871年对战法国军队中取得了几场大捷。这些开疆辟土的胜利源于老毛奇创立的为其他许多国家所仿效的总参谋部体制，开创了一代编制体制改革的先河，使普鲁士军队具有了高效的指挥能力，从而使其军队大大提高了战斗力水平。也就是说，是老毛奇领导的普鲁士军队为贯彻俾斯麦为德国制定的政略提供了战略保障。如果没有老毛奇领导的强大的普鲁士军队，仅靠俾斯麦的政略只可聊以自保。所以说，战略不仅需要服从政略，更需要有能力服从政略、完成政略所赋予的政治任务。否则，所谓的服从只能是一句空洞的口号、一声无力的呐喊，成为制约战斗力成长而无力维护国家利益的滥觞。正如科科申所说："俾斯麦表现出自己是一位比同时代人更经常也更坚决地依靠军事力量的政治家。毛奇则在军界以分析能力强、素养全面、视野开阔和仕途不同寻常而显得卓尔不群。"这两者是相得益彰的。

周恩来在《中日战争之政略和战略问题报告大纲》一书分析

---

① 李效东：《大国崛起安全战略的历史考察》，载邓晓宝主编：《强国之略·战略史鉴卷》，解放军出版社2014年版，第8页。

| 政略与战略论 |

"日本侵华战争之战略方针"一节中指出,"依据其国策及一般的政策,日寇侵华的战略方针,无疑的是速战速决"。在战争潜力不济的情势下,日寇"故继续的是速和速结的方针,这个方针是速战速决的方针的继续",是战争无法迅速取得胜利之下,所采取的政略的补救措施。周恩来在分析"日本侵华战争之前途"一节中指出,"敌人之企图:一,军事上速战速决——失败了;二,发展为速和速结——我们拒绝了,不上当;三,于是发展全面侵略——想争取上着,争取优势,压迫我们,战胜我们(这包含二次世界大战发生前后的猛烈进攻)——这总的政策,仍是一战而胜中国"。① 所以,他在阐述"我们抗战的政略与战略"一节中指出,"在抗战到底的国策下,我们的政策(政略)是:一,持久抗战——时间;二,全面战争(全民战争)——空间与人民;三,争取主动——自力更生,主动外交。在此政策下的战略方针:一,持久战——击破敌人的速战速决、速和速结;二,消耗战——击破敌人的争取优势,争取上着"。② 可见,中国人民虽积弱积贫,但不屈服于日本帝国主义的侵略和奴役,且地大物博、后劲十足,在中国共产党"持久抗战、全面战争(全民战争、全面抗战)、争取主动"的正确政略指导下,在抗战军民创造性地发挥战略运用的灵活抗击中,最终奠定了抗日战争的胜利基础。

1944年8月,在盟军实施诺曼底登陆后不久,战争的进展很快,盟军能够、也需要开辟新的登陆场。艾森豪威尔决定在8月15日实施早已计划和准备的法国南部沿岸登陆计划。他不顾丘吉尔的坚决反对,坚持要执行这一计划。丘吉尔曾力图说服

---

① 周恩来:《中日战争之政略和战略问题报告大纲》,中国国家图书馆馆藏,第3—7页。
② 周恩来:《中日战争之政略和战略问题报告大纲》,中国国家图书馆馆藏,第10页。

| 第八章　政略与军事战略 |

艾森豪威尔把准备用于这一战役的兵力用到其他地区。他酝酿了一个让新集团军在意大利登陆的计划，以便尽快结束意大利战局。他指望能借此在东南欧激起普遍的革命热情，从而迅速结束战争，使西方国家能比苏联人更早进入维也纳和布达佩斯。当然，这种政治上的考虑并没有明确表达出来，但是艾森豪威尔对此了如指掌。艾森豪威尔坚定不移地追求自己的目的："打到德国内地，消灭德国军事实力。"他确信达到这一目的的必不可少的前提，是使用西线的全部兵力，为保证同盟军的补给在欧洲大陆夺占最大的马赛港，并肃清法国南部的敌人，为在北部行动的同盟军两个集团军群消除一切翼侧威胁。最后，还有一个因素也促使他下定这个决心：从心理上考虑，相当重要的是要让编进这一新集团军的法军四个师能够参加解放祖国作战，而不是把它们使用在遥远的战区。从军事上看，那样的论据无可非议。但是美国人不明白，在德国即将十分明显地输掉这场战争之际，摆在首位的不是军事上的考虑和"无条件投降"，而是政治上的考虑。蒂佩尔斯基希认为，罗斯福首先应对此负责。他不仅把苏联视为军事上的同盟者，而且视为长期和可靠的政治伙伴。丘吉尔或是不能，或是不想使他改变这种做法。因此，为战役实施定下的登陆场决心不再更改。① 这是艾森豪威尔战略服从美国政府政略要求的必需，也使战略具备了能够满足政略要求的能力条件，并谋求达成美英政治共识、政略趋同以实施共同的战略行动，最终与苏联红军会师柏林，为战后平衡东西方阵营的利益范围奠定了地缘基础。

---

① ［德］K.蒂佩尔斯基希著，赖铭传译：《第二次世界大战》，国防大学出版社2001年版，第574—575页。

（四）战略永远不可代替政略

政治领导人的决策不可替代，也就是说，战略永远不可替代政略。但是，这并不代表军人是不讲政治的，或者说军人就必须是没有政治头脑、孔武有力的工具，有很多优秀的军事领导人同样成为了卓越的国家领导人、著名的政治家，这已成为所有国家政治体制设计的一部分，并以法律的形式固化了下来。

俾斯麦在阐述对政治和外交在战争进程中的作用这一问题的看法时指出："军事统帅部的任务是消灭敌人的武装力量；战争的目的是在符合政治条件的基础上达成和平。确立和限定战争应该达成的目的，以及向君王提出与此有关的建议——所有这一切在战争期间如同在战前一样，现在是、将来也仍然是一项政治任务，而完成此项任务的方式不能不影响到战争进行的方式。"① 科科申在其所著《军事战略新论》中研究一战史后指出，在一战结束阶段，以兴登堡元帅和鲁登道夫将军为首的德国总参谋部实际上将国家的全部命运系于己身。德国在战场上遭到了失败，不如说在后方遭到了失败：因高度紧张而精疲力竭的德国工农业内部产生了一股强烈的对社会不满情绪。这导致德国爆发1918年的革命，并推翻了德意志帝国，尽管德国在西线不仅并未遭到决定性的军事失败，还占领了俄国大片领土，并与苏联签订了于己有利的《布列斯特和约》。他认为，德意志帝国的灭亡带来的直接后果正如沙波什尼科夫所说，这一时期的"德国总参谋部奉行以军国主义为基础的军事政策，由于忽视了其中的'首要因素'（笔者注：

---

① ［德］奥托·冯·俾斯麦著，杨德友、同鸿印等译：《思考与回忆——俾斯麦回忆录》（第二卷），生活·读书·新知三联书店2006年版，第81页。

即政略）而理所当然地对本国的政治条件缺乏了解。总参谋部的政策是一种'国家模式'，是内行（军事）专家而不是国家领导人制定的政策"。沙波什尼科夫试图用这种相当尖刻的评价向自己的同行——职业军人指明，总参谋部（或类似机构）应清楚自己在战略领导体系中应居的位置，而丝毫不要觊觎国家最高领导机关（的政略权力）。

七、战略对政略的反作用

　　遵义会议是中国共产党成长发展历史上的一次重要会议，严峻的局势迫使共产党人把党务重心从政治转向军事，① 这是因为战争有其自身内在的本质属性，是为政者必须清楚的。那么战争的本质是什么？或者说，在军事战略的层面，从军事行动视角，战争的本质是什么？毛泽东说："保存自己消灭敌人这个战争的目的，就是战争的本质，就是一切战争行动的根据，从技术行动起，到战略行动止，都是贯彻这个本质的。"② 2019 年 12 月，习近平在全军院校长集训开班式上讲到，"一切办学活动都要聚焦能打

---

　　① 杨炳章：《从革命到政治：长征与毛泽东的崛起》，中国人民大学出版社 2013 年版，第 111 页。
　　② 战争的目的不是别的，就是"保存自己，消灭敌人"（消灭敌人，就是解除敌人的武装，也就是所谓"剥夺敌人的抵抗力"，不是要完全消灭其肉体）。《毛泽东军事文集》（第二卷），军事科学出版社、中央文献出版社 1993 年版，第 310、311 页。转引自高民政、薛小荣主编：《军事与政治要论——马克思主义军事政治学经典论述与基本观点》，时事出版社 2010 年版，第 17 页。

仗、打胜仗"。① 这就是战争的本质说。

周恩来在其所著《中日战争之政略和战略问题报告大纲》一书开篇即说,"战争是政策的继续,因此,战略是服从政略的。两国政策敌对的发展到最高阶段便要发生战争,于是政略与战略的关系更为密切,(同时)战略的成败,必然影响政略"。② 这里指的就是军事战略对政略具有反作用,且十分强烈。科贝特在论述有限战争理论时也指出,有限战争理论超越了我们永远要以敌人的武装力量作为首要目标的原则,但这也容易带来一个错误的结论,即否定战争是战斗的运用这一原理。所有类型的战争都需要运用战斗。永远必须清楚的是,无论政治目的对战争具有多么强的决定性影响,只有通过战斗才能达到最终目的。③ 如果说周恩来指出了"战略的成败,必然影响政略"的一般规律,那么,科贝特退一步承认了"有限战争理论超越了我们永远要以敌人的武装力量作为首要目标的原则",即战争、战役、战斗都要服从于政治的前提下,更深刻地揭示了战争、战役乃至战斗对政治的最终决定作用,即"永远必须清楚的是,无论政治目的对战争具有多么强的决定性影响,只有通过战斗才能达到最终目的"。在政权的争夺过程中,即使有再远大的政治理想、政治目标,如果没有武装力量,如果不积小胜为大胜,都不可能改变反动政权的属性进而推翻旧的反动政权,建立新政权,执掌新政权,成为执政党。毛泽东说的"枪杆子里面出政权"是颠扑

---

① 王天林:《把军事院校打造成"胜战熔炉"——学习贯彻全军院校长集训精神系列谈①》,载《解放军报》,2019年12月11日,第6版。

② 周恩来:《中日战争之政略和战略问题报告大纲》,中国国家图书馆馆藏,第1页。

③ [英]朱利安·S.科贝特著,仇昊译:《海上战略的若干原则》,上海人民出版社2012年版,第66页。

不破的真理。

（一）对内——战略实施的成败关乎政党的存续与稳定

彼得大帝继位后即开始了其决定俄国命运的大刀阔斧的改革，最主要的是文化和政治的改革，这一改革也深深触动了俄国大贵族集团的利益，使彼得大帝的政治生命面临挑战。而这时彼得大帝正在进行的波尔塔瓦会战（1709年6月27日开战）就成为俄国历史上第一次决定性的会战。假如彼得大帝在波尔塔瓦战败，那么对彼得大帝激进改革的广泛反对之声很可能会使俄国人转而支持彼得大帝的儿子阿列克谢，同时将彼得大帝的改革创新颠覆；假如彼得大帝被杀死或俘虏，这种可能性将更大。但适时而来的彼得大帝在波尔塔瓦的这场大胜使他具备了压倒国内反对势力的政治资本。而对于对手瑞典国王查理十二世则是漫长的流亡生涯，甚或匿名流窜。对国家而言，则是大片国土的丧失，也失去了最重要的税收来源。这场战争对瑞典"带来的灾难如此之大，以至于瑞典没有什么剩下的东西可以再失去了"。① 彼得大帝的胜利，是其在战争中的胜利，也是其战略决策的胜利，更是其政略的胜利。从此彼得大帝将俄国带入了欧洲一流强国的行列，也成全了"大帝"的光辉和荣耀。

在朝鲜战场上美国失败了，失败的战争给美国人带来了什么？塞缪尔·亨廷顿的结论是，"即使在南北战争期间，也从来没有像朝鲜战争那样全体一致地表示不满。除了李奇微将军，几乎所有的战场指挥官——麦克阿瑟、范弗里特、斯崔特梅尔、阿尔蒙德、克拉克、乔伊——都分享一种詹纳委员会所简洁描述的共识：'一

---

① ［美］戴维·R.斯通著，牛立伟等译：《俄罗斯军事史：从恐怖伊凡到车臣战争》，解放军出版社2015年版，第59—63页。

种因为被拒绝胜利的不安感觉,一种确信政治已经压倒了军事所引起的挫败感'"。①事实上,真正的士气问题不是出现在前线而是后方。将领们的不满就是大众的不满之集中而明确的结晶。公众积累起来的愤怒与挫败感,是反对党不可能忽视的政治现实。艾森豪威尔如果没有朝鲜战争可能也会赢得大选,但即使是他个人吸引力也在很大程度上来自于公众认为他将在外交政策方面"做出某些改变"的感觉。范弗里特的信、对访问韩国的承诺、在报纸头版公开伤亡者名单与照片——所有这些都提醒美国(人民)在东亚发生的事实,并且刺激他们运用手中的选票来尽快结束这种事实。②

马克思主义认为,军事战略本身又反作用于政治。政治领导人在确定战争目的和选择达到战争目的的方法时,以及在实际解决军队建设问题、准备和进行战争时,都要利用军事战略的理论性结论和这一领域的科研成果。同时,作为政治这个上层建筑的经济基础的发展,在某种程度上要考虑到军事战略的要求,考虑到武装力量和整个战争对物力人力的需要。国家的经济发展计划要考虑到军事战略的结论。而在战争时期,军事战略对经济的影响表现得就更为突出。习近平说,"坚持战斗力标准","全军要抓紧抓实备战打仗工作"。③从中可以感悟到军事战略对政略的重要作用。政略指导战略,战略服从政略,但政略不能代替战略,更不能代替战略打赢战争。中国革命战争初期夺取政权的历史进程中,军事斗争一直是处于革命事业第一位的。毛泽东在《中国

---

① [美]塞缪尔·亨廷顿著,李晟译:《军人与国家:军政关系的理论与政治》,中国政法大学出版社2017年版,第347—348页。
② [美]塞缪尔·亨廷顿著,李晟译:《军人与国家:军政关系的理论与政治》,中国政法大学出版社2017年版,第347—348页。
③ 《习近平谈治国理政》(第四卷),外文出版社2022年版,第386页。

第八章 政略与军事战略

革命战争的战略问题》一文开篇就说:"战争的规律——这是任何指导战争的人不能不研究和不能不解决的问题。革命战争的规律——这是任何指导革命战争的人不能不研究和不能不解决的问题。中国革命战争的规律——这是任何指导中国革命战争的人不能不研究和不能不解决的问题。"因为,"大家明白,不论做什么事,不懂得那件事的情形,它的性质,它和它以外的事情的关联,就不知道那件事的规律,就不知道如何去做,就不能做好那件事"。[①] 他还在《战争和战略问题》一文中向全党发出号召:"全党都要注重战争,学习军事,准备打仗。"[②] 因为,只有这样才能取得抗日战争的胜利,才能领导人民取得抗日战争的胜利;只有这样才能取得解放战争的胜利,才能领导人民取得解放战争的胜利;也只有这样才能保卫革命成功后政权的稳固,保卫人民的胜利果实。

兵圣孙子说:"兵者,国之大事,死生之地,存亡之道,不可不察也。"西方资产阶级政治家和军事家也同样非常重视战略对政略的反作用、反向联系。俾斯麦就指出:"一名内行的大臣只有在他时刻都对局势和军事统帅部的计划了如指掌的情况下,才能给国王提供权威性的建议。"也就是说,战略不是被动地被政略所决定的,作为政略的下层,平时对政略起着积极的辅佐和促进作用,战时战略的成败决定着战争的成败,而战争的成败又决定着国家、民族和政治集团的命运,国家、民族和政治集团的命运和物质存在决定着政略之魂的产生、依附和发展,这是客观存在的规律性所决定的。

[①] 《毛泽东选集》(第一卷),人民出版社1952年版,第163—164页。
[②] 《毛泽东选集》(第二卷),人民出版社1991年版,第545页。

（二）对外——影响政略的抉择和走向

美国学者在研究苏联时期的政略抉择后认为，正确的政治领导的必要条件，是科学地论证各种战略计划并使其符合交战国的现实实力，而忽视这一点就会导致差错和失败。

2019年11月12日，莫拉莱斯宣布辞去玻利维亚总统一职，但这个南美内陆国家的混乱局面并没有一丝一毫地减弱和平息。人们不由得思考这个自1879年起被称为"悲情"国家的命运。因为，1879年在同智利的一场战争中，该国丧失了沿海领土，成为内陆国。很多媒体形容玻利维亚好比"睡在金山上的乞丐"，原因之一就是这个内陆国家丰富的矿产资源无法大量外运，"原料输出型"的玻利维亚容易"受制于人"，驱动国家经济发展的基础太单一，存在巨大风险。[①] 战略失误造成了战争失败，战争失败给国家经济发展造成了致命损伤，反过来又影响到国家经济政治的发展，造成了政治乱局。

詹姆斯·门罗在1823年提出了"门罗主义"，即西半球不再允许欧洲殖民或外国干涉。"门罗主义"虽然影响广泛，但最初只是一种主义、一种抱负，而不具有真正的操作性。艾利森说，"门罗主义"从提出到19世纪结束一直如此，并举例说，由于美国缺乏实施的手段，"门罗主义"没有阻止英国1833年从阿根廷手中夺取福克兰群岛，没有阻止英国在尼加拉瓜保持相当规模的海军存在，也没有阻止英国在1895年临时占领位于科林托的尼加拉瓜港口。但罗斯福想到了，在他当总统前就下定决心要给"门罗主义"武装牙齿。用罗斯福自己的话说就是，"如果我们只是口头上

[①] 《多名政府高层先后辞职，玻利维亚为何突然"变天"》，载《环球时报》，2019年11月13日，第7版。

主张'门罗主义'而没有后盾给予支持,那么其结果可能比什么都不做更糟糕,而只有极其优秀的海军才能为'门罗主义'提供坚实的后盾","如果美国说话温和,同时还有一支保持高强度训练的高效海军,那么'门罗主义'就会走得更远"。① 这就是美国的"胡萝卜加大棒"政策,体现的就是战略或军事在对外政策中的作用。

薄富尔论述说,假使"外部动作"(笔者注:外部战争)未能阻止其他权力的干涉,则还是有希望达到一种瓜分式的折中解决。但假使"外部动作"不能给予"内部动作"(笔者注:内政)以适当的支援,而敌人又有足够坚定的决心,那么作战才会失败。② 科贝特在其《海上战略的若干原则》一书中也指出,一场战争之所以成为有限战争,原因不仅可以是因为目标的重要性有限,难以唤起整个国家的力量;也或许是对方能够凭借海洋提供的、难以逾越的自然障碍,使我方很难组织整个国家的力量向前投送。也就是说,通过对目标实施战略封锁,再加上目标本身相对而言重要性不足以引发全面战争,就有可能使战争成为有限战争。③ 科贝特的这段话是对海洋障碍而言的,同时对目前不可逾越的陆上障碍依然有相同的道理。比如,

---

① [美]格雷厄姆·艾利森著,陈定定、傅强译:《注定一战:中美能避免修昔底德陷阱吗?》,上海人民出版社2019年版,第144—145页。

② [法]薄富尔著,钮先钟译:《战略绪论》,内蒙古文化出版社1997年版,第126页。原文对"内部动作"的解释是:"在确保了某种程度的行动自由之后,次一个步骤即为拟出一种在指定地理区域之内所使用的手段,以求能达到理想的某种结果。"见引文,第120页中指出,"在1936年到1939年之间,它(间接战略)为希特勒所使用,主要是'蚕食'战术"。这里的"蚕食"战术就是指外部动作,也就应该理解为对外战争。

③ [英]朱利安·S.科贝特著,仇昊译:《海上战略的若干原则》,上海人民出版社2012年版,第46页。

在有高大山脉阻隔的地域作战，在目前或未来相当长的时间内，就是难以逾越的障碍。这是由于军事技术和装备的水平不具备，或者说客观条件不具备而致使战略选择受限，从而左右政略的选择和走向。历史上，域外对封建中国的侵略，不是从北面来（沙俄、日本等），就是从海上来（日本、英国等）。所以，掌握新疆，西面就有保障；掌握河西，新疆就有保障——这也就是中国封建朝代从地缘上对军事战略的要求，而对国家战略、政略的必然选择。

藤原彰在其所著的《日本军事史》一书中考证，在1894年的甲午战争中，日军针对中国制定的作战方针是："我军的目标是将主力置于渤海湾头，与清国一决雌雄。能否实现目标取决于海军的胜负，我军的作战过程可分为下述两个阶段：……第二阶段的作战视第一阶段的海战而定，根据第一阶段海战的可能拟定为甲、乙、丙三种作战方案。"① 这是甲午海战前日本为侵略中国制订的政略计划，是以战略的实施结果为走向标准的政略抉择，体现的就是战略对政略的反作用。

1905年，在日俄战争后，列宁写下了《旅顺口的陷落》一文。列宁总结说："一个国家的军事组织和它的整个经济文化制度之间的联系，从来还没有像现在这样密切。因此，军事上的破产不可能不成为深刻的政治危机的开端。"② 1914年，一战爆发，11月列宁发表《死去的沙文主义和活着的社会主义》一文，再次

---

① ［日］藤原彰著，张冬等译：《日本军事史》，解放军出版社2015年版，第59—60页。

② 中共中央马克思恩格斯列宁斯大林著作编译局编译：《列宁全集》（第二十六卷），人民出版社1988年版，第105页。转引自高民政、薛小荣主编：《军事与政治要论——马克思主义军事政治学经典论述与基本观点》，时事出版社2010年版，第27页。

透彻地指出:"欧洲大战意味着最严重的历史性的(政治)危机,意味着新时代的开始。战争也同任何危机一样,使潜伏于深处的矛盾尖锐化和表面化,他扯掉一切虚伪的外衣,抛弃一切俗套,破坏一切腐朽的或者说已经完全腐败了的权威。"①列宁类似的论述还有很多,包括1915年5—6月所写的《第二国际的破产》、1916年7月所写的《关于自决问题的争论总结》等,都深刻指出了军事战略的失利对国家政治的深刻影响,证明了政略将因此而改变的规律。

二战中,美国的租借法同时也适用于苏联,给苏联反击德国的侵略战争以巨大的支持,就是美国从战略对政略的影响上进行的考虑。因为,罗斯福看到在军事上苏联人民和苏联红军在战争开始的两个月到三个月内的英勇奋战情况,可以肯定斯大林和苏联政府有战斗到底、争取最后胜利的决心。而且,"德国已发现,机械化部队要穿过苏联,比穿过比利时和宽广的法国大道,要困难得多"。因此,罗斯福认定苏联是欧洲和世界战胜法西斯的有力盟国,可以争取成为战后建立世界和平的合作者。1943年7月,美国一份军事战略评估指出:"苏联战后在欧洲将取得支配地位","这就更加需要发展和保持与苏联的最好关系"。同时,由于苏联在东面受到日本的威胁,美国另一个考虑则是想拉拢苏联来反对日本。这就是罗斯福愿意给苏联以租借援助的根本原因,从而通过租借法的援助,使苏联与美国战时能够相互合作,巩固

---

① 中共中央马克思恩格斯列宁斯大林著作编译局编译:《列宁全集》(第二十六卷),人民出版社1988年版,第105页。转引自高民政、薛小荣主编:《军事与政治要论——马克思主义军事政治学经典论述与基本观点》,时事出版社2010年版,第27页。

美苏政治上、军事上的联合。① 所以，二战中，罗斯福把支援苏联作为美国政略的一大重要任务。罗斯福战时对苏联政略的主要内容包括：一是通过租借法在物资、军火方面给予援助，二是在军事上明确答应美国愿意在欧洲开辟第二战场。这里，美国将租借法适用于苏联是出于政治考虑，答应开辟第二战场同样也是出于政治考虑。因为支援苏联会迫使法西斯德国面临两面作战，可以早日打败法西斯德国，以此还可以在维持战后和平、建立联合国方面换取苏联的政治支持。1942年6月1日，罗斯福在与莫洛托夫的会谈中指出，他"可以向莫斯科说明，美国政府力争并希望在1942年开辟欧洲第二战场。英国和美国都在这方面进行着大量的工作准备"。但是，5月7日，美军在珊瑚海同日军已展开海战，以阻止日本对澳大利亚可能发动的进攻。6月4—7日，日军又发动中途岛海战，加上美国战备不足，后方勤务出现各种困难，很难保证实现开辟第二战场的政治诺言。另外，对北非战场，罗斯福早在珍珠港事件爆发前，就把达喀尔当成对美洲安全的一种威胁，如果英美占领了法属北非，就会排除这种危险。如果解除法西斯在北非的军事威胁并开放地中海，即可减轻美国向苏联和英国运输物资的压力。以北非为基地，英美便可很快向欧洲展开进攻，以减轻苏联红军的压力。所以，从美英实际情况出发，先在北非登陆，尔后再实现罗斯福的诺言，是必要的。② 这说明，政略确定之后，战略就要为实现政略而筹划其最佳的实现途径，而军事战略的正确与否，并不以曲直论英雄，曲直要以成败加以区别，以成功为目标做出路径的选择。所以，哈特的"间接路线"得以大行其道，得到世人的广泛认可，

---

① 张继平：《历史的反思——第二次世界大战的战略与政略》，时事出版社1990年版，第219—220页。
② 张继平：《历史的反思——第二次世界大战的战略与政略》，时事出版社1990年版，第223—224页。

| 第八章　政略与军事战略 |

被战后的战略理论家所推崇,被各国军政要员所采纳。否则,仅以简单的直线选择战略(直接战略)对政略的执行,那是行不通的,是要遭受败绩的,也就是《孙子兵法》所指出的"以迂为直"的道理。

回溯二战爆发后的历史,我们还可以看到政治的调和是以军事实力和军事占领为基础的。1941年苏联卫国战争爆发后,丘吉尔就在莫斯科向斯大林提出与苏联划分巴尔干地区的计划,但遭到罗斯福的反对。1944年10月9日,丘吉尔在莫斯科会晤斯大林时,又再次提出这个问题。提及这次会晤,丘吉尔在回忆录中说:"现在,时间(时机)适于我们做交易","让我们共同解决巴尔干事务吧。你们的军队已进入罗马尼亚和保加利亚,我们在那儿也有相关的利益……不要让我们两国误入歧途。是否你们在罗马尼亚享有90%的影响,在希腊我们也含有90%的势力,对南斯拉夫则各50%?这些话被翻译时,我在半页纸上写道:罗马尼亚,苏联90%,其他国家10%;希腊,大不列颠90%(与美国一起),苏联10%;南斯拉夫,50%—50%;匈牙利,50%—50%。我将这张纸递给斯大林,他听过翻译的话,又经过一段时间踌躇,才拿着蓝色铅笔在纸上画了一个大勾,又递了回来,没有花许多时间,问题全都解决了"。① 这是以战争的胜负结局为条件的调和,也就是二战进程的战略结局在这一刻决定了两大阵营对政治版图的瓜分,丘吉尔不失时机地为大英帝国抢到了一杯胜利之羹。1944年10月14日,斯大林提出在打败德国三个月之后,苏联即可对日发动进攻,但有两个条件。关于第一个条件,1944年11月18日,罗斯福、霍

---

① 张继平:《历史的反思——第二次世界大战的战略与政略》,时事出版社1990年版,第369页。

布金斯和哈里曼讨论时指出：首先在后勤补给方面，苏联需要美国在西伯利亚提供 2—3 个月的物资储备，以满足战争展开时的需要，其中包括 86 万吨粮食、220.6 万吨流体物资，供应一支 150 万人的部队作战需要的物资，同时提供 3000 辆坦克、75 万辆汽车、5000 架飞机。这些物资必须在 1945 年 6 月 30 日前通过太平洋运到苏联。罗斯福这时特别强调：如果"没有苏联的帮助，战败日本将是十分困难的事，而且代价高昂……我们应该想尽一切办法支持斯大林的作战计划"。罗斯福这样的估计与决定，和当时美国所处的战争形势是有紧密联系的。因为原子弹在什么时候制造成功尚难预卜，直到雅尔塔会议召开前夕，美军的先头部队尚未跨过莱茵河，谁也不知道欧洲战争还须多少时间方能结束，更不知道美军将付出多大代价。雅尔塔会议期间，美军参谋长联席会议曾经草拟一份文件强调："我们希望苏联人尽早用它们的力量投入军事进攻。我们已准备提供最大可能的援助，不假任何私意，要用我们的主要力量去反击日本。"事实上，在 1945 年 6 月 30 日之前，美国提供了 80% 的供应物资，美国人尽了较大努力来满足苏联的需要。[①] 试问，如果罗斯福能够准确把握核武器可以在同年 7 月份制造出来、试验成功、确信威力，还会答应给苏联这些物资吗？对第二个问题，1945 年 2 月 8 日，罗斯福和斯大林两人举行第二次私下会谈。经过讨论和进一步的协调，最后于 2 月 11 日由罗斯福、斯大林和丘吉尔签订了当时并未公布的秘密协定——《雅尔塔协定》。但《雅尔塔协定》的签订并没有马上通知中国，他们担心国民党当局不能严守协定秘密。在会议期间，斯大林还告诉罗斯福，苏联经过西伯利亚已开始调动部队，但必须极其秘

---

① 张继平：《历史的反思——第二次世界大战的战略与政略》，时事出版社 1990 年版，第 348—349 页。

密地进行。罗斯福同意只有等苏军部队调动完毕，才将协定的具体内容向中国加以解释。格罗夫斯描述说：1945年2月，二战依然残酷地进行着，美国的原子弹研制成功依然不可预期，太平洋战场美军依然与日本人进行着残酷搏杀，面对日本人的疯狂，战争进程推进缓慢，美军付出了巨大和残酷的伤亡。这时在苏联克里米亚半岛，一个叫雅尔塔的小镇上，斯大林面对着罗斯福以不容置疑的口气缓缓地说："当然，在对德作战结束后，苏联红军可以在远东开辟战线，消灭日本关东军。不过，作为代价，我们要求恢复在'满洲'的权益。那是指亚洲！"① 这些强硬的表态体现了苏联这时在世界战略格局中的军事优势、强势地位。然而，1945年7月16日，美国核武器的爆炸成功改变了这一战略态势。当杜鲁门听到原子弹试验成功的消息时，他开始考虑，"我们用不着苏联人了"，"看来我们突然之间，已有把握大大缩短在东方流血的战争时间，并为欧洲争取一个更美好的前景。我毫不怀疑，在我们英国朋友的脑海里，也存在这种想法"。丘吉尔也高兴地说："我们不须再求苏联人，对日战争不久即将结束，不用他们的部队也能取胜，我们不需要得到他们的好意。"②

总之，在现代政治外交与军事斗争中，政战两略的关系是交织存续着的。科科申在《军事战略新论》一书中说：军事力量、军事实力仍是国家关系中的最重要手段之一。它像外交一样，是

---

① ［美］莱斯利·R.格罗夫斯著，钟毅、何伟译：《现在可以说了——美国制造首批原子弹的故事》，原子能出版社1991年版，第224—225页；陈润华、柴宇球编：《谋略艺术教程》，军事科学出版社2007年版，第183—184页。转引自［美］约翰·刘易斯·加迪斯著，翟强、张静译，《冷战——交易·谍影·谎言·真相》，社会科学文献出版社2013年版，第11—12页。

② 张继平：《历史的反思——第二次世界大战的战略与政略》，时事出版社1990年版，第397—398页。

这种关系不可分割的特征。军事战略的使命就是解决某种对外政治问题；它不仅可以影响世界政治的进程，还会影响世界政治体系的结构。

八、战略的目的和战争的政治目的各异

《孙子兵法》曰："不战而屈人之兵。"毛泽东说："战争是迫使对手按我们的意志行事的一种暴力行动。"[①]《战略的创新》作者王普丰说，战争的本质就是战略的本质。从这一点上来讲，战争的目的也就是战略的目的。拓宽到战场之外更宽泛的意义上，战略的目的也就在于摧毁敌人的意志，而"迫使对手按我们的意志行事"，从而达成政略的最高境界，也就是战前的"不战而屈人之兵"，战后赢得"和平红利"。

（一）战略的目的应该定位于摧毁敌人的意志

王奇生在其《抗战第一年的政略与战略》一文中指出，"在华北方面，日军投入了共计八个师团的重兵，但打击中国军队的战略目的并没有实现，转攻上海后，更遭到了中方的猛烈反击。历经三月攻占上海只意味着日军取得了战术上的成功"。[②]

杜黑的制空权战略备受推崇，但是，其所预测的战争结局并不完全如其制空权战略理论所预言。正如张继平在其《历史的反思——第二次世界大战的战略与政略》一书中指出，为了

---

① 《毛泽东选集》（第一卷），人民出版社1952年版，第175页。
② 王奇生：《抗战第一年的政略与战略》，载《读书》2015年9月，第98—99页。

夺取制空权展开的对工业城市或军事重镇的轰炸，并不能获得杜黑预测的效果。二战期间，大规模轰炸工业中心、交通枢纽以及军事重镇，曾是希特勒在英伦之战中对付英伦三岛采取的主要战略。他希望通过日夜轮番轰炸，造成最大的破坏，迫使英国政府宣布投降。事实恰恰相反，杜黑的理论经希特勒反复应用却屡遭失败。这是因为尽管猛烈轰炸可以给对方带来巨大的破坏或损失，但作为一个被侵略国家却完全可以通过各种渠道转移和疏散工业、军事、交通设施。敌人的剧烈轰炸同时也可提高人民的斗志，坚定胜利的信心。杜黑的理论过分夸大了空军战略轰炸作用，事情并不像他说的那样完美、正确和简单。英国伦敦和战时军火生产重镇考文垂曾遭到与德国汉堡一样的损失，可是英伦三岛依然是英伦三岛，英国人民的抵抗意志在政府的领导下却更加坚强。同样，德国在英美不断轰炸中也未真正面临彻底崩溃的局面。在大轰炸的1944年，德国武器生产仍有提高趋势，前线战斗仍在继续。一系列事实说明，杜黑和杜黑学派鼓吹的制空权或空军制胜论，经过二战全过程的实际检验，并不像他们估计的那样。[1] 而冷战后的美国对外战争，包括海湾战争、伊拉克战争、阿富汗战争，美军的战略行动成功了，说明它们的战略是正确的，但战后的结局并不如美国政府的意愿，其对这些国家的控制并没有被该国的人民所接受，没有摧毁这些国家人民的意志。

（二）战争的政治目的应是赢得战后"和平红利"

《孙膑兵法》指出："战而无义，天下无能以固且强"，"战胜

---

[1] 张继平：《历史的反思——第二次世界大战的战略与政略》，时事出版社1990年版，第57页。

而强立，故天下服矣"。① 即说战争的政治目的是"战胜而强立""以固且强"。哈特说："战争的目的是为了获得一个较好的和平——即便这个所谓较好的，仅仅就是你自己的观点而言。所以在进行战争的时候，你必须经常不断地注意到你所希望的和平。克劳塞维茨所举的定义——'战争是政治的继续'——其真正的含义也在于此。"② 人们公认的美国指导海湾战争取得胜利的理论基础是沃登的《空中战役》。而沃登在这本书中对胜利的标准是："战争的目的应是赢得战后的和平，一切计划工作和作战行动都要跟这个终极目标直接相关。虽然我们的政治、军事和学术界都对这个观点在口头上表示支持，但我们很容易迷失在克劳塞维茨式的世界里，在那里，击败敌人军事力量本身成为目的，而非只是达成更高目的的若干手段之一。"他认为，伊拉克战争的目标更应该是"攻击伊拉克以改变"伊拉克国家和军队组成的系统，"从而使其与设想的战后和平协调一致"。当空中战役实现了这个目标，则战争实际上已经打赢。③ 从这一点上来说，沃登是高明的。沃登所制订的计划是成功的，美国在伊拉克战争中取得了绝对的胜利，这一点已为国际社会所认可。但是，正如毛泽东在《论第二次帝国主义战争》中所说的"掠夺——这就是帝国主义战争的唯一的政治目的"，日本帝国主义的"永久和平"、希特勒的"民族自治"等等花言巧语，只不过是掩盖"掠夺"本质的骗人的把

---

① 《孙膑兵法·见威王》，转引自黄朴民、魏鸿、熊剑平：《中国兵学思想史》，南京大学出版社2018年版，第142页。

② [英]李德·哈特著，钮先钟译：《战略论：间接路线》，上海人民出版社2010年版，第305页。

③ [美]弗雷德里克·W.卡根著，王春生等译：《寻找目标——美国军事政策的转型》，军事科学出版社2009年版，第84页。

第八章 政略与军事战略

戏。① 美国所进行的战争的政治目的依然是掠夺,其进行海湾战争、伊拉克战争的政治目的依然是赢得战后的"和平红利"。但战后的伊拉克为美国带来了数不尽的麻烦和不断的流血牺牲,从这一点而言美国政府则失败了。

谢尔曼·肯特说,战争结束后,美国武装力量的责任是保证占领区军事政府的民事活动得以延伸。美国《陆海军军事政府和民政事务手册》规定了"(管理)军事政府,控制美军占领区民政事务的普遍原则",列举了占领者的23类责任和1条附加事项,表明要以一种本土化的管理模式来处理,并指明如何让这个国家恢复生机和活力。② 这当然是美国治下的和平,是在虚假和平下美国掠夺当地的资源以赚取超额的"和平红利"。

1953年9月12日,毛泽东在中央人民政府委员会第二十四次会议上发表了《抗美援朝的胜利和意义》的重要讲话,指出:"抗美援朝,经过三年,取得了伟大胜利,现在已经告一个段落。……我们同美帝国主义这样的敌人作战,他们的武器比我们强许多倍,而我们能够打胜,迫使他们不能不和下来。为什么能够和下来呢?第一,军事方面,美国侵略者处于不利状态,挨打状态。……第二,政治方面,敌人内部有许多不能解决的矛盾,全世界人民要求和下来。第三,经济方面,敌人在侵朝战争中用钱很多,它的预算收支不平衡。这几个原因合起来,使敌人不得不和。而第一个原因是主要的原因,没有这一条,同他们讲和是不容易的。美帝国主义者很傲慢,凡是可以不讲理的地方就一定不讲理,要是

---

① 刘先廷:《论毛泽东军事哲学思想》,解放军出版社2015年版,第62页。

② [美]谢尔曼·肯特著,刘微、肖皓元译:《战略情报:为美国世界政策服务》,金城出版社2012年版,第19—20页。

讲一点理的话，那是被逼得不得已了。"① 这里毛泽东对抗美援朝战争的和谈问题分析得再透彻不过了，结束抗美援朝战争对世界是有利的。当然，这种"和平红利"是靠战争胜利打出来的、是用政治谈判的妥协方式达成的一种稳定状态。

九、战略有权"对政治提出自己的要求"

战争是政治的继续。从这一点上讲，政治是战争的总根源，也是战略的总根源、总目的和总出发点。但是，一旦确定通过战争手段来达成政治目的，那么，战略目的同时就成为政治的最高目的，政治手段也应当自觉围绕这一目的发挥作用，即打好军事政治仗。科科申在《军事战略新论》一书中说：军事战略有权"对政治提出自己的要求"，而这首先要求尽可能明确地制定使用军事力量的政治目的，而不是把政治变成了目的本身。正如加列耶夫在评价斯大林二战初期的军事战略时所说，"纯粹意义的政治是不存在的。政治只有在综合考虑到所有因素包括军事—战略意图时，才会有生命力"，"政治的地位再优先，也不能不重视军事—战略上的考虑"。② 源于克劳塞维茨论断的国家政治领导层与军事统帅部和整个武装力量之间的相互关系不是简单的"骑士与马之间的关系"。这是一整套反向的责任，以政治为主导前提下的相互责任。也就是克劳塞维茨强调的，军事统帅部在政治家和政

---

① 《抗美援朝的胜利和意义（一九五三年九月十二日）》，载中共中央文献研究室、中国人民解放军军事科学院编：《建国以来毛泽东军事文稿》（中卷），军事科学出版社、中央文献出版社2010年版，第173—174页。

② ［俄］M.A.加列耶夫著，陈学惠等译：《军事历史战线的斗争》，军事科学出版社2015年版，第292、357页。

治那里享有自己的特权,"整个军事艺术和个别场合下的统帅都有权要求,政治方针和政治意图不能与军事方法相悖","政治领袖不应对军事缺乏基本的了解"。丘吉尔曾言:"如果我们事先做了充分的准备而战争没有爆发,我们失去的可能是黄金。但如果我们事先没有做好准备而战争突然爆发了,我们失去的将是整个大英帝国。"① 这都是在说:一方面,军事战略有权"对政治提出自己的要求";另一方面,军事战略有权要求政府提前做好战争准备,政府有义务为即将到来、或可能到来、或预测可能到来而实际上没有到来的战争做好准备,因为它关系到国家的危亡、人民的安宁。正所谓"养兵千日用兵一时",就是为了有备无患。

(一)政略应为军事战略的实施做好铺垫

苏联《军事战略》指出:"国家的政治不仅限于给战略规定任务,而且还要为战略完成这些任务创造有利的条件。政治拥有一切机构和手段,能最大限度地动员人力物力资源来保证军队的行动。同时,政治应从战略的要求和企图以及国家的能力出发,使目的与现有的人力物力相适应","为了使军队顺利地达成目的,需要在外交上、经济上和精神上为它创造有利条件。国家应在所有这些方面进行战争准备"。② 即政略应为军事战略的实施做好铺垫。"在第二次世界大战时期,苏联在外交上曾做了很大的努力来争取日本保持中立。而日本保持中立,在一定程度上便使苏联最

---

① 《一些官兵认为某方面练兵备战是做"无用"功》,载《解放军报》网络版,2016年10月20日。
② [苏]瓦·达·索科洛夫斯基主编:《军事战略》(上册),战士出版社1980年版,第39—40页。

高统帅部能够把一部分军队从苏联远东地区调到苏德战场上来。"①社会主义国家如此,资本主义国家亦如此,在这一点上对各国政府的要求是一致的。

二战后美国《国务院—战争部—海军部协调委员会第282号文件——制定美国军事政策的基础》中说,"战争的一般模式……第二行动——配合军事战略,展开政治战、社会战和经济战的攻势,以便迫使敌人接受西方联盟的条件"②。2019年4月16日,美国战略与预算评估中心发布题为《拨开和平的迷雾:为新时代制定创新型作战概念》的研究报告,指出:美国在一定情况下可以使用盟国和伙伴国领土上的地点和关键设施。但是,盟国和伙伴国为美国提供地点和设施的使用权时,需要做出政治决策。当然,未来爆发冲突时,美国的关键盟国和伙伴国在为其提供支援前,将不得不考量这一行动可能带来的影响。这是美国为应对未来战争中的战略环境支持条件而对美国联盟政治提出的要求,实际上也是历次战争所遵循的战争规则,应该理解为这是正常的战争准备的一个客观要求。

1711年,彼得大帝发动了征战奥斯曼土耳其的战争,主动和土耳其人打起了"巴尔干基督徒"这张牌。因为巴尔干地区的农民大多是东正教徒,彼得大帝通过宗教把自己同奥斯曼土耳其所占领的摩尔多瓦和瓦拉奇亚地区联系在一起,利用宗教纽带来对付土耳其人,一来为战争正名,二来为从巴尔干地区的基督徒中招募士兵。在之后的对土耳其战争中,俄国持续运

---

① [苏]瓦·达·索科洛夫斯基主编:《军事战略》(上册),战士出版社1980年版,第41页。

② 周建明、王成至主编:《美国国家安全战略解密文献选编(1945—1972)》(第二册),社会科学文献出版社2010年版,第547页。

第八章 政略与军事战略

用了这一策略。① 当然，这也许有塞缪尔·亨廷顿所言"文明的冲突"之嫌，但彼得大帝的政略中确实利用了民族信仰、民族矛盾，并对自身的战争起到了利好作用，有力地支援了其军事战略的发挥。

事实上，资产阶级的军事战略家也十分重视政略对军事战略的支持。在1763—1783年的美国革命战争中，只有250万人口（其中20%是奴隶），没有陆军，没有海军，也没有足够的财源，而对手却是人口数量高达800万的宗主国家，拥有职业陆军、庞大海军和无数资财。尽管如此，人民仍对战争充满信心和决心。就是他们相信美国人的"天生的勇气"和"上帝的庇佑"。一位英国上尉写道，美国人"现在被激起了高度的热情，几近疯狂，此时他们轻易就相信，无论他们干什么，上帝都会护佑他们，这样的状态下他们定会所向无敌"。乔治·华盛顿更是用激励的语气说："记住，军官们、士兵们，你们是自由人，是在为自由的福祉而战；记住，如果你们不表现得像男人一样，那么你和你的子孙后代的命运将是永世为奴。"② 所以，薄富尔论述说："这里的基本政治路线（政略路径选择），又必须与在'外部动作'中所使用的（军事战略）彼此配合。它要能刺激人民潜伏的感情，使其起而支援斗争。除了刺激感情（包括民族的、宗教的和社会的等方面）以外，还要宣扬一种理论，以证明要求人民所支援的斗争是完全合乎正义。此外还需要制造神话以坚强信心——我们必胜的理由并不是'因为我们是强者'（在这一类战争中，最初是永远不可能的），而是'因为上帝站在我们这一边'。"他还举例说：

---

① ［美］戴维·R. 斯通著，牛立伟等译：《俄罗斯军事史：从恐怖伊凡到车臣战争》，解放军出版社2015年版，第61—62页。
② ［美］阿伦·米利特、彼得·马斯洛斯基、威廉·费斯著，张淑静等译：《美国军事史（1607—2012）》，解放军出版社2014年版，第46页。

"我们从未真正认清当年白种人迅速征服世界之时,这也是一个极重要的因素。那个时候被征服的民族都几乎一致相信,白种人是天之骄子,任何东西都无法阻止他们的征服。换言之,他们命中注定了要主宰世界的。在第二次世界大战初期,西方人累遭失败,这个神话遂被粉碎了。我们(西方人)从此丧失了面子,于是那些过去替我们工作的精神因素,现在都反过来替敌人工作了。"[①]克劳塞维茨在认识到政治对军事的重要作用后,提出了两个最重要的条件:一是政治家必须了解将帅在战场上能够完成什么,还必须了解他们在战场上取得的"胜利"会产生什么样的后果或作用;二是政治家决不能要求战争完成它无法完成的任务。如果政治家了解他们所选用的工具亦即战争,那么他们就不会要求战争完成它无法完成的使命。这就是军事政治仗,或政治军事仗。

在普鲁士准备对当时在整个欧洲力量中心体系中占据较高地位的奥地利发动战争时,铁血宰相俾斯麦做了极其复杂的政治、外交工作,为普鲁士军队的行动创造了必要的政治条件。在准备对奥战争过程中,俾斯麦能够正确判断俄国的立场:俾斯麦相信,亚历山大二世不会阻挠普鲁士对奥地利实施打击。奥地利国王弗朗茨·约瑟夫一世在克里米亚战争期间的表现,奥地利首相布洛梅1856年在巴黎会议上对俄国的粗暴侮辱,在亚历山大二世看来都是奥地利君主国的背叛行为。特别是考虑到:首先,在1848—1849年欧洲革命期间,尼古拉一世曾派帕斯科维奇元帅率领的军队去镇压匈牙利民族起义,从而挽救了奥地利,而奥地利背叛了亚历山大二世;其次,使法国保持了中立;再次,俾斯麦同意大利签订联盟条约,正是在1866年这一年,意大利开始了反对奥地

---

① [法]薄富尔著,钮先钟译:《战略绪论》,内蒙古文化出版社1997年版,第124—125页。

利统治的解放战争。在俾斯麦这样政治外交事务都准备就绪后，奥地利在普鲁士将要发动的战争中被迫同时两线作战，也就为普鲁士军队赢得战争创造了有利的条件。

塞缪尔·亨廷顿也举证：在美国，"作为战争会议的替代者，参联会将他们的活动与兴趣扩展到常规的军事界限之外，进入了外交、政治与军事领域。从首先击败德国这一最初的战略决策，到最后结束与日本的战争这一系列复杂的决策，都是由总统、各军种参谋长和哈里·霍普金斯（罗斯福总统的私人特别顾问，被称为'影子总统'）共同作出的……在这一领域，像麦克阿瑟和艾森豪威尔这样的战区司令承担着政治与外交角色。而在民政与军事行政方面，至少在涉及海外作战的领域，很大程度上属于军方的职权范围"。① 也就是说，在二战战时体制下，罗斯福政府为了战争的胜利，已经将部分政府外交权利赋予了战地战略指挥官。因为，在塞缪尔·亨廷顿的政略战略理论体系中，他认为军政是分离的，所以他做了这样的陈述。而实际上，总统是最高军事长官、三军总司令，在他的统合下政略与战略也是一体的，最终统一于总统的决策班子，这也是资本主义国家立法所规定和保障的。这里所说的这种赋权或行政权力的让渡，说明的只是战时军事的重要性，为了战争的胜利，政略决策者对战略指挥官在权力上的让渡，或者说，为了战争的胜利，美国的政治统帅在战时也需要从政略上对战略给予支持或权力让渡。

珍珠港事件发生后，一位具有代表性的美国众议员很直白地表达了国会对军方的支持和默许，他说："我听取陆军总参谋部的意见，他们是战争中的主角。如果他们告诉我他们为成功进行战

---

① ［美］塞缪尔·亨廷顿著，李晟译：《军人与国家：军政关系的理论与政治》，中国政法大学出版社2017年版，第288页。

争并且赢得最终胜利需要什么,我就会同意什么。无论其中有多少让我犹豫的成分,我都会支持。"为了赢得胜利,国会愿意"相信上帝与马歇尔将军","陆军部或者……马歇尔将军……实际上控制着预算"。① 到了1943年和1944年,马歇尔已经放弃了他此前提出的观点,取而代之的是同意史汀生(陆军部长)将军事胜利作为最优先的目标,并且将军事战略的需求作为国家政策中最关键的内容。② 美国政界的这种认同体现了二战中政府在国家安全事务中对军队的信任和依靠信念,统一于对国家的忠诚和对国家忠诚的认同与理念。

1943年夏,抗日战争正如火如荼地进行,美国政府邀请费孝通等十位中国教授赴美访学一年。在美国大学里费孝通参加了几个为军队特设的区域研究班。他的感受是:美国政府明白这次战争(二战)是全球性的,美国将在世界各地进行战争,而战争不能缺少当地人民的合作。为了军事上的需要,作战部队须对各大战区人民有较深的了解。而且他们也知道,军事胜利之后,对于解放区的种种设施,都得根据当地的民情来擘画、来推行。所以他们召集各类专门人才,设立区域训练班。区域训练班里,地理、历史、文化各方面全都照顾到。于是各类专家之间也要相互配合。③ 由此可以反映出,美国政府不仅从政略上为战略展开做了具体筹划,而且还为战争胜利后的战略延展进行了筹划和布局。

---

① [美]塞缪尔·亨廷顿著,李晟译:《军人与国家:军政关系的理论与政治》,中国政法大学出版社2017年版,第283、290页。
② [美]塞缪尔·亨廷顿著,李晟译:《军人与国家:军政关系的理论与政治》,中国政法大学出版社2017年版,第298页。
③ 赵一凡:《哈佛读书札记——中美比较缘起:费孝通与费正清》,载《报刊文摘》,2017年12月27日,第6版。

第八章　政略与军事战略

王普丰说："战争是政治的继续，战略也是政略的继续。战略是以战争的政治目的为总要求来筹划实现战争的军事目的，又是以实现战争的军事目的作为达成战争政治目的的途径。"① 张继平指出：从总体上看来，政略决定战略，反过来在一定条件下战略也影响政略。即当战争顺利进行时，不需要改变原来制定的政略，一旦战争处于失利或严重溃败时，原定的政略不能适应或达到进行战争的目的，就必须根据战略需要改变原来的政略，这也就是说，在一定条件下战略对政略的影响也是不可轻视的。② 以寿晓松为代表的军事战略研究学者认为，在一定条件下政治可能要根据战略实践做出局部调整，在全面战争状态下战略甚至可能成为政治的主角。因为，在一定意义上政治要为战略创造有利条件，要能充分动员和综合运用人力物力资源来保证军事行动的实施，要善于在外交、经济和精神上为打赢战争凝聚最大的战略（政略）合力。③ 应该指出的是，这些不同方面的表述无疑是正确的，但现实是纷繁复杂的，战争的进程更是曲折和丰富多彩的，因此，对政略与战略的辩证运用更需领袖们、当政者如履薄冰地仔细审视、认真应对，方能为国家和人民谋得最大的安全和利益。

（二）关键时刻政略需要关注到军事战略的细枝末节

政略与战略的关系是紧密相关的，有时为了处理敏感的政治问题，最高领导人不得不关注甚至是细枝末节的战术和技术问题。因为，这些细枝末节的战术和技术问题在一些特定的关键时刻、

---

① 王普丰：《战略的创新》，军事科学出版社2010年版，第48页。
② 张继平：《历史的反思——第二次世界大战的战略与政略》，时事出版社1990年版，第196—197页。
③ 寿晓松主编：《战略学教程》，军事科学出版社2013年版，第9页。

关键地点成为了决定政略实施的关键节点、关键要素。格雷厄姆·艾利森和菲利普·泽利科在他们所著的《决策的本质——还原古巴导弹危机的真相》一书中披露，20世纪60年代，古巴导弹危机的最紧要关口，大规模杀伤性技术的发展使部署在隔离线上每一艘舰船上的人员采取的任何过火行动，都可能致事件升级为造成几百万人丧命的层级。为了严格控制事态的进程，美国政治领导人在白宫的地下室中，时刻保持与部署在隔离线上的舰船指挥官直接进行通话。这样，白宫领导人既有能力也有必要超越对他们控制范围的传统限制。而白宫地下作战态势室的地图上也随时标出了所有苏联船只的动向。事态发展到最后，肯尼迪和他的顾问们知道了每一艘舰船的名字，并就应首先拦截（苏联的）哪一艘、在何处、如何拦截等行动细节进行了详细讨论。"总统亲自指挥了隔离行动……他决心不让一些无谓的事件或一些下属的莽撞（行为）使这种非常危险、复杂的危机失去控制。"[1] 也是在这一事件中，当苏联船只接近美国部署在隔离线上的军舰时，美国领导人向苏联领导人发出了一封信，表示"我们都应谨慎行事，避免采取任何会使形势变得更难控制的行动"。随后，苏联领导人也在一封信中强调了这种危险，"我们船只之间的遭遇……可能会引发军事冲突的火花，这样的话，任何会谈都将是多余的，因为其他的力量与规律（即军事力量和战争规律）将开始发挥作用"。当危机高潮时，事态的发展，用美国一方的话来说"接近事态可能失去控制的临界点"。赫鲁晓夫则用了另一种比喻——战争的逻辑，"如果战争真的爆发了，那么它将不

---

[1] [美]格雷厄姆·艾利森、菲利普·泽利科著，王伟光、王云萍译：《决策的本质——还原古巴导弹危机的真相》，商务印书馆2015年版，第260页。

第八章 政略与军事战略

是我们所能够阻止的，因为这就是战争的逻辑"。① 即战争一旦爆发，将会按照战争的逻辑、战争的规律运行和发展，而不会按照政治家们一厢情愿的意志得到控制。同时，它告诫我们，这些能够牵动战争事态的事件就是战争关键时刻的关键事件，是战略的关节点，是关系战略全局的战略关键问题，也是政治关键点，是引爆战争或加剧战争烈度的导火索。

1939年4月3日，德军最高统帅部印发了《关于武装力量一致准备战争》的训令，该训令包括以下基本原则："德国武装力量的任务是消灭波兰武装力量。为此必须力争和准备进行突然袭击。关于进行隐蔽或公开总动员的命令，将只能在进攻当日，并尽可能在最后时刻下达……拟制战争准备计划时，务须做到能在1939年9月1日以后的任何时间实施战役。"德国武装力量对波兰的战略展开，就是根据这一训令准备和实施的。② 1939年8月，法西斯德国入侵波兰已经箭在弦上，面对英法苏三国的谈判僵局，希特勒加紧了与苏联的谈判。8月14日，在伏罗希洛夫向英法两国提出他的决定命运的波兰走廊等问题几小时以后，德国外长里宾特洛甫受命起草了一份给驻莫斯科大使舒伦堡的电报：德国和苏联之间并不存在任何实际的利益冲突……从波罗的海到黑海，没有任何问题不能按两国完全满意的方式解决。并且说，他准备前往莫斯科，到那里"为德俄关系的最后解决奠定基础"。这个信息是德苏关系中第一个真正的行动，体现了希特勒终于采取了主动。8月18日，里宾特洛甫比过去更猛烈地敲击了苏联的门——必须

---

① [美]格雷厄姆·艾利森、菲利普·泽利科著，王伟光、王云萍译：《决策的本质——还原古巴导弹危机的真相》，商务印书馆2015年版，第267页。
② [德]K. 蒂佩尔斯基希著，赖铭传译：《第二次世界大战》，国防大学出版社2001年版，第48页。

立刻澄清两国关系,"为的是不致对德国与波兰冲突的爆发感到惊异"。8月20日,希特勒给斯大林发去私人电报,同意苏联的一切要求,并请立即接待里宾特洛甫。8月20日,苏德贸易协定敲定,苏联的第一个条件获得满足。8月21日上午,伏罗希洛夫会见英法两国军事代表团,但他们没有什么需要报告,会谈无限期休会;下午5点,斯大林同意里宾特洛甫可以立即——8月23日——来莫斯科。《苏德互不侵犯条约》23日即签署。同时,一项秘密议定书规定德国不得进入波罗的海国家和波兰东部。至此,希特勒为闪击波兰做好了一切准备,而苏联也阻止了他们最担心的事——资本主义国家对其的联合进攻。[1] 1939年9月1日4时45分,德国开始对波兰采取军事行动。英国于9月3日递交最后通牒,声称如果11时以前未收到德国关于停止对波兰的一切进攻行动,并从这一国家撤出德国军队的令人满意的答复,那么英国从11时起将与德国处于战争状态。二战在欧洲爆发了。[2] 希特勒的这次对波兰的战争行动取得了成功。战争机器开始以它自己的规律运行,整个世界成了战争机器的零部件。

1956年第二次中东战争爆发前,英法政府曾同意和埃及政府恢复谈判,谈判预计在当年10月29日进行,可是10月29日夜间,以色列军队便对埃及发动了突然进攻。10月31日,英国和法国的空军也开始轰炸埃及的城市。[3] 这正是英法使用的缓兵政策给发动战争制造的突然性,是关键时刻政略为战略的实施创造的

---

[1] [英]A.J.P.泰勒著,潘人杰、朱立人、黄鹏译:《第二次世界大战的起源》,上海辞书出版社2013年版,第258—265页。

[2] [德]K.蒂佩尔斯基希著,赖铭传译:《第二次世界大战》,国防大学出版社2001年版,第29—30页。

[3] [苏]瓦·达·索科洛夫斯基主编:《军事战略》(下册),战士出版社1980年版,第592页。

有利条件,当然也是为更好地达成其政治目的服务的。

(三)在国家利益目标下政略要为战略开道

1870—1871年的普法战争,总体上体现的是俾斯麦向来主张的以铁血政治完成统一德国的方略,途径是向法国开战。这是德国的政治选项,是政略所致、所指。但俾斯麦认为,"战事须有敌国之压迫,出于不得已而用干戈,乃为正义。如此,不惟能博得中立国以同情,促其国民之敌忾心,且能获得最后胜利"。而作为军事统帅的老毛奇,以军事上之见地,"主即与法国开始作战以谋普国之利益,盖就普军今日之编制,及装备与教育训练之程度,其卓绝优强,为他国望尘难及者。苟再经五年,法国陆军日渐改革,普法两军之差别,恐不若今日之显著,且开战时期愈早,愈能操胜左券也,缘此今后五年间,普法战争,既不能免,何若利用现在之时局,确能与彼作战适当"。最终以此理说服俾斯麦,并被俾斯麦所赞同。俾斯麦在其回忆录中记述,"参谋本部青年将军与老练之战略家及其指挥下之军队,应以自己的能力,努力于发展指导及历史之制造,军人与军队苟无充溢之精神,实不足以有为也,然战争波及之限制,与各国民所希望之和平,莫不期待政府当局为之努力,军事当局则不能顾虑于斯"。[①] 随之,俾斯麦为对法开战展开政治斡旋。次年,战争爆发,普军开战之初,即占尽优势,虽拿破仑三世自居于欧罗巴指挥者地位,声誉卓绝,法军依然惨败,普军全胜。这次普法战争后,老毛奇总结说:"战略为达成政略目的之手段,其行动本不可全然脱离政治而独立。换

---

① [日]东瀛战史研究部著,何成璞编译:《现代政略与战略的关系》,国家图书馆馆藏,第16—18页;[德]奥托·冯·俾斯麦著,杨德友、同鸿印等译:《思考与回忆——俾斯麦回忆录》(第二卷),生活·读书·新知三联书店2006年版,第79页。

| 政略与战略论 |

言之,统帅部所选择之作战目的,须依政略目的以进行,而作战之实行,以军事之见地,以行指导为适当","政治在战争中有至高无上之要求,与限制缩小战争之必要,而战略常宜以其所使用之武力,努力从事,以建伟大事业为要","至于军事之成功与失败,应如何利用之,乃为政治上之最大任务也"。① 这里的"军事之成功与失败,应如何利用之,乃为政治上之最大任务也",其所指即为战略与政略的取舍选择当"以建伟大事业为要",此"伟大事业"即是国家巨大利益获取。

1914年春末,德国政界和军界领导人已经在预防性战争的必要性这个问题上达成了共识。5月29日,在与小毛奇进行了私下磋商之后,外交秘书戈特利布·冯·雅戈写道:"国家的命运犹如千斤重担压在他的肩头。在两三年内,俄国的军事装备即告完成。那时,我们的敌人在军事力量上将会非常强大,这会使他感到难以应付。当然,目前我们尚能支撑这一局面。按照他的观点,我们没有别的选择,而只能进行一场预防性战争,以便在我们比较有把握的情况下击败敌人。所以,总参谋长提醒我,我们的政策应该更加强硬,以便尽快发动一场战争。"② 因为,按计划进度,到1917年,如果俄国的军事改革和铁路计划得以完成,俄国的整体战力将增加40%,德国在数量上将无法与人口众多的俄国相抗衡,德国就无法再向整个体系挑战了。这样一来,俄国的增长就会压倒德国。③ 所以,德国必须抓住时机,尽快开战,也由此开始

---

① [日]东瀛战史研究部著,何成璞编译:《现代政略与战略的关系》,国家图书馆馆藏,第28—29页。
② [美]戴尔·科普兰著,黄福武译:《大战的起源》,北京大学出版社2008年版,第99页。
③ [美]戴尔·科普兰著,黄福武译:《大战的起源》,北京大学出版社2008年版,第93、111页。

了发动战争的政略运作。1914年6月12日,德皇威廉二世同奥匈帝国皇储弗兰茨·费迪南大公举行会谈,为发动战争预先确定行动方针。6月28日,在德国的大力支持下,奥匈帝国决定在邻近塞尔维亚边境的波斯尼亚萨拉热窝举行大规模军事演习。奥匈帝国出动了两个兵团,费迪南夫妇决定亲自前往萨拉热窝巡视,结果被刺杀身亡,成为点燃一战的导火索,也为德国战争初期的胜利奠定了基础。

列宁说:"既然事情已经弄到进行战争的地步,那么一切就应该服从于战争的利益,整个国内生活就应该服从于战争,对于这一点不容许有丝毫的动摇。"① 也就是说,战略时机一旦成熟,在国家利益目标下政略必须要为战略开道。

---

① 《列宁全集》(第三十一卷),人民出版社1958年版,第114页。转引自[苏]普·凯尔任采夫著:《列宁传》,生活·读书·新知三联书店1975年版,第258页;马京、华国译:《列宁传》,生活·读书·新知三联书店1960年版,第479页。

第九章 国家安全战略与军事战略

"政略和战略都统一于国家利益这一根本要求之下",不仅是战略与政略如此,国家安全战略与军事战略的关系也要统一于国家利益这一根本要求之下。2018年4月17日,习近平主持召开十九届中央国家安全委员会第一次会议,并发表重要讲话。习近平强调,"要加强党对国家安全工作的集中统一领导","坚持人民安全、政治安全、国家利益至上的有机统一,人民安全是国家安全的宗旨,政治安全是国家安全的根本,国家利益至上是国家安全的准则"。其中,"国家利益至上是国家安全的准则"明确指出了国家利益在国家安全中的"准则"地位和作用,而军事战略就是保障这一"准则"地位和作用的主要的、也是最基本的支撑。

一、国家安全战略超越军事战略

美国战略家斯科特在其所写的苏联《军事战略》英译本编者之二导言中认为,不能把军事战略和军事学说混为一谈。战略具有一定的、精确的定义。在苏联的军事思想体系中,战略是"军事学术中的一部分,它研究准备与进行一场战争及其各次战役的根本原则。实际上,它是政治的直接工具。从战略对于政治的关

第九章 国家安全战略与军事战略

系来说，政治起主导作用"。"战略对于一个国家的军队的所有军种都有普遍与共同的关系，因为战争并不是由军队的某一军种或某一兵种来进行的，而是靠它们协同作战。在战争中，武装部队所有的军种的协同作战，只有在同一个共同的军事战略范围内才能做到。""战略像军事学术和军事科学的其他部门一样，具有两个方面，即一般理论与应用。"而军事学说是"国家在特定的历史条件下，根据战争的性质而定的主导观点和方针的一个体系，是就国家、军队的军事任务以及部队组织结构的原则所作出的决断，也是解决这些任务的方法和形式。其中包括根据战争的目标以及本国的社会—经济和军事—技术条件进行武装斗争这种任务在内"，"换言之，当代的苏联军事学说，是共产党和苏维埃国家在军事领域的政治路线"。[①] 苏联解体后，俄罗斯军事学说依然是俄罗斯国家安全战略领域的政治路线。正如道格拉斯和霍伯在研究苏联核战争战略后指出，军事学说在苏联相当于美国的国家安全政策（国家安全战略）。苏联《军事战略》一书还指出，"战略学对军事学说是从属关系。军事学说决定一般的原理，而战略学则根据这些一般的原理来研究有关未来战争的性质、国家对战争的准备、军队的组织编制和作战方法方面的具体问题"。[②] 也就是说，战争和武装冲突不是由军事学说而是由军事战略来指导的，不是直接由国家安全战略来指导，国家安全战略对战争所起的作用是间接指导，通过军事战略层级进行间接指导。国家安全

---

① ［苏］瓦·达·索科洛夫斯基主编：《军事战略》（下册），战士出版社1980年版，第893—894页。这一论点同样出现在1971年苏联 S. N. 科兹洛夫编著、美国空军外军技术部赖特－帕特森空军基地翻译的《军官手册》（第73页）里。

② ［苏］瓦·达·索科洛夫斯基主编：《军事战略》（上册），战士出版社1980年版，第84页。

战略超越军事战略,是军事战略的上一个层级。

美国陆军军事学院所编《军事战略》中明确指出:"军事战略"和"大战略"有联系,但绝不是同义词。军事战略是以使用暴力或以暴力相威胁为基础的,它力求通过武力来取得胜利。"大战略"所寻求的远不是战争的胜利,而是永久的和平。军事战略是将军们的事,而"大战略"则主要是政治家们的事。"大战略"支配着军事战略,而军事战略只是"大战略"的一个组成部分。王普丰说,任何军事战略都是国家战略的重要部分,在战争年代还是国家战略的核心部分,没有游离于国家战略之外的军事战略。国家战略也可称作国家的"大战略"。"大战略"虽然还包含有国家联盟或政治集团联盟的战略,但主体主要还是国家。① 这里的"大战略"概念和王普丰讲的"国家战略"概念都等同于"国家安全战略"的概念,都是从安全的角度对国家战略的解读,统一于执政党领导下的国家安全体系之中。所以说,目前来讲"国家安全战略"的概念内涵还有相当大的弹性,但总体相当于"大战略"的概念范围,"超越军事,包括外交和内政",支配着军事战略,且军事战略只是"大战略"的一个组成部分。

美国陆军军事学院所编《军事战略》一书在总结美国在"二战以来的情况"时认为:从历史上看,一直到二战爆发,美国单靠军事战略是可以满足(国家安全)需要的,也就是说,军事目标和政治目标很容易结合在一起。这个时期,要么政治上不存在什么真正的威胁(如对印第安人的战争中就不存在这种威胁),要么军事上的威胁和政治上的威胁合而为一(如一战中的德国)。但是,二战中在政治上却出现了一个新的情况:欧洲直接的敌人德国遭受的打击越惨重,另一个威胁(亦即半个盟国的苏联)也就

---

① 王普丰:《战略的创新》,军事科学出版社2010年版,第15页。

变得越严重。美国发现,它面临着一个强国,这个国家有与美国相对立的战后目标,被二战中同盟国共同的军事战略掩盖了。那么,这里被二战中同盟国共同的军事战略掩盖了的是什么?就是美国的国家安全战略,目标指向是战后的美国国家利益和国家安全战略利益,或者说是为保障美国为首的北约集团利益拓展所需要的安全支撑、军事战略支撑。

二、经济安全战略和军事战略是国家安全战略的两翼

军事战略是国家安全战略的基石,经济安全战略是国家安全战略的基本依托。《将略·将戒》曰:"国以军为辅,君以臣为佐,辅强则国安,辅弱则国危,在于所任之将也。"[1] 美国陆军军事学院编写的《军事战略》一书中明确指出,军事战略必须支持国家战略,并服从于国家政策(一国政府为实现国家目标而采取的总行动方案或指导方针)。同时,国家政策也受军事战略的能力与局限性的影响。在我国,军事战略从属于国家战略,这是从1936年后毛泽东对战略概念的阐述中就明确的,也是新中国成立后中国军事界对战略概念的阐述。[2] 柯春桥指出,军事战略作为国家战略的重要组成部分,与国家战略其他部分的最大不同点在于它的对抗性。对抗性是军事战略思维的本质属性。[3] 习近平认为,

---

[1] 王珲、师金:《战略与政略相融会的兵典:诸葛亮兵法》,军事科学出版社2005年版,第53页。
[2] 王普丰:《战略的创新》,军事科学出版社2010年版,第44页。
[3] 柯春桥:《大国应对"修昔底德陷阱"迷雾》,载《参考消息》,2016年8月25日,第11版。

"军事手段始终是保底的手段"。① 这里习近平所讲的保底,就是为"国家安全"保底,保"国家安全"的底。也就是说,军事战略是国家安全战略的最后一道防御底线,也是国家安全战略的最重要组成部分。

目前,按国际关系学科的观点,国家安全分为传统安全和非传统安全两大领域。非传统安全主要体现在经济领域的经济利益安全与拓展。军事安全作为保障国家不受外部军事入侵和战争威胁的能力和状况,属于传统安全领域。自国家形成之日起,军事安全就是国家安全的核心内容和关注焦点。英国哥本哈根学派代表人物巴里·布赞给军事安全下过一个定义:"军事安全首先是关于国家的实际武装攻击能力和防御能力,同时包括彼此对对方能力和意图的认识。"② 军事安全的特点主要体现在:一是它直接与战争相关。战争是解决国家、政治集团之间矛盾冲突的最后形式,也是军事安全的主线和基轴。遏制战争和打赢战争,是衡量军事安全程度的最高标准。二是军事安全所涉及的不是国家的一般利益,而是国家的核心利益和重大利益。三是军事安全不单单是军事领域自身的安全,而是整个国家的安全,因此,军事安全的意义远远超出军事领域本身,它覆盖到整个国家,包括国家的政治、经济、社会、文化等各个领域,都需要军事为它们提供安全保障。③ 侵华日军南京大屠杀遇难同胞纪念馆馆长朱成山说:"如果说,

---

① 《领航人民军队,向着世界一流军队迈进——以习近平同志为核心的党中央领导和推进强军兴军纪实》,载《经济日报》,2017年7月11日,第2版。

② 马平:《国家利益与军事安全》,载邓晓宝主编:《强国之略·国家利益卷》,解放军出版社2014年版,第39页。

③ 马平:《国家利益与军事安全》,载邓晓宝主编:《强国之略·国家利益卷》,解放军出版社2014年版,第39页。

甲午海战是一场军耻,那么,南京大屠杀就是一场国耻。其实。从两者的内在关联性来看,军耻和国耻都是民族的耻辱历史,军耻就是国耻,国耻往往也是由于军耻造成的。"[1]

1867年,马克思在其《资本论》中论述道:"原始积累的不同因素,多少是按时间顺序特别分配在西班牙、葡萄牙、荷兰、法国和英国。在英国,这些因素在十七世纪末系统地综合为殖民制度、国债制度、现代税收制度和保护关税制度。这些方法一部分是以最残酷的暴力为基础,例如殖民制度就是这样。但所有这些方法都利用国家权力,也就是利用集中的有组织的社会暴力,来大力促进从封建生产方式向资本主义生产方式的转变过程,缩短过渡时间。暴力是每一个孕育着新社会的旧社会的助产婆。暴力本身就是一种经济力。"[2]而且,"暴力还是由经济情况来决定,经济情况是供给暴力配备和保持暴力工具的手段","军队的全部组织和作战方式以及与之有关的胜负,取决于物质的即经济的条件:取决于人和武器这两种材料,也就是取决于居民的质与量和取决于技术"。[3] 蒋百里游学欧亚美洲,研究近代战争,对战略基础理论研究、国家安全战略研究成果丰硕,见解深刻而独到。他总结说:"经济力,即是战斗力,所以我们总之曰国力,这国力有

---

[1] 朱成山:《从甲午之耻到南京之痛——对中华民族苦难史的文化解读》,载《参考消息》,2014年7月8日,第11版。
[2] 中共中央马克思恩格斯列宁斯大林著作编译局编译:《马克思恩格斯全集》(第二十三卷),人民出版社1972年版,第819页。转引自高民政、薛小荣主编:《军事与政治要论——马克思主义军事政治学经典论述与基本观点》,时事出版社2010年版,第132页。
[3] 中共中央马克思恩格斯列宁斯大林著作编译局编译:《马克思恩格斯全集》(第二十卷),人民出版社1971年版,第182页。转引自高民政、薛小荣主编:《军事与政治要论——马克思主义军事政治学经典论述与基本观点》,时事出版社2010年版,第132—135页。

三个元素：一是'人'，二是'物'，三是'组织'"，"原料、食粮一切不毂，经济危险，国家就根本动摇，国民革命、军队也维持不住"，"国防的部署，是自给自足，是在乎持久，而作战的精神，却在乎速决，但是看似相反，实是相成；因为德国当年偏重于速决（普法战争中的鲁登道夫将军速决的追击不成功战例）而不顾及于如何持久，所以失败，若今日一味靠持久（普法战争中的马仑战役，法军福煦将军救援巴黎之战），而忘了速决，其过失于当年相等"，"现在天空里没法造要塞，空军海军，都是极端的有攻无守的武力，所以主帅底（的）根本战略，还是向速决方面走"。① 这里蒋百里所讲的要义就是，因为速决可以部分地解决经济力的过度消耗问题，说到底，战争是对国家经济的消耗，是对国家经济实力的考验，没有经济的支撑战争是无法进行的，也是无法持续下去的。所以，现代战争"还是向速决方面走"。当然，"持久"的作战需要更多的战争经济耗费。因此，资本主义世界喻之为"货币战争"。"货币"不仅左右战争的发生发展，也左右战争的胜负。现代战争更是耗费巨大，没有坚强的经济实力作为支撑就无法进行现代战争，也很难打赢现代战争。

胡锦涛于2007年8月1日发表的八一讲话《在更高的起点上推进国防和军队现代化》中指出："经济建设是国防建设的基本依托，国防实力是综合国力的重要体现。"② 其清晰准确、明确无误地告诫我党我军，没有经济基础作为基本依托，国防安全也就不存在内部基础，那是无法达成国防安全、国家安全的。同时，国防实力与经济实力共同构成综合国力，成为综合国力的外在体现。

---

① 蒋百里：《国防论》，岳麓书社2010年版，第12—15页。
② 高民政、薛小荣主编：《军事与政治要论——马克思主义军事政治学经典论述与基本观点》，时事出版社2010年版，第241—242页。

也就是说，经济安全战略和军事战略构成国家安全战略的两翼，只有两翼强大而平衡才能保证国家安全，才能保障国家的长治久安。

三、军事战略是国家安全战略的核心

2018年2月28日，阿富汗总统阿什拉夫·加尼为结束长达16年多的战争，向塔利班组织提议停火及释放囚犯，并欲承认该组织为政治党派、合法的政治组织，包括允许让其参与新选举，以及重新审议宪法等。阿什拉夫·加尼说，"我们在不设前提条件的情况下提出这一提议，旨在达成和平协议"，"塔利班有望为这一促成和平的进程做出贡献，该进程的目标是将塔利班作为一个组织，让其加入和平谈判"。但阿富汗塔利班则呼吁与美国"直接对话"，因为美国和塔利班才是真正的战斗方。① 只有战斗双方才是战略对手，只有具备战略对手资格才具备坐在谈判桌上的实质性平等谈判的政治资格，也只有战略对手才能决定阿富汗国家是选择战争还是选择和平。阿什拉夫·加尼领导的阿富汗政府不能从军事上控制国内安全，才与塔利班寻求政治妥协；而如果塔利班不与美国达成妥协，则塔利班的战斗还将进行下去，国家和人民将没有宁日。所以，塔利班呼吁与美国"直接对话"，这样才能构成一个合理的国家安全逻辑闭环。这就证明，军事战略执行能力才是关系到国家安危兴衰的核心，才是国家安全战略的核心。2019年9月5日，喀布尔发生汽车炸弹袭击事件，包括一名美国

---

① 《阿政府愿与塔利班"无条件"和谈》，载《参考消息》，2018年3月1日，第2版。

士兵在内的12人死亡，塔利班声称对此事件负责。8日，特朗普发表推文称，原定于8日在"9·11"事件纪念日前在戴维营举行的与塔利班领导人和阿富汗总统三方秘密会谈因汽车炸弹袭击事件而取消。而塔利班发誓要"战斗100年"，从而在即将达成结束长达17年多的阿富汗冲突的和平协议之际，让已进行约1年的和谈前功尽弃。一位高级别的塔利班消息人士说："我们曾被邀请去戴维营，但我们拒绝了。美国希望我们宣布全国性停火，我们还是拒绝了。对我们来说这是不可能的。"①

同样的动荡也存在于叙利亚。过去的几年中，美国为首的西方世界对俄罗斯的经济制裁收效并不理想，北约东扩不断侵蚀俄罗斯的战略空间，而且还在不断对俄罗斯出招：借口俄罗斯籍前间谍在伦敦中毒事件，美欧国家联合集体驱逐俄罗斯外交官；借叙利亚东古塔杜马镇化武事件，准备对叙利亚动武。有评论说，这大概是"俄罗斯自苏联解体以来最艰难的时刻"，克里姆林宫面临艰难抉择，它如果真的容忍美国及其盟友轰炸叙利亚，等于是莫斯科的一条安全底线被击穿，今后它可能面对西方更加肆无忌惮的打压。它若是奋起反抗，又将面临与西方加剧冲突的更多风险，俄罗斯外交和国内的安全压力都将是空前的。但俄罗斯军事上抵御外辱的能力是相对最强的，它依仗苏联时期的军事遗产在军事上发威并引起对手忌惮的手段要比经济上和外交上对抗的资源多，也相对容易些。如何维持自己大国地位和影响力，成为普京现实而艰难的抉择。② 可见，俄罗斯强大的军事实力存在，特别是战略核力量与美国的平起平坐，为俄罗斯提供了保障国家安全

---

① 《塔利班发誓要与美战斗100年》，载《参考消息》，2019年9月10日，第1版。
② 《莫斯科面临苏联解体以来最严峻的考验》，载《环球时报》，2018年4月13日，第15版。

的战略底线支撑。俄罗斯每年不断举行的军事演习,连续展示的俄罗斯先进武器系统,普京频频秀出的战略"肌肉",体现的都是俄罗斯军事战略的强势威慑信息,都是在为国家安全战略稳定造势立威,彰显出军事战略在国家安全战略中的核心地位。

高民政指出,在大国崛起过程中,军队是偏态均衡的决定点。国家间政治中军队和政府作为一个整体,作为民族国家最有效的代表,这二者以国家间政治主导国内政治的形式将军政关系复合起来。[1] 这是肯定的。现代意义上的,或曰现代概念中的统一国家中,军队是国家的,国家是由政府领导的,军队自然要受国家、政府的领导,这在组织体系中、在典型的资本主义国家法律条文中都是明确规定的。如果出现异化,那就会挑战国家的内政秩序,成为国家内部持不同政见者,出现不同政党之间的斗争,甚或国内战争,就会出现另外一种偏态。

2018年1月9日,俄罗斯《消息报》报道:目前俄罗斯所有的军用电脑安装的都是微软的正版Windows操作系统。新年之初,俄罗斯国防部做出正式决定,所有办公电脑都将操作系统由Windows改为Astra Linux。因为Astra Linux系统由莫斯科一家名为RusBITech的软件公司开发,是纯粹的本国制造,其实早已成为俄军自动化军事指挥系统所用的唯一操作系统。该操作系统自带办公应用软件,并使用"黄蜡纸"电子文件流通系统进行加密的信息传输,并可从事数字地图的绘制和修改。下一阶段,新操作系统将陆续安装于俄罗斯军方的专用手机及平板电脑上。由于美国不断的经济制裁,俄罗斯所有政府机构的操作系统国产化进程皆已提速。正如俄罗斯专家所言,因为"这与国家安全密切相关,

---

[1] 高民政主编:《国家兴衰与军政关系纵论——大国崛起中的军事与政治》,时事出版社2011年版,第58—59页。

本国操作系统的安全性在任何情况下都会优于外国产品",起码"可以避免遭遇外来干预及入侵"。① 这是从国家安全的"底线"思维出发的,军事战略领域绝对不容国外势力置喙。

  1990年12月1日,江泽民发表《部队要做到政治合格、军事过硬、作风优良、纪律严明、保障有力》的讲话,他指出:"军事工作的好坏,关系到国家的安危兴衰,责任十分重大。我们军队的同志,不管是做政治工作的,还是做军事工作的,都要懂得军事工作的重要性,知道肩上担子的分量,自觉从国家安全稳定的根本利益出发,兢兢业业、完全负责地把军事工作做好,把党和国家交给的各项任务完成好。"② 1993年1月13日,江泽民在《国际形势和军事战略方针》一文中又指出:"在当今世界上,一个国家如果不随着经济社会发展努力增强国防实力,提高军队的素质和武器装备水平,在现代技术尤其是高技术条件下的作战能力不强,一旦战争发生,往往陷于被动挨打的地位,国家利益、民族尊严和国际威望就要受到极大损害。"③ 2012年11月16日,习近平在中央军委扩大会议上指出:"全军要深刻认识军队在国家安全和发展战略全局中的重要地位和作用,坚持把国家主权和安全放在第一位,坚持军事斗争准备的龙头地位不动摇,全面提高信息化条件下威慑和实战能力,坚决维护国家主权、安全、发展

---

  ① 《俄军对 Windows 说再见》,载《参考消息》,2018年1月10日,第6版。
  ② 《江泽民文选》(第一卷),人民出版社2006年版,第138页。转引自高民政、薛小荣主编:《军事与政治要论——马克思主义军事政治学经典论述与基本观点》,时事出版社2010年版,第181页。
  ③ 《江泽民文选》(第一卷),人民出版社2006年版,第285页。转引自高民政、薛小荣主编:《军事与政治要论——马克思主义军事政治学经典论述与基本观点》,时事出版社2010年版,第232页。

利益。"① 2013年3月11日，习近平在第十二届全国人民代表大会第一次会议解放军代表团全体会议上又强调："要扭住能打仗、打胜仗这个强军之要，强化官兵当兵打仗、带兵打仗、练兵打仗思想，牢固树立战斗力这个唯一的根本的标准，按照打仗的要求搞建设、抓准备，确保部队召之即来、来之能战、战之必胜。"② 2017年8月1日，在庆祝中国人民解放军建军90周年大会上，习近平更深刻指出："站在新的历史起点上，我们更加深切地感受到，中华民族走出苦难、中国人民实现解放，有赖于一支英雄的人民军队；中华民族实现伟大复兴，中国人民实现更加美好生活，必须加快把人民军队建设成为世界一流军队。"③ 2019年1月4日，习近平再次更具体地强调指出："要把新时代军事战略思想立起来，把新时代军事战略方针立起来，把备战打仗指挥棒立起来，把抓备战打仗的责任担当立起来。要强化战斗队思想，坚持战斗力这个唯一的根本的标准，各项工作和建设、各方面力量和资源都要聚焦军事斗争准备、服务军事斗争准备，推动军事斗争准备工作有一个很大加强。"④ 因为，大道至简，军事战略任何时候都是国家安全战略的核心。

---

① 《习近平谈治国理政》，外文出版社2014年版，第216页。
② 《习近平谈治国理政》，外文出版社2014年版，第220—221页。
③ 《习近平谈治国理政》（第二卷），外文出版社2017年版，第415页。
④ 《习近平谈治国理政》（第三卷），外文出版社2020年版，第391页。

参考文献

中共中央马克思恩格斯列宁斯大林著作编译局编译：《马克思恩格斯选集》，人民出版社1972年版、1995年版、2012年版。

中共中央马克思恩格斯列宁斯大林著作编译局编译：《列宁全集》，人民出版社1987年版。

中共中央马克思恩格斯列宁斯大林著作编译局编：《列宁选集》，人民出版社1972年版。

《列宁军事文集》，战士出版社1981年版。

《斯大林全集》，人民出版社1954年版。

《斯大林军事文集》，战士出版社1981年版。

《毛泽东选集》，人民出版社1951年版、1953年版、1991年版。

中共中央文献研究室编：《毛泽东文集》，人民出版社1996年版。

《毛泽东军事文集》，军事科学出版社、中央文献出版社1993年版。

中共中央文献研究室、中国人民解放军军事科学院编：《建国以来毛泽东军事文稿》，军事科学出版社、中央文献出版社2010年版。

《邓小平文选》，人民出版社1983年版、1993年版。

《习近平谈治国理政》，外文出版社2014年版。

《习近平谈治国理政》(第二卷),外文出版社2017年版。

《习近平谈治国理政》(第三卷),外文出版社2020年版。

胡乔木:《胡乔木回忆毛泽东》(增订本),人民出版社2014年版。

王沪宁主编:《政治的逻辑:马克思主义政治学原理》,上海人民出版社2016年版。

叶永烈:《历史选择了毛泽东》,四川人民出版社2014年版。

叶永烈:《红色的起点——中国共产党建党始末》,四川人民出版社、华夏出版社2015年版。

师哲口述,李海文著:《在历史巨人身边:师哲回忆录》,九州出版社2015年版。

林尚立:《当代中国政治:基础与发展》,中国大百科全书出版社2017年版。

张树德:《国外毛泽东军事思想研究》,军事科学出版社1998年版。

李慎明主编:《居安思危——苏共亡党二十年的思考》,社会科学文献出版社2011年版。

王普丰:《战略的创新》,军事科学出版社2010年版。

王珲、师金:《战略与政略相融会的兵典:诸葛亮兵法》,军事科学出版社2005年版。

钮先钟:《战略家:思想与著作》,文汇出版社2016年版。

[法]薄富尔著,钮先钟译:《战略绪论》,内蒙古文化出版社1997年版。

[英]李德·哈特著,钮先钟译:《战略论:间接路线》,上海人民出版社2010年版。

蒋百里:《国防论》,岳麓书社2010年版。

柯春桥主编:《世界军事简史》,解放军出版社2015年版。

金一南：《金一南讲稿自选集》，国防大学出版社2014年版。

军事科学院军事战略研究部编著：《战略学》，军事科学出版社2013年版。

赵丕、李效东主编：《大国崛起与国家安全战略选择》，军事科学出版社2008年版。

王文荣主编：《战略学》，国防大学出版社1999年版。

范震江、马保安主编：《军事战略论》，国防大学出版社2007年版。

寿晓松主编：《战略学教程》，军事科学出版社2013年版。

肖天亮主编：《战略学》，国防大学出版社2015年版。

张继平：《历史的反思——第二次世界大战的战略与政略》，时事出版社1990年版。

［苏］瓦·达·索科洛夫斯基主编：《军事战略》，战士出版社1980年版。

［法］拿破仑·波拿巴著，［法］布鲁诺·科尔森编著，曾珠等译：《拿破仑论战争》，上海社会科学院出版社2016年版。

刘先廷：《论毛泽东军事哲学思想》，解放军出版社2015年版。

高民政等：《军事政治学导论》，时事出版社2010年版。

高民政主编：《国家兴衰与军政关系纵论——大国崛起中的军事与政治》，时事出版社2011年版。

吴琼：《西方战略与〈孙子兵法〉》，中华书局2022年版。

高民政、薛小荣主编：《军事与政治要论——马克思主义军事政治学经典论述与基本观点》，时事出版社2010年版。

张铁柱、刘声东主编：《甲午镜鉴》，上海远东出版社2014年版。

邓晓宝主编：《强国之略》，解放军出版社2014年版。

石国亮编著：《世界国体政体要览》，研究出版社2010年版。

王缉思：《大国战略》，中信出版集团2016年版。

蒋国海：《毛泽东的政党观》，解放军出版社2014年版。

肖光荣：《列宁的政党观》，解放军出版社2014年版。

欧阳康等：《中国道路——思想前提、价值意蕴与方法论反思》，中国社会科学出版社2013年版。

公方彬：《大思想——中国崛起的瓶颈与突破》，广东人民出版社2015年版。

金钿主编：《国家安全论》，中国友谊出版公司2002年版。

夏保成、刘凤仙：《国家安全论》，长春出版社2008年版。

刘金质：《冷战史》（中），世界知识出版社2003年版。

鄢一龙、白钢、章永乐、欧树军、何建宇：《大道之行——中国共产党与中国社会主义》，中国人民大学出版社2015年版。

陈诚：《陈诚回忆录——抗日战争》，东方出版社2009年版。

吴成：《伊朗核问题与世界格局转型》，时事出版社2014年版。

张文木：《战略学札记》，海洋出版社2018年版。

刘丙沉、王钢：《军事谋略方法》，昆仑出版社1998年版。

杨炳章：《从革命到政治：长征与毛泽东的崛起》，中国人民大学出版社2013年版。

周建明、王成至主编：《美国国家安全战略解密文献选编（1945—1972）》，社会科学文献出版社2010年版。

吴荣华：《苏俄战略火箭军全史》，中国长安出版社2016年版。

姚有志主编：《战争战略论》，解放军出版社2005年版。

葛东升主编：《国家安全战略论》，军事科学出版社2006年版。

沈志华、杨奎松主编：《美国对华情报解密档案（1948—

1976)》,东方出版中心2009年版。

[意]马基雅维利著,李汉昭译:《君王论——影响世界的十大名著之一》,武汉出版社2009年版。

[美]理查德·罗斯克兰斯、阿瑟·斯坦主编,刘东国译:《大战略的国内基础》,北京大学出版社2005年版。

[俄]Э. H. 奥日加诺夫著,聂品、胡谷明译:《政治战略分析》,武汉大学出版社2008年版。

[俄]M. A. 加列耶夫著,陈学惠等译:《军事历史战线的斗争》,军事科学出版社2015年版。

[美]格雷厄姆·艾利森、菲利普·泽利科著,王伟光、王云萍译:《决策的本质——还原古巴导弹危机的真相》,商务印书馆2015年版。

[美]戴尔·科普兰著,黄福武译:《大战的起源》,北京大学出版社2008年版。

[美]塞缪尔·亨廷顿著,李晟译:《军人与国家:军政关系的理论与政治》,中国政法大学出版社2017年版。

[美]麦乔治·邦迪著,褚广友等译:《美国核战略》,世界知识出版社1991年版。

[美]弗雷德里克·W. 卡根著,王春生等译:《寻找目标——美国军事政策的转型》,军事科学出版社2009年版。

[美]本杰明·I. 史华慈著,陈玮译:《中国的共产主义与毛泽东的崛起》(插图本),中国人民大学出版社2013年版。

[美]斯图尔特·R. 施拉姆著,田松年、杨德等译:《毛泽东的思想》,中国人民大学出版社2013年版。

[美]布兰特利·沃马克著,霍伟岸、刘晨译:《毛泽东政治思想的基础(1917—1935)》(插图本),中国人民大学出版社2013年版。

［美］雷蒙德·F. 怀利著，杨悦译：《毛主义的崛起——毛泽东、陈伯达及其对中国理论的探索（1935—1945）》，中国人民大学出版社2013年版。

［美］保罗·艾特伍德著，张敏、黄玲、冷雪峰译：《美国战争史（1775—2010）——战争如何塑造美国》，新华出版社2013年版。

［德］K. 蒂佩尔斯基希著，赖铭传译：《第二次世界大战》，国防大学出版社2001年版。

［美］理查德·内德·勒博著，陈定定、段啸林、赵洋译：《国家为何而战？——过去与未来的战争动机》，上海人民出版社2014年版。

［美］约翰·刘易斯·加迪斯著，潘亚玲译：《长和平——冷战史考察》，上海人民出版社2011年版。

［英］格雷厄姆·沃拉斯著，朱曾汶译：《政治中的人性》，商务印书馆1994年版。

［英］阿兰·瑞安著，林华译：《论政治》，中信出版集团2016年版。

［美］格雷厄姆·艾利森著，陈定定、傅强译：《注定一战：中美能避免修昔底德陷阱吗？》，上海人民出版社2019年版。

［美］赫伯特·比克斯著，王丽萍、孙盛萍译：《真相——裕仁天皇与侵华战争》，新华出版社2014年版。

［美］阿伦·米利特、彼得·马斯洛斯基著，军事科学院外国军事研究部译：《美国军事史》，军事科学出版社1989年版。

［美］戴维·R. 斯通著，牛立伟等译：《俄罗斯军事史：从恐怖伊凡到车臣战争》，解放军出版社2015年版。

［日］藤原彰著，张冬等译：《日本军事史》，解放军出版社2015年版。

[英]理查德·克洛卡特著，王振西、钱俊德译：《五十年战争——世界政治中的美国与苏联（1941—1991）》，社会科学文献出版社2015年版。

[英]艾瑞克·霍布斯鲍姆著，黄煜文译：《论历史》，中信出版社2015年版。

[印]阿玛蒂亚·森著，李风华等译：《身份与暴力——命运的幻象》，中国人民大学出版社2014年版。

[日]堀场一雄著，王培岚等译：《日本对华战争指导史》，世界知识出版社2017年版。

[英]朱利安·S.科贝特著，仇昊译：《海上战略的若干原则》，上海人民出版社2012年版。

俞诚之：《中国政略学史（外一种：鬼谷子新注）》，上海社会科学院出版社2009年版。

黄朴民、魏鸿、熊剑平：《中国兵学思想史》，南京大学出版社2018年版。

后　　记

选择该命题研究是2013年底的事，此时，国内的人们从抗美援朝战争结束时算起，已经享受了60多年的"和平红利"，战略的概念已然泛化，政略的概念为政策的概念所掩盖，并似乎已经淡出，笔者深感这个命题研究的必要性与重要性。但政治学不是自己的专业，所以有关政略的知识需要恶补。即便如此，几年研究下来依然觉得自己对政治学的认知是浅薄的，依然止步于从概念到概念，甚或对政略相关的概念也不甚了了。但政略与战略的关系似乎已经了然于胸，于是以一个学者的责任与情怀投入大量时间和精力遨游于战略学的书海向战略学的前辈们学习，希望得真知于一二。

本书初稿在2017年初就已经完成，前后经由国内百余名学者专家审读，他们是赵智印、赵德喜、郝智慧、宋立军、章克凌、杨建平、程勤、孙金祥、李越平、徐士友、毛光宏、张志宇、刘广锋、王晓伟、蓝志敏、李斌等等。他们都对书稿给予通读审阅，并提出了许多宝贵而诚恳的建议，徐士友教授还对部分注释的考证给予帮助，火箭军指挥学院各级领导同事们和众多好友们也多有帮助和支持，在此表示深深的谢意。更要特别感谢时事出版社的编辑团队，他们严谨治学、认真负责，为此付出了辛勤的汗水。

10年时间在人生中不算短暂，在这期间笔者撰写了《从核武器到核战略——核战略理论解析与实证研究》等多部专著,还完成了一项国家社科基金重大课题的研究,并通过了结题验收。蓦然回首,已迈进了退休年龄,自觉没有虚度年华,甚是欣慰。书稿如有不足之处,还请批评指正。

李 滨

2024 年 2 月

图书在版编目（CIP）数据

政略与战略论/李滨著 . —北京：时事出版社，2024.4
ISBN 978-7-5195-0564-6

Ⅰ.①政…　Ⅱ.①李…　Ⅲ.①军事战略—研究—中国　Ⅳ.①E2

中国国家版本馆 CIP 数据核字（2024）第 053849 号

出 版 发 行：时事出版社
地　　　　址：北京市海淀区彰化路138号西荣阁B座G2层
邮　　　编：100097
发 行 热 线：（010）88869831　88869832
传　　　真：（010）88869875
电 子 邮 箱：shishichubanshe@sina.com
印　　　刷：北京良义印刷科技有限公司

开本：787×1092　1/16　印张：19　字数：235千字
2024年4月第1版　2024年4月第1次印刷
定价：125.00元

（如有印装质量问题，请与本社发行部联系调换）